KB195433

광해군 때인 1615년부터 1616년 사이, 격동기의 관직 일기
문헌에 등장하는 인물 대부분 인적 사항 정리
자호 및 직위로 불려진 인물까지 부계만 아니라 모계, 처계도 조사 정리

구전 김중청 강원일록

苟全 金中清 講院日錄

상

金中清 원저 · 申海鎭 역주

머리말

이 책은 구전(苟全) 김중청(金中淸, 1566~1629)이 1615년(광해군 7) 3월 10일 세자시강원 문학에 임명되면서 3월 16일부터 1616년(광해군 8) 신안현감으로 재직하고 있었던 10월 15일까지 기록해 놓은 필사본《구전선생 강원일록(苟全先生講院日錄)》을 번역하였다. 날짜로는 591일간이지만 내용이 없거나 날씨만 기록된 것을 제외하면 575일간 기록한 것이다. 이 필사본은 저자의 친필본이 아닌 것으로 서체가 다른 후세인들에 의해 정서되고 교정까지 본 흔적이 있는 문헌이다. 그러나《구전집(苟全集)》에는 묶이지 못하고 전주류씨 정재 종택에서 소장되었다가 지금은 한국국학진흥원에 보관되어 있다.

당시는 정치적 판세의 급격한 변화가 일어났던 시기이다. 선조(宣祖)의 유일한 적자였던 이의(李㼁)가 1611년 12월에 영창대군에 봉해졌다. 그렇지만 1613년 박응서(朴應瑞)·서양갑(徐羊甲) 등 7명의 서출들이 역모를 꾸몄다는 '칠서지옥(七庶之獄)'이 일어나자, 당시 포도대장이었던 정항(鄭沆)과 한희길(韓希吉)은 이이첨 등으로부터 사주를 받아 그들에게 영창대군의 외할아버지 김제남이 중심이 되어 영창대군 추대 음모를 거짓으로 자백하도록 함으로써 계축옥사(癸丑獄事)가 일어나게 되었다. 이에 따라 김제남은 반역죄로 사사하였으며, 영창대군은 역모에 연루되었다 하여 서인(庶人)으로 강등시켜 강화도에 위리안치(圍籬安置)하였다. 어린 아이인데다 광해군의 형제라는 전은설(全恩說)을 주장하며 처형을 반대하는 상소가 대북파의 반대에 부딪치면서, 영창대군은 끝내 1614년 이이첨 등의 명을 받은 강화부사 정항(鄭沆)에 의해 살해되었다. 그리고 칠서지옥과 영창대군 추대 사건을 빌미로 역적의 딸이고 역적의 어머니인 인목왕후가 대비라는 것은 말이 되지 않는다며, 인목왕후의 폐비를 주장하는 여론이 1614년부터 등장하다가 1617년부터 본격적으로 나타나 경연과 정청에서 논의한 끝에 1618년 인목왕후의 폐비가 결정되었다.

이처럼 정치적 판세가 급격하게 요동치는 과도기에서 영남 학맥의 분화과정, 영주·봉화 등을 포함한 영남 북부권 사족들의 복잡하게 얽힌 동향 등을 살필 수 있는 문헌이 바로 《구전 김중청 강원일록》이다. 이 문헌은 김중청이 당시에 세자시강원 문학, 사간원 정언, 사과 겸 춘추관 기사관, 경상우도 고관(考官), 겸지평(兼持平), 신안현감 등 벼슬에 있으면서 기록한 것으로, 중앙관료에서 지방수령까지의 일상생활이 드러나 있는 관직일기이기 때문이다.

그 체재는 월일, 그날그날의 일진과 날씨를 간략하게 쓰고 그날에 있었던 일들을 기록하였다. 세자시강원 문학으로서 중앙관료로 부임하러 가는 과정, 주로 조정에서 당시 정치 중심에 있었던 대북세력의 인물과의 만남 및 동정 등을 기록하였으며, 과거의 시행, 창경궁의 수선, 일식과 월식 및 유성이 나타나는 일 등까지도 세세히 기록하였다. 여행 중에 찾아온 사람, 숙박한 곳 등을 빠짐없이 기록하기도 하였다. 당시 대북파 이이첨, 정인홍 등 일일이 열거할 수 없을 정도로 수많은 사람들의 이름이 등장한다.

그리고 3개월 동안 고관(考官)으로서 고향 봉화의 만퇴를 들러 경상우도로 내려가 수행했다가 돌아와 복명하는 과정, 곧 양재역, 용인, 양지, 죽주, 생동, 용안역, 충원, 황강, 수산, 단양, 풍기, 만퇴, 문촌, 온계, 감원정, 안동, 풍산, 대곡탄, 단미, 선산 등을 거쳐 첫 번째 과장(科場)인 개령(開寧)에 도착했고, 이때 아시관(亞試官: 김윤안), 삼시관(三試官: 조엽), 녹명관(錄名官: 신홍립), 금난관(禁亂官: 윤찬원)도 도착했으며, 이창록(李昌祿)의 일 때문에 성주(星州) 사람들은 과거를 보지 못했다고 하였다. 과제(科題)를 비롯한 과거장에서의 응시자의 횡포, 채점과정 등이 기록되어 있다. 그리고 선산, 상주, 갓통역, 산양, 용궁, 예천, 우천 등을 거쳐 고향 만퇴에 도착하여 성묘와 수연례를 하고, 온계, 예안, 지삼, 화부, 일직, 안평, 군위, 효령, 팔거, 대구, 화원, 고령, 권빈역, 거창 등을 거쳐 두 번째 과장인 안음(安陰)에 도착했는데, 좌도 사람들이 많이 응시하려 했던 것에 따른 과장의 흉흉한 상황과 과제(科題)를 비롯한 채점과정 등을 기록하였다. 또한 거창, 지례, 김천, 개령을 거쳐 장현광을 만났고 인동, 군위, 일직, 안동, 예안을 거쳐 온계에 머무르며 장인과 부친을 만났으며, 오천, 고향 만퇴리, 내성, 영주, 유동, 예천, 용궁, 대탄, 문경, 안보역, 충원, 가흥, 음죽, 이천, 경안역, 갈마현, 삼전포 등을 거쳐 도성으로 돌아와 복명하였다. 이러한 기록과 함께 그가 지나게 된 그 고을수령의 접대 여부와 태도, 그리고 여정에서의 만난 사람들, 고향에 들렀을 때의 만난 사람들, 특히, 금응훈, 권춘란, 정구 등을 찾아 인사한 것까지 기록하였다.

끝으로 신안현감으로서의 일상생활과 처리업무를 자세하게 기록하였다. 이에 따르면, 지방수령은 매일 내아(內衙)에서 아침을 먹고 정청(正廳)에서 좌기하여 주로 청원서와 공문서에 대한 업무를 본 뒤 신시(申時)나 유시(酉時)에 내아로 돌아와 내방객이나 이속(吏屬)들을 만나 잔무(殘務)를 본 것으로 되어 있다. 초하룻날과 보름날에는 대궐을 향해 절하는 망궐례(望闕禮)를 행하였으며, 사직단의 제사, 향교의 석전제(釋奠祭) 등도 지냈다. 이뿐만 아니라 고을을 지나가는 관료들을 응대한 것이며, 국기일에는 치재(致齋)한 것이며, 부모의 수연을 베풀기 위해 휴가를 다녀온 것 등이 세세하게 기록되어 있다.

이 문헌은 광해조 7년과 8년 사이의 정치적 격변기에서 중앙 정계 및 향촌의 동향 등 다양한 측면을 기록하고 있어서 역사적으로도 중요한 사료적 가치라 할 것이다.

김중청의 본관은 안동(安東), 자는 이화(而和), 호는 만퇴헌(晩退軒)·반천(槃泉)·초려자(草廬子)이다. 영해교수(寧海敎授) 김세은(金世殷, ?~1543)의 증손자, 진사 김정헌(金廷憲, 1516~1573)의 손자이다. 조부는 퇴계 이황의 문인으로 1558년에 진사가 되었다. 부친은 첨지중추부사 김몽호(金夢虎, 1548~1625)이고, 모친 반남박씨(潘南朴氏)는 충의위 박승인(朴承仁)의 딸인데, 그 사이에서 첫째아들로 태어났다. 종외조부 소고(嘯皐) 박승임(朴承任), 월천(月川) 조목(趙穆), 한강(寒岡) 정구(鄭逑)의 문인으로 1610년 식년문과에 급제하여 한성부 참군(參軍)에 임명되었다. 1611년 사헌부감찰이 되었으나 곧 파직되었고, 1613년 성균관전적, 예조정랑 겸 지제교로 승진하였다. 1614년에는 천추겸사은사(千秋兼謝恩使: 허균)의 서장관으로 명나라에 다녀왔는데, 이때 다녀온 활동을 기록한《조천록(朝天錄)》과 〈부경별장(赴京別章)〉이 있다. 1615년 시강원문학이 되어《선조실록》 편찬에 참여하였고, 겸필선(兼弼善)을 거쳐 사간원정언이 되었다. 이때 이원익을 논죄하라는 대북파의 부탁을 들어주지 않아 파면되었다. 1616년 신안현감을 지냈으며, 1621년 구미당(九未堂)을 지어 은거할 집을 마련하였다. 1622년 승정원승지로서 선유사(宣諭使)가 되어 영남을 순행하고 1623년 3월에 복명하여 각 고을의 폐단을 진달하였다. 그해 인조반정이 일어난 뒤 지제교에 제수되었으며, 1624년 이괄(李适)의 난 때 영남에서 의병을 일으켰다. 이후에는 한직에 머물러 조정에 나아가지 않고 학문연구와 후진양성에 힘썼다. 봉화의 반천서원(槃泉書院)에 제향되었다.

한편, 그의 시문은 김중청의 문인이었던 탑와(塔窩) 남형회(南亨會, 1607~?)가 김중청의 손자 김양열(金楊烈, 1624~1703)과 함께 유문을 수집하여 10여 권으로 만들고 나은(懶隱) 이동표(李東標, 1644~1700)에게 교정을 부탁하였지만, 교정이 끝나기 전에 이동표의 사망으로 중지되었다. 이에, 김중청의 외현손 눌은(訥隱) 이광정(李光庭, 1674~1756)이 1744년에 김중청의 현손 김이명(金爾銘)과 5대손 김태운(金泰運) 등과 함께 다시 교정하고 〈조천록〉을 비롯한 행장과 연보 등을 첨부하여 6권으로 편차하였다. 그 후로 후손 김영택(金榮宅) 등이 유고를 바탕으로 김시찬(金是瓚)의 교정을 거쳐 1829년 김정균(金鼎均, 1782~1847)에게 서문을 받아 1831년 경 목활자본 문집을 간행하였다. 앞서 언급했듯이 이 문집에 〈강원일록〉은 포함되지 못하였다. 이 문헌을 역주자가 편의상 상권, 하권으로 나누어 발간한다.

이 책을 발간하는 다음날은 대학교수로서 정년퇴임을 하는 날이다. 그간 학계에서 소홀했던 지역의 고문헌 자료를 발굴하여 그 학술적 가치를 환기하고 후속 연구를 추동하기 위하여 17세기 동아시아 전란실기 문헌을 중점적으로 끊임없이 역주해 왔다. 학습된 논리 위에 천성적인 직관이 놓여지길 진심으로 바랐다. 2007년 이후로 다양성과 다층성의 플랫폼을 구축한 허브를 위해 걸어온 그동안의 발자취를 살피고, 이제는 앞으로 가야 할 새로운 길을 모색할 때인 것 같다. 아직도 가야 할 학문의 여정을 위해서이다.

한결같이 하는 말이지만 나름대로 최선을 다하고자 했다. 그러함에도 불구하고 여전히 부족할 터이니 대방가의 질정을 청한다. 끝으로 편집을 맡아 수고해 주신 보고사 가족들의 노고와 따뜻한 마음에 심심한 고마움을 표한다.

2024년 8월 빛고을 용봉골에서

정년퇴임하는 신해진

차례

강원일록 상 講院日錄 上

일러두기

이 책은 다음과 같은 요령으로 엮었다.

01. 번역은 직역을 원칙으로 하되, 가급적 원전의 뜻을 해치지 않는 범위 내에서 호흡을 간결하게 하고, 더러는 의역을 통해 자연스럽게 풀고자 했다.
02. 원문은 저본을 충실히 옮기는 것을 위주로 하였으나, 활자로 옮길 수 없는 古體字는 今體字로 바꾸었다.
03. 원문표기는 띄어쓰기를 하고 句讀를 달되, 그 구두에는 쉼표, 마침표, 느낌표, 물음표, 작은따옴표, 큰따옴표, 가운뎃점 등을 사용했다.
04. 주석은 원문에 번호를 붙이고 하단에 각주함을 원칙으로 했다. 독자들이 사전을 찾지 않고도 읽을 수 있도록 비교적 상세한 註를 달았다.
05. 주석 작업을 하면서 많은 문헌과 자료들을 참고하였으나 지면관계상 일일이 밝히지 않음을 양해바라며, 관계된 기관과 여러분께 진심으로 감사드린다.
06. 이 책에 사용한 주요 부호는 다음과 같다.

    (　　) : 同音同義 한자를 표기함.
    [　　] : 異音同義, 出典, 교정 등을 표기함.
    “　　” : 직접적인 대화를 나타냄.
    ‘　　’ : 간단한 인용이나 재인용, 또는 강조나 간접화법을 나타냄.
    〈　　〉 : 편명, 작품명, 누락 부분의 보충 등을 나타냄.
    「　　」 : 시, 제문, 서간, 관문, 논문명 등을 나타냄.
    《　　》 : 문집, 작품집 등을 나타냄.
    『　　』 : 단행본, 논문집 등을 나타냄.

07. 이 책과 관련된 안내 사항과 논문은 다음과 같다.

- 박동일, 「월천학단의 동향 일고찰: 조목의 합천지역 교유인물과 도산서원 종향을 중심으로」, 『남명학연구』 57, 경상국립대학교 경남문화연구원, 2018.
- 박인호, 「17세기 초 퇴계학파 월천계의 동향과 구전 김중청의 활동」, 『국학연구』 33, 한국국학진흥원, 2017.
- 박현규, 「김중청의 〈조천록〉과 부정적인 허균 모습」, 『열상고전연구』 22, 열상고

전연구회, 2005.
- 서인범, 「김중청, 《조천록》의 사료적 가치」, 『이화사학연구』 51, 이화여자대학교 이화사학연구소, 2015.
- 윤세형, 「김중청의 중국사행 송별시첩 〈부경별장첩〉」, 『온지논총』 66, 온지학회, 2021.

| 번역과 원문 |

강원일록
講院日錄

上

만력 을묘년
1615

3월

16일에 공경히 유지(有旨)를 받아 보니, 곧 10일의 인사이동에서 세자시강원 문학(世子侍講院文學)으로 제수하였고, 13일 서리(書吏) 박충립(朴忠立)이 성상의 소명(召命)을 받들어 가져온 것이었다. 방백(方伯: 관찰사 沈惇)의 마문(馬文: 역마 징발 허가서)이 23일에서야 비로소 왔기 때문에 25일 오천(梧川: 와룡면 오천리)을 출발하여 온계(溫溪: 안동시 도산면 온혜리)에서 묵었다. 다음날 저녁에 봉화(奉化)의 본가(本家: 만퇴리)를 향했다. 27일 한낮이 지나서야 출발하여 영천(榮川: 榮州)에서 묵었으나, 고을 수령은 병을 핑계대고 나오지 않았다. 28일 아침에 영주 고을 수령을 만나보고는 그대로 머무르며 고을 어른과 집안 어른 및 친구들을 두루 접견하였다. 29일 새벽에 구야(龜爺: 龜巖 黃孝恭)의 묘소를 찾아서 참배하고는 조반을 먹은 뒤, 지나는 길에 구미촌(龜尾村)으로 외숙(外叔) 박전(朴漢) 씨를 뵙고 풍기(豐基)에서 묵었다. 30일 이른 아침에 풍기(豐基) 고을 수령이 나와 맞이하였으니 바로 차운로(車雲輅)였는데, 그의 모든 조치는 영주(榮州) 수령 조찬한(趙纘韓)과 전혀 동일한 법도가 아니였다. 단양(丹陽)의 봉서정(鳳棲亭)에서 묵었는데, 고을 수령 정회원(鄭恢遠)이 나와서 기다렸다.

三月

十六日祗受有旨[1], 乃於十日政[2], 除世子侍講院文學, 十三日書吏朴忠立, 賫奉召命以來也。方伯[3]馬文[4], 二十三日始至, 以二十五日自梧川[5]起程[6], 宿溫溪[7]。翌夕, 向奉化[8]親庭[9]。二十七日, 旣午乃發, 宿榮川[10], 主倅托病不出。八[11]朝相見, 仍留, 遍接鄉丈門老及諸

---

1 有旨(유지): 승정원의 담당 승지를 통하여 전달되는 王命書.

2 《광해군일기》 1615년 3월 10일 2번째 기사.

3 方伯(방백): 경상도 감사로 1614년 10월 8일 沈惇을 제수한 뒤, 1615년 6월 5일 成晋善을 제수하였으므로, 원문에 해당하는 감사는 심돈임. 沈惇(1569~1646). 본관은 靑松, 자는 學而, 호는 南坡. 원래는 沈悅이었으나 광해군 때에 심돈으로 불려졌다가 다시 심열로 불려졌다. 아버지는 서인의 영수 沈義謙의 동생인 沈忠謙. 1593년 별시문과에 급제하여 벼슬길에 올랐다. 1614년 안동부사, 경상감사를 거쳐 1616년 예조참판, 1619년 함경감사, 1624년 여주목사를 지냈다. 인조조에서도 우의정, 좌의정, 판중추부사 등을 두구 거치고 영의정까지 올랐지만, 일생 동안 廢母政廳에 참여했던 굴레에서는 벗어나지 못하였다.

4 馬文(마문): 관원이 공무를 수행하기 위해 驛馬를 징발하여 타도록 허가한 문서. 마패에는 품위에 따른 마필수를 새기고 뒷면에는 연호·월·일과 尙瑞院印을 새긴다. 마패의 발급은 중앙에서 병조가 馬文을 발급하여 상서원에 주면 그에 따라 마패를 발급한다. 지방에서는 감사·水使·兵使가 발마패를 받아 계문이나 진상 등의 필요시 발마하고, 군사 등 긴급한 사항에는 雙馬를 사용한다.

5 梧川(오천): 烏川里. 원래 조선시대 예안군 읍내면에 속한 지명이었지만, 지금은 경상북도 안동시 와룡면 오천리. 김중청의 연보에 따르면, 1608년 禮安縣 南陽里로 이사하여 10여 년을 살았는데, 마을 이름을 따라 호를 草廬라고 하였다가 苟全居士로 고쳐 불렀다. 이와 관련하여 향토지명가들의 연구가 필요하다.

6 起程(기정): 길을 떠남.

7 溫溪(온계): 원래 조선시대 예안군 의서면에 속한 지명이었지만, 지금은 경상북도 안동시 도산면 온혜리.

8 奉化(봉화): 경상북도 북부에 있는 고을. 동쪽은 울진군, 서쪽은 영주시, 남쪽은 안동시·영양군, 북쪽은 강원특별자치도 영월군·삼척시·태백시와 접한다.

9 親庭(친정): 본가. 김중청의 출생지는 조선시대의 봉화현 晩退里. 현재 만퇴리와 관련된 지명을 찾을 수 없으나, 경상북도 봉화군 봉성면 상운로에 김중청의 묘가 있는 점을 고려할 필요가 있다.

友。九[12]曉往拜龜爺[13]， 因飯， 歷見朴叔澳[14]氏于龜尾村[15]， 宿豐基[16]。晦早, 主倅出接, 乃車雲輅[17], 其擧措與榮倅趙纘韓[18], 殊非一

10 榮川(영천): 榮州. 경상북도 북서부에 있는 고을. 동쪽은 봉화군, 서쪽은 예천군, 남쪽은 안동시, 북쪽은 마구령을 경계로 강원특별자치도 영월군, 죽령과 고치령을 경계로 충청북도 단양군과 접한다.

11 八(팔): 二十八日의 오기.

12 九(구): 二十九日의 오기.

13 龜爺(귀야): 龜巖 黃孝恭(1481~1524). 본관은 昌原, 자는 敬甫. 경상북도 영주시 可興洞 출생. 1521년 별시문과에 급제하였다. 1523년 冬至使의 서장관으로 명나라에 다녀왔다. 1525년 성균전적, 이듬해 형조좌랑을 거쳐 형조정랑·황해도사·교리·지평을 지냈다. 1532년 錦山郡守, 1534년 한성부서윤을 거쳐 사간원사간이 되었다. 1535년 생질이 權臣 김안로 일파의 미움을 받아 함께 탄핵을 받아 삭직되자 낙향하여 精舍를 짓고 구암이라 自號하여 후진 양성에 전념하였다. 만년에 李滉과 교유하였다. 묘는 영주시 助臥洞에 있다.

14 박숙전(朴叔澳): 외숙 朴澳(1542~1621). 본관은 潘南. 김중청 어머니의 막내 삼촌인 朴承倫(생몰년 미상)의 아들이다. 어머니 全州柳氏는 柳應祐의 딸이다. 부인 安東權氏는 學諭 權洙의 딸이다. 묘는 영주시 조와동에 있다.

15 龜尾村(구미촌): 충청북도 단양군 대강면 용부원리 구미골을 가리키는 듯. 작은구미골과 큰구미골이 있다.

16 豐基(풍기): 경상북도 영주시 북부에 있는 고을.

17 車雲輅(차운로, 1559~1637): 본관은 延安,자는 萬里, 호는 滄州. 아버지는 호조좌랑 車軾이며, 어머니 牙山李氏는 李繼天의 딸이다. 부인 全州李氏는 李恭의 딸이다. 車天輅의 형이다. 1580년 사마생원 양시에 장원으로 합격하고 1583년 알성문과에 장원급제하였다. 내직으로는 내자시정, 사옹원정, 공조정랑, 시강원필선, 외직으로는 개성부교수, 어천도찰방, 풍기·금성의 군수, 황간현감, 금성부사, 봉상시판관, 첨정 등의 여러 관직을 역임하였다.

18 趙纘韓(조찬한, 1572~1631): 본관은 漢陽, 자는 善述, 호는 玄洲. 아버지는 趙揚庭이며, 어머니 淸州韓氏는 韓應星의 딸이다. 趙緯韓의 아우이다. 1601년 생원이 되고 1606년 증광문과에 급제하였다. 1611년 부사과로서 한때 파직당했다가 낭관과 사간원 등 여러 벼슬을 지냈고, 이어 영암군수를 거쳐 1617년 영천군수로 있을 때 각지에 도적이 창궐하자 삼도토포사가 되어 이를 토벌하였다. 예조참의, 동부승지를 지내다가 상주목사로 나갔다가 1623년 인조반정으로 형조참의가 되어 승문원제조를 겸임했고, 1624년 예조참의를 거쳐 선산부사가 되었다.

揆也。宿丹陽[19]鳳樓[20]亭[21]，倅鄭恢遠[22]出待。

4월 1일。

비를 무릅쓰고 길을 떠나 수산역(水山驛)에서 쉬었다가 저물녘이 되어 충원(忠原: 충주)에서 투숙했는데, 별감(別監) 박대익(朴大益)이 음식물 등 물품을 바라지하였다.

四月初一日。

冒雨行，憩于水山[23]，暮投忠原[24]，別監朴大益支待[25]。

4월 2일。

용안(勇安: 用安驛의 오기)에서 쉬고 죽주(竹州: 죽산)에서 묵었는데, 죽주 부사 윤경(尹絅)은 도성으로 갔다면서 맞이하러 나오지 않았다.

---

19 丹陽(단양): 충청북도 북동부에 있는 고을. 동쪽은 강원도 영월군과 경상북도 영주시, 서쪽은 제천시, 남쪽은 경상북도 문경시·예천군, 북쪽은 강원도 영월군과 접한다.

20 鳳樓亭(봉루정): 교정자가 '鳳棲亭'으로 바로잡음.

21 鳳棲亭(봉서정): 충청북도 단양에 있었던 옛 관아의 누정. 1602년 단양군수 李埈이 창건한 누정이다.

22 鄭恢遠(정회원, 1564~1646): 본관은 東萊, 자는 大而. 아버지는 鄭象信이며, 어머니 全州李氏는 李璟의 딸이다. 鄭期遠의 동생이다. 부인 鎭川宋氏는 宋諄의 딸이다. 1585년 진사가 되었으며, 지중추부사를 지냈다.

23 水山(수산): 水山驛 또는 壽山驛이 있었던 곳으로, 충청북도 제천시 수산면에 속하는 수산리.

24 忠原(충원): 충청북도 忠州의 옛 이름.

25 支待(지대): 公事로 말미암아 길을 떠난 관원에게 필요한 음식물이나 일용품을 지방 관에서 공급하는 일.

二日。

憩勇安[26], 宿竹州[27], 府伯尹絅[28], 稱上京不出。

4월 3일。

양지(陽智)에서 쉬고 또 용인(龍仁)에서 말을 먹인 뒤로 저물녘에 판교(板橋)에서 투숙하였는데, 양지 수령 남진(南鎮)은 잠깐이나마 찾아왔지만, 용인 수령 한양(韓瀁)은 기우제(祈雨祭)를 지내러 나가서 만나보러 오지 않았다.

三日。

憩陽智[29], 又秣龍仁[30], 夕投板橋[31]以宿, 陽倅南鎮[32]暫見, 龍倅韓瀁[33], 祈雨出去, 未見而來。

---

26 勇安(용안): 用安驛의 오기인 듯. 충청북도 충주시 신니면 용원리 외룡마을. 충주에서 한양으로 가기 위하여 거쳐야 하는 길 중 하나였다.

27 竹州(죽주): 경기도 안성지역의 옛 지명. 1413년 竹山으로 고치고 현감을 두기도 하였다.

28 尹絅(윤경, 1567~1664): 본관은 坡平, 자는 美仲, 호는 岐川. 아버지는 상호군 尹大老이며, 어머니 德水李氏는 李元祿의 딸이다. 1589년 진사시에 합격하고, 1596년 별시문과에 급제하였다. 1610년 죽주부사를 지낼 때 임기가 끝났으나 민원에 의하여 1년을 더 유임했다.

29 陽智(양지): 경기도 용인시 양지면 양지리 고을 범위.

30 龍仁(용인): 경기도 중앙부에 있는 고을. 동쪽은 이천시, 서쪽은 수원시·화성시, 남쪽은 안성시·평택시, 북쪽은 성남시·의왕시·광주시와 접한다.

31 板橋(판교): 경기도 성남시 분당구 판교동.

32 南鎮(남진): 金坽의 《溪巖日錄》 1616년 3월 28일자에도 여전히 양지 수령으로 나오는 인물. 구체적인 정보는 알 수가 없다.

33 韓瀁(한양, 1553~1625): 본관은 清州, 자는 仲徵. 아버지는 韓守德이다. 형조좌랑, 집의 등을 지냈다.

4월 4일。

낮에 도성에 들어왔다.

四日。

午入城。

4월 5일。

다소 늦게 사은숙배하였다.

五日。

差晩[34]謝恩。

4월 6일。

임시 거처에 있었다.

六日。

在寓。

4월 7일(계미)。 맑음。

조반을 먹은 뒤 입직(入直)하여 문학(文學)을 겸한 손척(孫倜)과 마주보고 교대했는데, 이때 손척은 이조정랑(吏曹正郞)을 겸하고 있었으며 다음 당번은 사서(司書) 이익(李瀷)이었다.

책상 위에는 《서전(書傳)》 제5권과 《대학연의(大學衍義)》 제1권이 놓여 있어서 그 까닭을 물으니 저하(邸下: 왕세자)에게 이 두 책으로

34 差晩(차만): 기준이 되는 때보다 조금 늦음.

현재 강(講)하고 있으나, 근래 임질(淋疾)로 인하여 경연(經筵)을 멈춘 지가 이미 오래되었다고 하였다.

七日(癸未)。晴。

飯後入直[35], 與兼文學孫倜[36]面代[37], 時倜以吏正兼, 下番[38]則李司書瀷[39]也。案上有書傳第五卷, 大學衍義第一卷, 問之, 則邸下方講此二書, 而近因淋疾[40], 停筵已久云。

4월 8일(갑신)。맑음。

사서(司書: 이익)가 실록청(實錄廳)에서 나가 버려, 그 대신 설서(說書) 남성신(南省身)이 왔다.

저녁에 춘궁(春宮: 동궁전)에서 퇴선(退膳: 세자의 밥상에서 물린 음식)을 내려보내 와 술 한잔을 마시고 막 끝내려는데, 교리(校理) 박정

---

35 入直(입직): 관아에 들어가 숙직함. 또는 당직함.

36 孫倜(손척, 1558~?): 본관은 密陽, 자는 士儉. 아버지는 孫汝諧이며, 어머니 晉州柳氏는 의금부도사 柳祖誠의 딸이다. 부인은 蘇安吉의 딸이다. 1589년 진사시에 합격하고, 1602년 알성문과에 급제하였다.

37 面代(면대): 面看交代. 서로 한자리에서 마주보고 사무를 넘겨주고 넘겨받음.

38 下番(하번): 순번이 아래인 사람.

39 李司書瀷(이사서익): 司書 李瀷(1579~1624). 본관은 慶州, 자는 洞如·汝涵, 호는 艮翁·玉浦. 할아버지는 李鸞이다. 아버지는 판관 李惟一이며, 어머니 驪興閔氏는 참봉 閔德龍의 딸이다. 그 사이에서 둘째아들로 태어났다. 형은 李濯이다. 첫째부인 寧越嚴氏는 자제가 없었고, 둘째부인 平山申氏는 문경현감 申吉元의 딸이다. 1612년 사마시에 합격하고, 같은 해 식년문과에 급제하였다. 검열에 등용되고, 1615년 전적에 승직되었으며, 장령·예조정랑·병조정랑을 거쳐 직강을 역임하였다. 仁穆大妃를 폐하려는 논의가 일어나자 이에 반대하는 소를 올려서 1618년 11월에 제주에 유배되어 1623년 인조반정으로 풀릴 때까지 귀양살이를 하였다.

40 淋疾(임질): 임균의 감염에 의하여 일어나는 성병.

길(朴鼎吉)이 와서 계속해 술잔을 주고받다가 인정(人定: 야간 통행 금지)이 지난 뒤에야 마치고는 교리와 달빛을 받으며 돌아왔다.

八日(甲申)。晴。

司書自實錄廳出去，南說書省身[41]替來。夕自春宮[42]，送下退饍[43]，一酌才罷，朴校理鼎吉[44]至，仍與酬酢，人定[45]後乃止，校理乘月而歸。

4월 9일(을유)。맑음。

나는 실록청에 가서 2판(板)을 베껴 옮겼다. 총재관(摠裁官) 영의정 기자헌(奇自獻) 및 도청(都廳) 사재(四宰: 우참찬) 박건(朴楗)과 모여서 사무를 본 뒤로 돌아가는 도중 정원(政院: 승정원) 문밖에 들르자, 한림(翰林) 한옥(韓玉)과 주서(注書) 홍득일(洪得一)이 과거에 급

---

41 南說書省身(남설서성신): 說書 南省身(1567~?). 본관은 宜寧, 자는 守約. 아버지는 副司果 南麟壽이며, 어머니 淸州韓氏는 韓世騫의 딸이다. 부인 驪興閔氏는 閔獅의 딸이다. 1613년 대증광문과에 급제하였다. 1615년 겸설서, 예문관검열, 대교, 1616년 봉교 등을 지냈다. 1617년 인목대비 폐모의 庭請에 참여하였다. 이 때문에 1623년 인조반정 이후 유배되었다.

42 春宮(춘궁): 東宮. 왕세자가 사는 궁전.

43 退饍(퇴선): 임금 또는 세자가 물린 음식.

44 朴校理鼎吉(박교리정길): 校理 朴鼎吉(1583~1623). 본관은 密陽, 자는 養而. 아버지는 朴綵이며, 어머니 仁同張氏는 張景安의 딸이다. 부인 全州李氏는 李秀全의 딸이다. 1601년 사마시에 합격하고 1606년 증광문과에 급제하였다. 곧 예문관검열, 홍문관의 수찬·부교리, 세자시강원문학 등을 역임하고, 1615년 이조좌랑을 거쳐 文臣庭試에 급제하여 겸문학·이조정랑에 올랐다. 1616년 지제교, 세자시강원필선을 거쳐 1617년 홍문관의 전한·직제학, 우부승지를 역임하였다. 대사성, 홍문관부제학, 공조참판을 역임하였으나, 1623년 병조참판으로 재직 중 인조반정을 만나 廢母에 앞장선 죄목 등으로 주살되었다.

45 人定(인정): 조선시대에 종을 쳐서 야간통행을 금지한 제도.

제하여 새로 들어온 한정국(韓定國) 이하 10여 명을 불러 바야흐로 희롱하고 있었다. 이모(李慕: 김중청의 사위) 또한 양들의 심술궂은 놀이 속에 있어서 내가 이내 들어가 한정국과 홍득일을 보니 병조정랑 임효달(任孝達) 또한 그 대열에 끼어 앉아 있었는데, 나는 한림(翰林: 한옥)과 병랑(兵郞: 임효달)은 같은 해 과거에 급제한 사이라 한참 동안 계절에 관한 인사말을 나누고는 이모(李慕)를 데리고 정원으로 돌아왔다.

이날 남성신(南省身)은 아침에 나갔고, 이익(李瀷)은 저녁에 돌아왔다.

참판이 이조판서 대신 인사이동을 하였는데, 금개(琴愷)가 부망(副望: 2순위 추천자)으로 장령(掌令)에 제수되었다.

九日(乙酉)。晴。

余往實錄廳, 謄二板。摠裁官領議政奇自獻[46]及都廳朴四宰楗[47]開坐[48], 歸路歷政院門外, 翰林韓玉[49]與注書洪得一[50], 方呼戲新來[51]

---

46 奇自獻(기자헌, 1562~1624): 본관은 幸州, 초명은 自靖, 자는 士靖, 호는 晩全. 할아버지는 한성부윤 奇大恒이다. 아버지는 奇應世이며, 어머니 善山林氏는 우찬성 林百齡의 딸이다. 1582년 성균관에 입학하고 1590년 증광문과에 급제하였다. 좌승지, 강원도관찰사, 좌의정을 역임하였다. 1623년 인조반정 때 金瑬·李貴 등이 모의 가담을 요청했으나 신하로서 왕을 폐할 수 없다고 거절하였기 때문에 역모죄로 서울에 압송되어 중도부처되었으며, 1624년 李适의 난이 일어나자 내응을 우려해 옥에 갇힌 사람 모두와 함께 처형되고 일족도 몰상당하였다.

47 朴四宰楗(박사재건): 四宰 朴楗(1560~1617). 본관은 高靈, 자는 子閑. 아버지는 진사 朴大容이며, 어머니 平壤趙氏는 趙慶雲의 딸이다. 부인 慶州金氏는 金希哲의 딸이다. 김희철의 또 다른 딸이 宣祖의 후궁 恭嬪金氏로 臨海君과 光海君을 낳았기 때문에, 박건은 광해군의 이모부이다. 1585년 사마시에 합격하고, 1596년 정시문과에 급제하였다.

48 開坐(개좌): 벼슬아치들이 한데 모여서 사무를 보는 일.

韓定國[52]以下十數人。李慕[53]亦在羊鬪之中，余乃入見韓洪，兵郎任孝達[54]，且坐其列，余與翰林·兵郎同年[55]，寒暄[56]良久，携李慕還院。

---

49 韓玉(한옥, 1571~1629): 본관은 淸州, 자는 玉汝. 아버지는 韓匡胤이며, 어머니 陽川許氏는 許鵬의 딸이다. 부인 平壤趙氏는 趙應星의 딸이다. 1603년 사마생원 양시에 합격하고, 1610년 식년문과에 급제하였다. 이조좌랑, 이조정랑 등을 역임하였고, 李爾瞻 등이 仁穆大妃의 폐모론을 제기하였을 때 적극적으로 동조하여 북인 정권 유지에 공헌하였으나, 인조반정 이후 이이첨의 무리로 몰려 하동에 유배되었다가, 북방 오랑캐에게 보내는 흉서를 작성한 것으로 밝혀져 죽음을 당하였다.

50 洪得一(홍득일, 1577~1655): 본관은 南陽, 자는 亨諸, 호는 晩悔·後浦. 아버지는 판결사 洪思斆이며, 어머니 金海金氏는 金秀淵의 딸이다. 부인 南原尹氏는 尹暾의 딸이다. 1609년 사마시에 합격하고, 1613년 증광문과에 급제하였다. 1617년 호조좌랑, 1618년 예조좌랑을 거쳐 봉산군수로 재직 중에 인조반정이 일어나 파직되었으나, 1624년 동래부사가 되었다. 1639년 승지, 1643년 좌승지 등을 역임하였다.

51 新來(신래): 과거에 새로 급제하여 처음 관직에 나온 사람을 선배가 가리켜 이르는 말.

52 韓定國(한정국, 1584~1623): 본관은 淸州, 자는 靖叔. 아버지는 판관 韓瀛이며, 어머니 東萊鄭氏는 대사간 鄭維一의 딸이다. 첫째부인 전주이씨는 현감 李德溥의 딸이며, 둘째부인 羅州羅氏는 진사 羅東鉉의 딸이다. 1605년 진사시에 합격하고, 1615년 식년문과에 급제하였다. 예조좌랑, 지평, 이조좌랑을 거쳐 이조정랑을 지냈다. 1617년 예조좌랑으로 있을 때 李爾瞻 등의 사주를 받아 李偉卿·黃德符 등과 함께 仁穆大妃의 폐모론을 주창하였다. 이조정랑을 있을 때는 인사권을 전횡하였다. 1623년 인조반정이 일어나 폐모론의 수창자로서 주살당하였다.

53 李慕(이모, 1582~1639): 본관은 永川, 자는 孝思, 호는 小白. 아버지는 현감 李德弘이며, 어머니 英陽南氏는 南應乾의 딸이다. 첫째부인 沃川全氏는 全凝의 딸이며, 둘째부인 安東金氏는 苟全 金中淸의 딸이다. 1610년 진사시에 합격하고, 1615년 형제 李茳·李苙과 함께 식년문과에 급제하였다. 홍문관수찬 등을 역임하였다. 1623년 인조반정 후 인목대비 폐모론의 가담자를 참수할 때 이강은 참수를 당하고 이모는 長淵으로 정배되었다.

54 任孝達(임효달, 1584~1646): 본관은 豊川, 자는 述之. 아버지는 진사 任弘正이며, 어머니 密陽朴氏는 朴好元의 딸이다. 부인 坡平尹氏는 尹敬立의 딸이다. 1603년 사마시에 합격하고, 1610년 식년문과에 급제하였다. 곧 文翰官에 배속되었다가 1615년 병조정랑을 지냈다. 인조반정 후 공주, 성주, 청풍, 광산, 갑산 등의 외직에 나가 오랫동안 수령을 역임하였다. 1638년 사간원정언, 1639년 종성부

是日，南則朝出，李則夕還。參判獨政[57]，琴愷[58]以副望[59]除掌令[60]。

4월 10일(병술)。맑음。

류여항(柳汝恒)이 어제의 인사이동에서 설서(說書)가 되어 오늘 이른 아침에 사은숙배한 뒤 사람을 보내어 당직하는 곳을 물었다.

저녁에 오융보(吳隆甫: 吳汝檼)가 수찬(修撰)으로서 옥당(玉堂: 홍문관)에 숙직하며 글을 보내어 부르기를, “마침 술병을 얻었으니 모두들 모름지기 홀연히 오시게나.”라고 하였다. 나는 사서(司書) 이익(李瀷)과 함께 갔는데, 종묘봉사(宗廟奉事) 김대진(金大進: 金大振의 오기)이 제사를 지내고 남은 술을 가져와서 접대하는 것으로 술이 몇 순배 돈 뒤에 교리(校理) 박홍도(朴弘道)가 밖에서 들어와 더불어 함께 마셨다. 봉사(奉事: 김대진)가 먼저 갔고, 우리들은 그 다음으로 돌아왔다.

十日(丙戌)。晴。

사를 지내고 1642년 승정원부승지가 되었다.

55 同年(동년): 同榜. 같은 해 과거에 급제한 사람.

56 寒暄(한훤): 날씨의 춥고 더움을 말하는 인사.

57 獨政(독정): 인사에 관한 政事에서 이조판서가 유고일 때에 참판이나 참의 가운데 한 사람이 판서 대신 거행하는 일을 말함.

58 琴愷(금개, 1562~1629): 본관은 奉化, 자는 彦康, 호는 望月軒. 아버지는 琴蘭秀이며, 어머니 橫城趙氏는 趙大春의 딸이다. 첫째부인 眞寶李氏는 蒙齋 李安道의 딸이며, 둘째부인 開城高氏는 高尙顏의 딸이다. 1591년 사마생원 양시에 합격하고, 1601년 식년문과에 급제하였다. 주서, 기사관, 장령, 헌납, 여주목사 등을 지냈다.

59 副望(부망): 벼슬자리에 추천된 세 사람의 후보자 가운데 둘째로 추천된 사람.

60 《光海君日記》 1615년 4월 9일 3번째 기사.

柳汝恒[61], 昨日政, 爲說書, 今早謝恩, 仍伻問于直所。夕, 吳隆甫[62], 以修撰, 直玉堂, 書邀曰: "適得壺酒, 僉須惠然[63]."云, 余與李司書共赴, 宗廟奉事金大進[64], 持祭餘醞來饋, 酌數巡後, 校理朴弘道[65], 自外至, 仍與共之。奉事先出, 余輩次還。

4월 11일(정해)。 맑음。

사서(司書) 이익(李瀷)이 실록청에서 그의 백형(伯兄: 李濯)을 만나보러 잠시 나가서 나는 홀로 있었는데, 정언(正言) 이잠(李埁)이 대청

---

61 柳汝恒(류여항, 1581~1624): 본관은 晉州, 자는 久而, 호는 汶翁. 아버지는 참찬 柳澗이며, 어머니 韓山李氏는 李堅의 딸이다. 부인 坡平尹氏는 尹綎의 딸이다. 1613년 증광문과에 급제하였다. 병조좌랑, 헌납, 수찬을 거쳐 교리, 승지를 지냈다. 1624년 李适의 난 후 고문으로 죽었다.

62 隆甫(융보): 吳汝檼(1561~1633)의 字. 본관은 高敞, 호는 洛厓. 아버지는 판결사 吳澐이며, 어머니 金海許氏는 許士廉의 딸이다. 첫째부인 尙州周氏는 周博의 딸이며, 둘째부인 高靈朴氏는 朴廷琬의 딸이다. 1613년 급제하였다. 사간원헌납, 사헌부집의, 홍문관부응교 등을 거쳐 홍문관전한을 지냈다. 1623년 인조반정이 일어나자, 李爾瞻의 심복이자 鄭仁弘의 수족으로 지목되어 홍양에 위리안치되었다.

63 惠然(혜연): 흔쾌히 옴.

64 金大進(김대진): 金大振(1571~1644)의 오기. 본관은 瑞興, 자는 而遠, 호는 四友堂. 아버지는 참봉 金應福이다. 김응복의 첫째부인 坡平尹氏는 尹彦豪의 딸이며, 둘째부인 淸州韓氏는 韓寧의 딸이다. 부인 晉陽姜氏는 姜近의 딸이다. 1592년 임진왜란이 일어나자 의병을 일으켜 왜적을 토멸하였다. 1609년 생원시에 합격하고 성균관생원이 되었다. 경기전참봉, 종묘봉사, 돈령부직장을 거쳐 김천도찰방이 되었다.

65 朴弘道(박홍도, 1576~1623): 본관은 竹山, 자는 子修. 아버지는 朴文榮이며, 어머니 杞溪兪氏는 兪綸의 딸이다. 부인 陽川許氏는 許寶의 딸이다. 1610년 별시문과에 급제하여 사간원정언이 되었다. 1613년 사헌부지평, 세자시강원문학을 거쳐 1614년 헌납, 홍문관수찬을 지내고 1615년 이조정랑, 부교리, 지평이 되었다. 좌부승지로 재직 중이던 1623년 인조반정이 일어나 이이첨의 무리들과 연루된 혐의로 참형되었다.

(臺廳: 사간원)에서 찾아오고 박사(博士) 박수서(朴守緖)가 그의 집에서 또 찾아오자, 정언은 이내 돌아가 버렸고 박사는 저녁이 되어서야 돌아갔다.

사서 이익이 집에서 되돌아왔다.

十一日(丁亥)。晴。

李司書, 自實錄廳, 爲見其伯[66]暫出, 余獨居, 李正言埁[67], 自臺廳來訪, 朴博士守緖[68], 自其家又至, 正言旋去, 博士夕歸。李司書自家還入。

---

66 其伯(기백): 《光海君日記》 1615년 5월 23일 3번째 기사에 의하면 李濯(1577~?)을 가리킴.

67 李正言埁(이정언잠): 正言 李埁(1581~1655). 본관은 羽溪, 자는 汝瞻. 榮州 출신. 아버지는 朴承任의 문하생으로 의병장이었던 李孝麟이며, 어머니 永川李氏는 李汝樑의 딸이다. 첫째부인 咸陽朴氏는 승지 朴守緖의 딸이며, 둘째부인 陽川許氏는 참찬 許昊의 딸이다. 1606년 식년문과에 급제하였다. 1615년 정언, 1616년 부수찬을 거쳐 부교리가 되었으며, 1618년 명나라 요청에 따라 파병할 때 姜弘立을 수행하고 돌아와 예조정랑이 되었다. 1623년 풍기군수 재임중 인목대비의 폐모론에 동참한 것으로 탄핵을 받았다.

68 朴博士守緖(박박사수서): 博士 朴守緖(1567~1627). 본관은 咸陽, 자는 敬承, 호는 尤溪. 아버지는 군자감주부 朴芝이며, 어머니 밀양박씨는 호군 朴彦商의 딸이다. 첫째부인 驪興閔氏는 찰방 閔興業의 딸이며, 둘째부인 豐山柳氏는 柳英의 딸이다. 1588년 사마시에 합격하였고, 1597년 정유재란 때 郭再祐와 함께 의병을 일으켜 火旺山城을 지키며 항전하였다. 1609년 증광문과에 급제하여 세자시강원 설서에 임명되어 1611년 北評事를 거쳐 1613년 典籍으로 사위 李埁과는 달리 인목대비를 폐하려 하자 부당함을 극렬하게 상소하였다. 그 뒤 우승지, 분병조참의 등을 지냈다. 1621년 曺友仁과 함께 입직하여 仁穆大妃의 유폐를 비판하는 글을 지어서 의금부에 하옥되었다가 인조반정으로 풀려났다. 이후 울산부사 등을 역임하였다.

4월 12일(무자)。맑음。

아침에 천문훈도(天文訓導: 천문학 훈도) 윤시(尹時)의 단자(單子)를 보니, ‘지난밤 오경(五更: 새벽 4시 전후)에 유성(流星: 별똥별)이 위성(危星) 아래서 나와 동쪽 하늘가로 들어갔는데, 모양은 주먹만 하면서 꼬리의 길이가 서너 자 가량 되고 빛이 붉은 색이었다.’라고 하였다.

이때 합사(合司)하여 이원익(李元翼)을 멀리 귀양 보내고 남이공(南以恭)을 위리안치(圍籬安置)하도록 계청(啓請)한 지 몇 달이 되었다. 그래서 이원익은 중도부처(中途付處)하고 남이공은 삭탈관직하였는데도 오히려 멈추지 않았다.

송순(宋諄)이 대사헌에, 박재(朴梓)가 집의(執義)에, 최응허(崔應虛)가 장령(掌令, 협주: 기윤헌(奇允獻)이 새로 교체됨)에, 양시진(楊時晋)·신광업(辛光業)이 지평(持平)에 제수되었다. 대사간은 류인길(柳寅吉), 사간(司諫)은 이정원(李挺元), 헌납(獻納)은 조정립(曺挺立), 정언(正言)은 이잠(李埁)·한명욱(韓明勗)이다. 금개(琴愷)는 병으로 사직을 청원하는 글을 올렸다.

듣건대 이정원의 이하 간원 관료들이 오리(梧里) 이원익 재상을 구하려 한 유생(儒生) 홍무적(洪茂績) 등에게 죄주기를 청하려 하니, 송순이 말하기를, “유생은 죄를 줄 수가 없으니, 사간들이 유생 시절 소장(疏章)을 올린 적이 있었을 것인데 그 당시에 죄를 주려고 했던 사람에게 뭐라고 말할 것인가?”라고 하자, 이잠이 말하기를, “유생이라는 이름은 똑같으나 소장은 동일하지 않습니다.”라고 했지만, 송순의 주장대로 결국 시행되었다고 하였다.

어제 사헌부에서 아뢰어 강경과(講經科)에서 입격(入格: 합격)한 사람들 가운데 획수(畫數: 시험 점수)의 많고 적음에 따라 벼슬을 제수하도록 청하니, 주상이 대신(大臣)들과 논의하도록 명하였다.

실록청에 가서 3판(板)을 베껴 옮겼다. 사과(司果) 이경여(李敬輿) 또한 이방낭청(二房郎廳)으로 와서 일을 하고 이미 날이 저물고서야 돌아갔는데, 지나는 길에 한옥(韓玉)·김경직(金敬直)을 만나보았다. 김경직은 가주서(假注書)가 되었다.

이날 저녁에 관상감(觀象監)에서 아뢰기를, "미시(未時: 오후 2시 전후)부터 유시(酉時: 오후 6시 전후)까지 햇무리가 지고 두 개의 귀고리가 있었습니다."라고 하였다.

김지복(金知復)의 편지가 상산(商山: 상주)에서 왔는데, 문과(文科)의 초시(初試)에 관해 말한 것이어서 곧바로 예조(禮曹)의 관원을 불러 그의 뜻한 바를 부탁하였다.

꿈에서 김주우(金柱宇: 김중청의 3남)를 보았는데, 나는 초록색 비단옷을 입었고 주우 또한 똑같았다.

十二日(戊子)。晴。

朝見天文訓導尹時單字[69], '去夜五更, 流星出危星下, 入東方天際, 狀如拳, 尾長三四尺許, 色赤.' 是時, 合司之啓請, 遠竄李元翼[70],

69 單字(단자): 單子의 오기. 어떠한 사실을 조목조목 적어올리는 문서.

70 李元翼(이원익, 1547~1634): 본관은 全州, 자는 公勵, 호는 梧里. 아버지는 咸川都正 李億載이며, 어머니 東萊鄭氏는 감찰 鄭錙의 딸이다. 부인 延日鄭氏는 鄭樞의 딸이다. 1564년 사마시에 합격하고, 1569년 별시문과에 급제하였다. 당색으로는 東人이었으나 鄭汝立의 옥사를 계기로 동인이 남인과 북인으로 분당될 때 그는 남인이 되었다. 1615년 인목대비 폐모론에 반대하여 洪川으로 유배되었으며 1619년 풀려나 여주에서 머물렀다. 1623년 인조반정 이후에도 서인 정권에 의해 영의정에 임명되어 서인, 남인 연립정권을 구성하였으며 광해군을 죽여야 한다는

安置南以恭[71], 已閱數月。李則付處[72], 南則削奪, 而猶不停止。宋諄[73]爲大司憲, 朴榟[74]爲執義, 崔應虛[75]爲掌令【奇允獻[76]新遞】, 楊時

공신들의 여론에 반대하여 만류하였다. 우의정, 좌의정, 영의정 등을 역임하였다.

71 南以恭(남이공, 1565~1640): 본관은 宜寧, 초명은 南以敬, 자는 子安, 호는 雪蓑. 아버지는 南琥이며, 어머니 居昌愼氏는 愼思獻의 딸이다. 형은 참판 南以信이다. 1590년 증광문과에 급제하였다. 1593년 세자시강원사서가 되고, 1597년 정유재란 때 체찰사 李元翼의 종사관이 되었다. 1598년 李潑·鄭仁弘 등과 北人의 우두머리로 영의정 柳成龍이 왜와 화의를 주장했다고 해 탄핵, 파직시켰다. 1615년 이원익과 더불어 廢母論을 반대하다 파직되어 平山·海州·松禾 등지에서 유배생활을 하다가 1621년 풀려났다. 예조참의, 홍문관부제학, 병조참판 등을 지냈다.

72 付處(부처): 中途付處. 벼슬아치에게 어느 곳을 지정하여 머물러 있게 하던 형벌.

73 宋諄(송순, 1550~1616): 본관은 鎭川, 자는 渾元, 호는 忘村. 생부는 宋繼任이고, 진사 宋眉福에게 입양되었다. 어머니 牛峯金氏는 金鶴의 딸이다. 부인 密陽朴氏는 朴栗의 딸이다. 1582년 식년문과에 급제하였다. 1608년 光海君이 즉위하자 鄭昌衍의 천거로 이조참의가 되어 李爾瞻과 가까이 지냈다. 이후 병조참판, 대사간, 대사헌 등을 지냈다. 1615년 형조판서·호조판서·지의금부사를 거쳐 이듬해 대사헌에 다시 임명되어 義靈君에 봉해졌다. 사후 1623년 인조반정이 일어나자 관직을 삭탈당하였다.

74 朴榟(박재, 1564~1622): 본관은 高靈, 자는 子貞. 아버지는 朴大容이며, 어머니 平壤趙氏는 趙慶雲의 딸이다. 부인 潘南朴氏는 朴璨의 딸이다. 형은 판서 朴楗이다. 1602년 별시문과에 급제하였다. 1607년 공조좌랑, 1609년 정언, 1612년 사헌부지평, 이듬해 세자시강원사서에 이어 사헌부장령이 되었고, 1614년에는 사헌부집의가 되어 세자시강원필선을 겸하였다. 1615년 홍문관부응교에 이어 사간이 되었다. 1617년 정사 吳允謙과 함께 回答副使로 일본에 가서 임진왜란 때 잡혀갔던 被虜人 150명을 인솔해 왔으며, 이때부터 일본과의 수교가 정상화되었다. 1618년 행호군이 되었고, 이어서 강릉부사를 역임하였다.

75 崔應虛(최응허, 1572~1636): 본관은 慶州. 자는 拱辰. 아버지는 崔崐이며, 어머니는 崔盧植의 딸이다. 부인은 李熹의 딸이다. 1601년 생원시에 합격하고, 1603년 식년문과에 급제하였다. 1611년 경기도사로서 徐敬德의 致祭官을 맡았다. 그 뒤 사헌부장령·승정원승지·수원부사 등을 역임하였으나 인조반정 이후 李爾瞻의 일당으로 폐모론에 앞장섰다 하여 탄핵되었다.

76 奇允獻(기윤헌, 1575~1624): 본관은 幸州, 초명은 忠獻·乃獻, 자는 獻甫. 할아버지는 한성부윤 奇大恒이다. 아버지는 奇應世이며, 어머니 善山林氏는 우찬성 林百齡의 딸이다. 형은 영의정 奇自獻이다. 부인 竹山朴氏는 朴應鉉의 딸이다.

晉[77]·辛光業[78]爲持平。大司諫則柳寅吉[79], 司諫則李挺元[80], 獻納則

1605년 증광문과에 급제하였다. 1608년에 승문원박사가 되고, 광해군 때는 공조좌랑·세자시강원문학·장령·안악군수 등을 역임하였다. 1617년 형인 영의정 기자헌이 광해군의 仁穆大妃 폐비론에 반대하여 유배될 때 형과 함께 관직을 삭탈당하고 유배되었다. 그러나 인조반정 이후 오히려 광해군이 영창대군을 제거할 때 동조하였다는 죄목으로 국문을 받았고, 1624년 李适의 난이 일어나자 난군과 내응하였다는 혐의로 온 집안이 추국을 받아 끝까지 불복하다가 형이 먼저 죽고, 그 뒤 林荘과 더불어 장살되었다.

77 楊時晋(양시진, 1573~1615): 본관은 南原, 자는 子昇, 호는 龜陰. 할아버지는 楊洪이다. 양홍의 셋째아들인 아버지는 병조정랑 楊士衡이며, 어머니 朔寧崔氏는 崔穎의 딸이다. 부인 康津金氏는 金大立의 딸이다. 楊時遇의 4촌동생이다. 1605년 생원시에 합격하고, 1606년 식년문과에 급제하였다. 승문원부정자를 시작으로 광해군 때에 지평·정언 등을 지냈다. 지평으로 있을 때 李爾瞻, 鄭仁弘 등 대북파가 綾昌君을 왕으로 추대하는 반역을 도모하였다는 蘇明國의 고변이 있었다. 이에 연루되어 杖刑을 받고, 함경도 종성으로 귀양 가던 도중 1615년 철령 너머 덕산역에서 죽었다.

78 辛光業(신광업, 1575~1623): 본관은 靈山, 자는 伯述, 호는 龜溪. 아버지는 辛彭年이다. 신팽년의 첫째부인 陽川許氏는 許巖의 딸이며, 둘째부인 朗州崔氏는 崔好謙의 딸이다. 신광업은 낭주최씨의 소생이다. 부인 羅州洪氏는 현감 洪塾의 딸이다. 1603년 진사시에 합격하고, 1610년 별시문과에 급제하였다. 광해군 때 간관을 지내며 李元翼을 논죄하고, 1618년 수찬으로 있을 당시 許筠의 심복이 되어 金闓와 함께 仁穆大妃의 폐모론에 대해 동조하였다. 1623년 인조반정 후 옥사에 관련되어 귀양가서 위리안치되었다가 李爾瞻의 당으로 몰려 반역죄로 복주당하였다.

79 柳寅吉(류인길, 1554~?): 본관은 文化, 자는 景休, 호는 葵塢. 아버지는 참봉 柳溤이며, 어머니 慶州李氏는 현감 李禮의 딸이다. 부인 晉陽姜氏는 부사 姜澮의 딸이다. 1589년 문과에 급제하였다. 1592년 임진왜란이 일어나자 임금을 호종하였으며, 1596년 함경도어사가 길주, 명천, 경성 등지의 민심을 달랬다. 1597년 사간원정언, 사헌부지평, 사헌부장령을 지낸 뒤 1600년 세자시강원문학, 예조참의를 거쳐 1601년 강릉부사, 형조참의, 강원도관찰사로 나갔다가 대사성, 이조참판, 대사간 등을 역임하였다.

80 李挺元(이정원, 1567~1623): 본관은 慶州, 자는 仲仁, 호는 後浦. 할아버지는 李世芬이며, 아버지는 李忠良이다. 1603년 진사시에 합격하고, 광해군 때 大北 세력에 협력하여 진사로서 小北의 영수 柳永慶을 탄핵하는 상소를 올렸다. 1610년 식년문과에 급제하였다. 그 뒤 사서·사간원정언·사헌부장령·사간을 거쳐 1614

曹挺立[81], 正言則李埁·韓明勗[82]也。琴愷呈病[83]。聞李挺元以下, 欲請罪救元翼梧相儒生洪茂績[84]等, 宋諄曰: "儒生則不可罪, 司諫爲儒生時, 曾上疏章, 其時欲罪之人, 謂如何?" 埁曰: "儒名一也, 而疏則非一揆也." 宋議竟行云。昨日, 府啓請, 以講經[85]入格人, 從畫

년 軍器寺正·필선이 되었다. 1616년에 검상, 1619년 응교·전한을 지내고 이듬해에 대사간을 거쳐 이조참의가 되었다. 1623년 인조반정이 일어난 직후 鄭仁弘·閔深·兪世曾 등과 함께 처형되었다.

81 曺挺立(조정립, 1583~1660): 본관은 昌寧, 자는 以正, 호는 梧溪. 아버지는 曺應仁이며, 어머니 全義李氏는 李得蕡의 딸이다. 첫째부인 安東權氏는 權濬의 딸이며, 둘째부인 慶州金氏는 金德民의 딸이다. 1608년 증광문과에 급제하였다. 1611년 세자시강원설서, 1612년 사간원정언, 사헌부지평을 지내고 1616년 예조좌랑, 1622년 충북 보은으로 귀양살이를 했으며, 1635년 평양서윤, 1639년 정주목사 등을 역임하였다.

82 韓明勗(한명욱, 1567~1652): 본관은 淸州, 자는 勗哉, 호는 栗軒. 아버지는 참판 韓述이며, 어머니 全州李氏는 李韻의 딸이다. 첫째부인 高靈朴氏는 朴櫟의 딸이며, 둘째부인 東萊鄭氏는 鄭象義의 딸이다. 1606년 진사시에 합격하고, 1612년 증광문과에 급제하였다. 1614년 예조좌랑이 되었고, 사서, 정언을 거쳐 지평을 지냈다. 소북파의 영수 南以恭을 탄핵한 죄로 파직된 후 평산으로 유배를 갔으나 이후 풀려나, 장령, 군기시정, 군자감정, 봉상시정을 거쳐 사헌부장령이 되었다. 1623년 인조반정으로 관직에서 물러났다가, 1630년 동지사 겸 성절사로 명나라에 다녀왔다. 1646년 지돈령부사을 역임하였다.

83 呈病(정병): 병으로 出仕하지 못한다고 올리는 글.

84 洪茂績(홍무적, 1577~1656): 본관은 南陽, 자는 勉叔, 호는 白石. 아버지는 舍人 洪義弼이며, 司評 洪仁弼에게 입양되었다. 어머니 昌寧成氏는 절도사 成世則의 딸이다. 부인 光山金氏는 동지사 金元祿의 딸이다. 1610년 생원시에 합격하였다. 1615년 李爾瞻의 사주를 받은 鄭造·尹訒·李衛卿 등이 仁穆大妃의 폐모론을 제기하자, 이에 반대하고 이들을 목벨 것을 상소하였다. 폐모론에 반대하던 李元翼이 유배되자, 鄭澤雷·金孝誠 등과 서로 잇따라 소를 올려 이원익의 충절을 밝히고 폐모론자를 목벨 것을 주장하다 자신도 거제도로 유배되었다. 1623년 인조반정으로 석방되어 창녕현감, 진천현감을 거쳐 1632년 지평, 수찬을 지내고 김제군수, 공주목사를 역임하였다. 그 후 병조참판, 대사헌, 판결사, 대사헌, 우참찬, 좌참찬, 형조판서 등을 지냈다.

85 講經(강경): 조선시대에 과거의 講經科에서 시험관이 지정하여 주는 經書의 대목

數[86]多少除職[87], 上命議大臣。往實錄廳謄三板。李司果敬輿[88], 亦以二房郎廳來役, 旣夕乃還, 歷見韓玉·金敬直[89]。敬直爲假注書。是夕, 觀象監啓曰: "自未時至酉時, 日暈兩珥." 金知復[90]書, 自商山來, 請陳文科初試也, 卽招禮吏, 付其所志。夢見柱宇[91], 余着草綠

을 외던 일.

86 畫數(획수): 과거의 講書 시험의 점수.

87 除職(제직): 예전에, 실직을 제수하는 일을 이르던 말.

88 李司果敬輿(이사과경여): 司果 李敬輿(1585~1657). 본관은 全州, 자는 直夫, 호는 白江·鳳巖. 아버지는 목사 李綏祿이며, 어머니 鎭川宋氏는 선전관 宋濟臣의 딸이다. 첫째부인 海平尹氏는 尹承勳의 딸이며, 둘째부인 豐川任氏는 별제 任景莘의 딸이다. 1601년 사마시에 합격하고 1609년 증광문과에 급제하였다. 1611년 검열·사인 등을 지냈으나, 永昌大君이 광해군에게 죽음을 당하자 사직하고 고향에 돌아가 벼슬길에 나서지 않았다. 1623년 인조반정이 일어난 뒤 다시 기용되어 부수찬·부교리 등을 지내고, 이듬해 李适의 난이 일어나자 왕을 공주에 호종하고, 이어 체찰사 李元翼의 종사관이 되었다. 그 뒤 부제학·청주목사·좌승지·전라도관찰사를 지냈다. 1636년 병자호란 때에는 남한산성을 사수할 것을 주장하며, 이듬해 경상도관찰사에 오른 뒤, 이조참판·대사성·형조판서 등을 역임했다. 1646년 愍懷嬪姜氏(昭顯世子嬪)의 賜死를 반대하다가 진도에 유배되고, 다시 1648년 삼수에 위리안치되었다.

89 金敬直(김경직, 1567~1634): 본관은 善山, 자는 而正, 호는 憂亭. 아버지는 司直 金光啓이며, 어머니 平山申氏는 申達仁의 딸이다. 부인 水原崔氏는 崔渡의 딸이다. 1590년 진사시에 합격하고, 1610년 식년문과에 급제하였다. 검열, 전적, 은계찰방 등을 지냈다. 1623년 인조반정으로 낭천현감이 되었고, 병조좌랑, 사도시정 등을 역임하였다.

90 金知復(김지복, 1568~1635): 본관은 永同, 자는 无悔·守初, 호는 愚淵. 아버지는 軍資監正 金覺이며, 어머니 尙山金氏는 司成 金沖의 딸이다. 부인 管山全氏는 직장 全漑의 딸이다. 1612년 사마시에 합격하고 성균관에 입학하였으나, 벼슬길에 나서지 않았다. 1623년 인조반정 후 경안찰방에 임명되었으며, 1624년 증광문과에 급제하여 學諭가 되고 1625년 전적을 거쳐 형조좌랑이 되었다. 그 뒤 사복시첨정, 시강원문학, 장령, 영천군수 등을 역임하였다.

91 柱宇(주우): 金柱宇(1598~1644). 본관은 安東, 자는 萬古, 호는 易眠. 할아버지는 金蒙虎인데, 그의 첫째부인 潘南朴氏는 朴承仁의 딸이며, 둘째부인 鳳城琴氏는 琴應萬의 딸이다. 아버지는 반남박씨 소생 승지 金中淸인데. 그의 첫째부인

錦衣, 柱宇亦然。

4월 13일(기축)。흐렸다가 개더니 낮에 비가 옴。

포도대장(捕盜大將) 이일(李一: 李守一의 오기)이 찾아왔다 갔는데, 바로 사서(司書) 이익(李瀷)의 숙부이다.

최공망(崔公望)이 감찰(監察)로서 상소를 올려 김효성(金孝誠)·정택뢰(鄭澤雷)·홍무적(洪茂績) 등의 목을 베어 정조(鄭造)와 윤인(尹訒)을 각기 처벌하라고 했던 말의 옳고 그름을 가려 사리를 밝히도록 청하였다.

한옥(韓玉)이 일을 끝내고 가자, 류여항(柳汝恒)이 교대하여 입직(入直)하였다. 권성오(權省吾)가 부망(副望: 2순위 추천자)으로 가주서(假注書)에 선발되었다.

김주우(金柱宇: 김중청의 3남)가 와서 잤다.

十三日(己丑)。陰晴午雨。

捕盜大將李一[92]來過, 乃李司書叔父也。崔公望[93], 以監察上疏,

長水黃氏는 사과 黃賀의 딸이며, 둘째부인 永川李氏는 奉事 李永承의 딸이다. 김주우는 영천이씨의 소생이다. 부인 延安李氏는 李景嚴의 딸이다. 1612년 사마시에 합격하고 1624년 정시문과에 장원급제하였다. 전적, 정언, 지평을 지냈으며, 1632년 鏡城判官으로 있을 때, 온 집안이 큰 변을 만나 숙부 金得淸이 옥에 갇히고 할머니는 자살하였으며 김주우도 사헌부의 탄핵을 받고 체직되었다. 김득청은 둘째할머니 봉성금씨 소생이다. 1636년 장기현감과 만경현령, 1643년 충청도사, 1644년 울진현령을 지냈다.

92 李一(이일): 李瀷에게는 숙부로 李克一과 李守一(1554~1632)이 있는데, 이수일인 듯. 본관은 慶州, 자는 季純, 호는 隱庵. 할아버지는 생원 李自琛이다. 아버지는 李鸞이며, 어머니 丹陽禹氏는 참봉 禹聃齡의 딸이다. 부인은 全州李氏는 도정 李貴年의 딸이다. 李淀(1589~1668), 李溶(1601~1618), 李浣(1602~1674),

請斬金孝誠[94]·鄭澤雷[95]·洪茂績等, 卞明造[96]訒[97]各處之言。韓玉罷

李滓(생몰년 미상) 네 아들을 두었다. 1583년 무과에 급제하였다. 1590년 선전관이 되고, 다음해 장기현감이 되었다. 1592년 임진왜란이 일어나자 의병을 일으켜 분전했으나 예천·용궁에서 패전하였다. 다음해 밀양부사로 승진, 이어 경상좌도 수군절도사에 발탁되었다. 1602년 남도병마절도사, 1603년 경상우도병마절도사, 1606년 길주목사, 1607년 수원부사, 북도병마절도사가 되었다. 1611년 지중추부사로 지훈련포도대장을 겸하였으며, 1612년 평안도병마절도사를 거쳐 1614년 다시 지중추부사가 되었다. 1628년 형조판서가 되었다.

93 崔公望(최공망, 1565~?): 본관은 江華, 자는 士顒. 아버지는 崔命順이다. 최명순의 첫째부인 棠岳金氏는 金台亢의 딸이며, 둘째부인 密陽朴氏는 朴光祖의 딸이다. 최공망은 밀양박씨의 소생이다. 1591년 진사시에 합격하고, 1610년 식년문과에 급제하였다. 광해군 때 李爾瞻 일파를 옹호하는 입장을 취하면서 전라도사 등의 관직을 역임하였다. 1623년 인조반정 이후 사헌부의 탄핵으로 위리안치되었다.

94 金孝誠(김효성, 1585~1651): 본관은 光山, 자는 行源. 아버지는 襄陽府使 金秀淵이며, 어머니 金海金氏는 좌승지 金希龍의 딸이다. 부인 韓山李氏는 李慶流의 딸이다. 1613년 생원시에 합격하였다. 1615년 李爾瞻의 사주를 받은 鄭造·尹訒·李偉卿 등이 仁穆大妃를 폐하려 하자 高傅川·金太宇 등 24인과 함께 정조·윤인·이위경 등 3인의 목을 벨 것과 귀양가 있는 李元翼을 다시 부를 것을 주청하였다가 吉州로 유배당하고 뒤에 진도로 이배되었다. 1623년 인조반정이 일어나자 복관되어 의금부도사, 청안현감을 거쳐 1626년 호조좌랑을 지내고 괴산현감, 면천군수를 역임하였다. 1634년 한성부서윤, 형조정랑, 군기시첨정 등을 지내고 여산군수, 남원부사, 죽산부사, 공주목사, 청주목사 등을 두루 지냈다.

95 鄭澤雷(정택뢰, 1585~1619): 본관은 河東, 자는 休吉, 호는 花岡. 아버지는 현감 鄭得說이며, 어머니 晉州姜氏는 成均館學諭 姜宗慶의 딸이다. 1612년 진사시에 합격하였다. 1615년 李爾瞻의 사주를 받은 鄭造·尹訒·李偉卿 등이 仁穆大妃를 폐하려 하자, 유생 洪茂績·金孝誠 등과 더불어 이른바 論斥造訒의 상소를 올려 李元翼을 변호하고, 이이첨 일파를 치죄할 것을 극력 주장하였다. 이로 인하여 남해의 절도에 유배되었으며, 어머니 姜氏가 함께 배소에 기거하다가 1616년에 죽자 애통 끝에 실명하여 그곳에서 죽었다.

96 造(조): 鄭造(1559~1623). 본관은 海州, 자는 始之. 아버지는 鄭文英이며, 어머니 南陽洪氏는 洪純의 딸이다. 부인은 橫城高氏이다. 1590년 생원사마 양시에 합격하고, 1605년 식년문과에 급제하였다. 李爾瞻의 주구가 되어 仁穆大妃를 죽이려 하였으나 朴承宗의 방해로 실패하였다. 1617년 다시 폐모론을 제기하여 인목대비를 西宮에 유폐시키는 데 적극 가담하였고, 다음해 부제학·대사성을 거쳐 1619년에는 대사간이 되었다. 1621년 형조참판을 지내고, 1622년 부제학·동지의

出，柳汝恒替直。權省吾[98]，以副望，差假注書。柱宇來宿。

4월 14일(경인)。비가 온 뒤 낮에 갬.

권성오(權省吾)가 응하지 않아 추고(推考)를 받았으며, 그 대신 남명우(南溟羽)로 바꾸어 선발해서 가주서(假注書)에 들어갔다.

김주우(金柱宇: 김중청의 3남)가 떠나 돌아갔고, 사서(司書) 이익(李瀷)은 실록청으로 갔다.

남병사(南兵使)와 북병사(北兵使)가 함께 긴급히 장계를 올려 오랑캐의 정세를 아뢰었으니, 바로 조산(造山)·경흥(慶興)·갈파(葛坡) 등지의 오랑캐에 대해 고을대(古乙大) 등이 고한 것이었다.

선수도감(繕修都監)의 제조(提調: 閔馨男)가 들어와 아뢰기를, "미포(米布: 쌀과 피륙)를 반드시 민결(民結)에서 거두어들인 뒤에 공사를 시작해야 하는데, 올해는 큰 흉년이 들어 백성들의 기근을 구제

금부사로 있다가 인조반정으로 정국이 역전되면서 원흉으로 지목되어 1623년 사형에 처해졌다.

97 尹訒(윤인, 1555~1623): 본관은 坡平, 자는 訒之. 아버지는 尹從龍이며, 어머니 坡平尹氏는 洪允範의 딸이다. 1601년 생원시에 합격하고, 그해 식년문과에 급제하였다. 1605년 형조좌랑을 거쳐 이듬해 예조정랑·함양군수, 1608년 정언 등을 역임하였다. 李爾瞻의 심복이 되어 仁穆大妃를 모함하였고, 인목대비의 폐모론을 발의하여 西宮에 유폐시켰다. 1623년 인조반정이 일어나자 이이첨·韓纘男·鄭造·李偉卿 등과 함께 대북파로서 주살당하였다.

98 權省吾(권성오, 1587~1671): 본관은 安東, 자는 子守, 호는 東巖. 아버지는 경기전참봉 權虎臣이다. 권호신의 첫째부인 密陽朴氏는 선무랑 朴遇의 딸이며, 둘째부인 奉化琴氏는 琴儀奭의 딸이다. 권성오는 밀양박씨의 소생이다. 부인 昌原黃氏는 주부 黃彦柱의 딸이다. 1612년 식년문과에 급제하였다. 學諭·박사·전적 등을 역임하고, 1616년 강계판관으로 부임 도중 칠원현감으로 체직되었다. 鄭仁弘의 미움을 받아 사직하였다. 1628년 보령현감을 지냈고, 공조와 형조의 정랑 등을 역임하였다.

해야 하니 어찌해야 하겠습니까?"라고 하니, 답하기를, "명나라 사신이 올 때를 위하여 거두어 놓은 미포를 병조(兵曹)의 미포에 보태서 쓰도록 하고 민간에서는 거두지 말라." 하였다.

고향에 보내는 편지를 예현(禮縣: 예안현) 사람인 천수(千守)에게 부쳤다.

十四日(庚寅)。雨午晴。

權省吾, 不進被推, 改以南溟羽[99], 差入。杜宇出歸, 李司書往實錄廳。南兵使[100]·北兵使[101], 一時馳啓虜情事, 乃造山[102]·慶興[103]·葛坡[104]諸地胡人, 所古乙大等告也。繕修提調[105], 入啓曰: "米布必須收諸民結[106], 然後可以始役, 而今年大歉, 齊民飢饉, 奈何?" 答曰: "以天使時, 所捧米布, 補以兵曹米布用之, 勿收民間."云云。鄉書付禮縣人千守。

---

99 南溟羽(남명우, 1592~?): 본관은 宜寧, 자는 九萬. 아버지는 첨지중추부사 南啓夏이며, 어머니 高興柳氏는 柳潑의 딸이다. 부인 和順崔氏는 홍해군수 崔輔臣의 딸이다. 1610년 사마시에 합격하고, 1614년 별시문과에 급제하였다. 홍문관교리와 廣州府尹을 지냈다.

100 南兵使(남병사): 함경도 北青의 남병영에 있는 병마절도사.

101 北兵使(북병사): 함경도의 마천령 이북인 鏡城의 북병영에 있는 병마절도사.

102 造山(조산): 함경북도 북동부의 두만강 하류인 慶興 관내에 있는 산.

103 慶興(경흥): 함경북도 북동부의 두만강 하구에 있는 고을.

104 葛坡(갈파): 평안도 강계에서 함경남도 삼수로 넘어가는 곳에 있는 고을. 甲山의 남쪽에 있는 香嶺의 물과 咸興 서쪽에 있는 黃草嶺의 물이 갈파 앞에서 합류한다.

105 繕修提調(선수제조): 繕修都監의 提調. 선수도감은 대궐이나 성곽 등을 수리하기 위하여 설치한 임시 관아이며, 제조는 조선시대에 잡무와 기술계통 기관에 겸직으로 임명되었던 고위 관직이다. 《光海君日記》 1615년 8월 16일 3번째 기사에 따르면, 閔馨男이 제조였다.

106 民結(민결): 백성이 소유한 논밭의 結數.

4월 15일(신묘)。 맑음。

사서(司書) 이익(李瀷)이 부인 제사를 지내기 위해 번을 바꾸려고 했으나 대신할 사람을 찾지 못하여 제 스스로 잠시 나갔다.

집의(執義) 박재(朴梓)와 장령(掌令) 최응허(崔應虛)가 서로 대립하기만 하여 재차 피혐(避嫌)하기에 이르렀다. 시직(侍直) 박손(朴蓀)이 찾아왔는데, 이날 아침에 편지로 필선(弼善) 배대유(裵大維)에게 번을 바꾸어 들어오도록 청하여 허락을 받아두었던 터라, 저녁이 되어서는 교체되어 갔다.

사은사(謝恩使) 윤방(尹昉)이 먼저 왔는데, 옥새를 찍어야 할 고명(誥命: 국왕의 즉위를 인준하는 황제의 문서)에 옥새를 찍었다고 급히 아뢰기 위해서였다.

밤에 이형원(李馨遠: 李苙) 3형제 및 홍성해(洪成海)가 나를 만나러 찾아왔다.

꿈일지라도 어버이가 계신 곳에 절하는 흡사 조문객 같은 사람들이 집에 가득한데다 부친의 탈상(脫喪)하는 날이라고 하니, 무슨 조짐인지 모르겠다.

十五日(辛卯)。 晴。

李司書, 爲祭亡室, 欲遞番而不得代, 私自暫出。朴執義梓與崔掌令應虛, 相角至於再避。侍直朴蓀[107]來見, 是朝簡請裵弼善大維[108]

---

107 朴蓀(박손, 1579~1636): 본관은 密陽, 자는 馨叔, 호는 梧巖. 아버지는 朴孝悌이며, 어머니 順興安氏는 安尊道의 딸이다. 부인 全州李氏는 李瑗의 딸이다. 1603년 사마시에 합격하고, 1618년 대증광문과에 급제하였다. 공조좌랑, 형조정랑 등을 지냈다.

108 裵弼善大維(배필선대유): 弼善 裵大維(1563~1632). 본관은 金海, 자는 子張,

替入，蒙諾，夕面遞以出。謝恩使尹昉[109]先來，以誥命[110]安寶[111]馳啓。夜，李馨遠[112]三兄弟及洪成海[113]來訪。夢拜庭闈[114]，似弔客滿

호는 慕亭. 아버지는 副正 裵瑛이며, 어머니 靈山辛氏는 辛駿의 딸이다. 부인 南平文氏는 文益成의 딸이다. 1590년 사마시에 합격하였다. 1592년 임진왜란 때 의병을 모아 郭再祐를 도와 창녕의 火旺山城을 수비하였다. 1608년 별시문과에 급제한 뒤, 1612년 사헌부지평을 거쳐 사간원정언·사헌부장령·세자시강원의 겸필선·보덕, 동부승지·병조참의 등을 역임하였다. 계축옥사 때 죄인을 추국하는 일에 공을 세웠고, 특히 仁穆大妃의 폐모론에 적극 참여하였기 때문에 1623년 인조반정으로 삭직되었다.

109 尹昉(윤방, 1563~1640): 본관은 海平, 자는 可晦, 호는 稚川. 아버지는 영의정 尹斗壽이며, 어머니 昌原黃氏는 참봉 黃大用의 딸이다. 1582년 진사시에 합격하고, 1588년 식년문과에 급제하였다. 사헌부정언으로 옮겨 병조판서 李陽元의 인사 부정을 탄핵하다가 성균관전적으로 체직되었다. 1591년 당쟁으로 아버지가 유배당하자 병을 핑계로 사직하였다. 이듬해 임진왜란이 일어나 아버지가 재상으로 다시 기용되자, 예조정랑으로 발탁되어 宣祖를 호종하였다. 1597년 정유재란이 일어나자 巡按督察이 되어 군량 운반을 담당하고, 곧 철원부사로 나가 선정을 베풀어 동부승지로 승진되어 돌아왔다. 1608년 광해군이 즉위하자 형조판서가 되고, 이듬해 謝恩使로 명나라에 다녀온 뒤 경기도·경상도의 감사를 지냈다. 1615년 다시 사은사로 명나라에 다녀왔다. 1618년 仁穆大妃에 대해 폐모론이 있자 병을 핑계로 政廳에 불참해 탄핵을 받고 사직, 은퇴하였다. 1623년 인조반정 후 예조판서로 등용되고, 이어 우참판으로 판의금부사를 겸하다가 곧 우의정에 올랐다. 다시 좌의정으로 있을 때 李适의 난이 일어나자 이를 진압, 민심 수습에 공헌했으며, 1627년 영의정이 되었다. 그 해 정묘호란이 일어나자 인조의 피난을 주장해 강화에 호종했고, 영의정에서 물러나 판중추부사를 역임한 후 1631년 다시 영의정이 되었다.

110 誥命(고명): 중국 황제가 제후국의 국왕을 인준하는 문서.

111 安寶(안보): 옥새를 찍음.

112 馨遠(형원): 李苙(1571~1616)의 字. 본관은 永川, 호는 琴鶴堂. 농암 李賢輔의 동생인 李賢佑의 4세손이다. 아버지는 영춘현감 李德弘이며, 어머니 英陽南氏는 南應乾의 딸이다. 1609년 생원시에 합격하고, 1615년 문과에 급제하였다. 동생 李茳·李慕도 함께 급제하였다. 세자시강원설서를 지냈다.

113 洪成海(홍성해, 1578~1646): 본관은 南陽, 자는 通甫, 호는 梧村. 아버지는 군자판관 洪安濟이며, 어머니 淸州郭氏는 참봉 郭懷雄의 딸이다. 부인 慶州李氏는 판관 李瑀의 딸이다.

家，而父親免喪[115]之日云，未知何兆也。

4월 16일(임진)。흐리더니 개다가 잠깐 비가 옴。

장령(掌令) 금개(琴愷)의 초대를 받아 술 마시러 갔다가 저녁에 되돌아왔다.

비망기(備忘記)에 이르기를, "정석준(鄭碩儁)은 이태경(李泰慶)의 처남인데, 정적(鄭賊: 鄭汝立)과 다른 역적의 친척들 또한 모두 과거에 급제하여 벼슬길에 올랐는가? 일이 매우 놀랍도다. 해조(該曹: 해당 부서)에게 살펴서 아뢰도록 하라." 하였다.

고향에서 온 편지를 보니, 정극렴(鄭克廉)이 세상을 떠났다고 하였는데, 봉화(奉化)에서 한양(漢陽)으로 파견한 향리(鄉吏)의 노비가 우리집에서 보낸 편지를 가지고 온 것이었다.

十六日(壬辰)。陰晴暫雨。

被琴掌令招赴飮，夕還。 備忘記[116]曰："鄭碩儁[117]爲泰慶[118]妻娚，

---

114 庭闈(정위): 부모의 거처. 전하여 부모를 가리킨다.

115 免喪(면상): 부모의 복입는 동안이 끝나는 일.

116 備忘記(비망기): 임금이 명령이나 의견을 적어서 승지에게 전하던 문서. 왕명을 간략하게 하달할 때 사용된 문서 유형의 하나이다.

117 鄭碩儁(정석준, 1592~?): 본관은 迎日, 자는 汝秀. 아버지는 鄭泗이며, 어머니는 申格의 딸이다. 부인 平山申氏는 申景遇의 딸이다. 1612년 사마시에 합격하고, 1615년 식년문과에 급제하였으나 역적 李泰慶의 처남이라는 이유로 급제가 취소되었으며, 1621년 알성문과에도 급제하였지만 중용되지 못하였다.

118 泰慶(태경): 李泰慶(생몰년 미상). 아버지는 益城君 李亨齡이며, 선조의 여섯째 아들인 順和君에게 입양되었다. 1609년 晋陵君에 봉하여졌다. 이른바 김직재의 무옥사건과 관련하여 金直哉·金百緘 부자와 김직재의 사위 皇甫信 등이 체포되어 모진 고문 끝에 김백함 자신이 모역의 주모자라고 허위자백하면서, 그들이 왕으로 추대한 인물은 진릉군이라고 진술하자, 거제도에 유배되었다.

鄭賊[119]及他逆賊之親，亦皆通科擧仕路耶？事甚可駭。該曹察啓.”云。見鄕書，聞鄭克廉逝，奉化京主人[120]奴，持家書至。

4월 17일(계사)。맑음。

한산군(漢山君) 조진(趙振)을 축하하러 갔는데, 그의 4촌인 조식(趙拭) 및 사위인 정씨(鄭氏: 鄭演) 성을 가진 사람과 정씨의 아들 정양윤(鄭良胤)이 같이 있었으며, 또 이대엽(李大燁: 이이첨의 아들)을 보았고, 교리(校理) 류활(柳活) 또한 왔지만, 나는 먼저 떠나왔다.

예현(禮縣: 예안현)의 향리(鄕吏)가 고향의 편지를 전해주었다.

원종(原從) 2등 공신(功臣)으로 통훈대부(通訓大夫)에 가자(加資)되었다.

저녁에 숙직하러 들어가자, 배대유(裵大維)가 교대하고 나갔다.

이날 표리(表裏: 임금에게 바치는 옷)의 품질을 살피는데, 신광업(辛光業)과 남성신(南省身)이 참여하러 왔다.

---

119 鄭賊(정적): 鄭汝立(1546~1589). 본관은 東萊, 자는 仁伯. 아버지는 첨정 鄭希曾이며, 어머니 潘南朴氏는 朴纘의 딸이다. 1567년 사마시에 합격하고, 1570년 식년문과에 급제하였다. 1583년 예조좌랑을 지냈다. 1587년 왜선들이 전라도 損竹島에 침범했을 때는 당시 전주부윤 南彦經의 요청에 응하여 대동계를 동원, 이를 물리치기도 하였다. 그 뒤 대동계의 조직은 전국적으로 확대되어 황해도 안악의 邊崇福·朴延齡, 해주의 池涵斗, 雲峰의 승려 義衍 등 奇人·謀士의 세력으로 확대되었다. 그러나 1589년 이들이 한강의 결빙기를 이용, 황해도와 호남에서 동시에 입경하여 대장 申砬과 병조판서를 살해하고, 병권을 장악하기로 했다는 고변이 황해도관찰사 韓準, 안악군수 李軸, 재령군수 朴忠侃, 신천군수 韓應寅 등의 연명으로 급보되어 관련자들이 차례로 잡혔다.

120 京主人(경주인): 중앙과 지방의 연락사무를 담당하기 위하여 지방에서 서울에 파견된 향리.

수사간(水賜間: 무수리의 거처)에 있는 별감(別監) 김덕남(金德男)은 양치하는 도구를 봉해 싸는 종이를 이미 초하룻날 풍저창(豐儲倉)에서 지급하였으나 수령하지 못한 것으로 문서를 위조하고 내관(內官)의 서명을 받은 것처럼 꾸며서 사사로이 형조(刑曹)에 보내 놓고는 죄를 면하려면 돈을 바치게 독촉하여 받았으니, 그 간사하고 참람함이 막심하였으므로 그를 잡아다 다스리도록 청하는 장계(狀啓)를 올렸다.

듣건대 한찬남(韓纘男)의 집 대문에 익명(匿名)의 시 2수가 붙었고 다른 곳에도 또한 그러했는데, 그 가운데 하나는 "경서에 밝은 어진 선비가 이때에 성하니, 2백 년 지나는 동안 처음 보는 일이로다. 7대문(大文)의 통(通)을 제 소원대로 받았으니, 자표(字標) 서로 짠 것이야 귀신은 알리로다."라고 운운하였다.

十七日(癸巳)。晴。

往賀漢山君趙振[121], 其四寸趙拭[122]及婿鄭姓人[123]及鄭之子良胤[124]

---

121 趙振(조진, 1543~1625): 본관은 楊州, 자는 起伯. 아버지는 趙忠秀이다. 부인 坡平尹氏는 尹洽의 딸이다. 우의정 趙挺의 형이다. 1576년 생원시에 합격하였다. 1579년 천거로 王子師傅가 되었고, 1596년 용강현령, 1599년 성천부사를 역임하였다. 1605년 좌의정 奇自獻의 수뢰사실을 폭로하였다가 삭출당하였다. 1608년 광해군이 즉위하자 潛邸시절에 세자를 보도한 공으로 복관되고 총애를 받는 한편, 동생 조정을 이조의 요직에 앉히고 자신은 공신이 되어 漢山君에 봉하여졌다. 1610년 삭주군수, 1614년 개성유수·판결사를 거쳐, 1618년 공조판서, 1622년 판중추부사가 되었다. 1623년 인조반정이 일어나 삭탈관직되었다.

122 趙拭(조식, 1560~?): 본관은 楊州, 자는 淸仲. 아버지는 趙仁秀이다. 1612년 생원시에 합격하였다.

123 鄭姓人(정성인): 鄭演(1572~1633)을 가리킴. 본관은 東萊, 자는 士益, 호는 七休堂. 아버지는 영월군수 鄭純復이다. 부인 楊州趙氏는 趙振의 딸이다. 아들로 鄭良胄가 있다. 1612년 생원시에 합격하였다.

俱在, 又見李大燁[125], 柳校理活[126]亦至, 余先出來。禮縣吏傳鄕書。以原從第二等, 加資通訓。夕, 入直, 裵大維遞出。是日, 表裏[127]看品, 辛光業·南省身來參。水賜[128]有別監[129]金德男, 以養齒封裹紙, 已於朔日, 豐儲倉[130]進排[131], 而以爲不納, 僞作文字, 假着內官署

---

124 良胤(양윤): 鄭良胤(1589~?). 본관은 東萊, 자는 孝元. 아버지는 鄭湏이며, 어머니 楊州趙氏는 趙振의 딸이다. 첫째부인 文化柳氏는 柳成民의 딸이며, 둘째부인 淸州韓氏는 韓詡의 딸이다. 1610년 생원시에 합격하고, 1615년 식년문과에 급제하였다.

125 李大燁(이대엽, 1587~1623): 본관은 廣州, 자는 文甫. 아버지는 李爾瞻이며, 어머니 全州李氏는 李應祿의 딸이다. 李元燁·李弘燁·李益燁의 형이다. 1612년 진사시에 합격하고, 같은 해 증광문과에 급제하였으며, 1616년 중시문과에 급제하였다. 1618년 동부승지로서 西宮의 폐출을 요청하기도 하였다. 또 申礏의 아들 申景禧와 徐羊甲 등이 일으킨 七庶之獄에 연루되자, 아우 이익엽과 더불어 이는 반대파의 모함에서 비롯되었다고 상소하였다. 1623년 인조반정으로 대북정권이 몰락하자 아버지 이이첨과 동생들이 모두 죽임을 당했으나, 이대엽은 인조의 특명으로 절도에 위리안치되었지만 끝내 자결하였다.

126 柳校理活(류교리활): 校理 柳活(1576~?). 본관은 興陽, 자는 源叔, 호는 泰宇. 아버지는 柳夢彪이며, 어머니 固城李氏는 도사 李澤의 딸이다. 부인은 金繼宗의 딸이다. 숙부는 柳夢寅이다. 1605년 생원시에 합격하고, 1606년 증광문과에 급제하였다. 1611년 사간원정언이 되고 세자시강원사서, 사간원헌납, 사헌부지평, 홍문관 교리, 이조정랑 등을 역임하였다. 1623년 인조반정이 일어나자, 그가 폐모론에 연루되었다며 위리안치하였다. 1628년 柳孝立의 모반에 관여한 혐의로 다시 유배되었다.

127 表裏(표리): 임금이 신하에게 내리거나 신하가 임금에게 바치는 옷의 겉감과 안집.

128 水賜(수사): 무수리. 궁중에서 청소 따위의 잔심부름을 담당하던 계집종. 여기서는 무수리들이 거주하는 곳을 가리키는 水賜間으로 쓰였다.

129 別監(별감): 水賜間에서 시중을 담당하는 하인.

130 豐儲倉(풍저창): 나라에서 쓸 쌀, 콩, 자리, 종이 등을 맡아보는 관아. 각 관청의 운영경비, 제사 비용, 각종 연회와 빈객접대 비용, 사냥 등 田役 비용, 구휼, 성균관과 5부학당의 운영 경비, 잡역자들의 월봉 등을 맡았다.

131 進排(진배): 대궐이나 각 宮·官衙에서 쓸 여러 가지 물품을 戶曹나 해당 관아에서 지급함.

押[132], 私送刑曹, 督徵[133]收贖[134], 奸濫莫甚, 故請治入啓。聞韓纘男[135]大門, 以匿名詩二首付之, 他處亦然, 其一曰: "明經賢士盛於斯, 二百年來始見之。七大文通[136]從自願, 字標[137]相應鬼神知."云云。

4월 18일(갑오)。맑음。

나에게 감사하게도 가자(加資)가 더해졌는데, 마침 이조참판(吏曹參判) 이성(李惺) 및 동지(同知) 이충(李冲)이 장막을 사이에 두고 차례로 만나보려 하였다. 나는 이에 나아가 만났고, 또한 실록청에 가서 7판을 베껴 옮겼다.

저녁에 천문을 바라보려고 흠경각(欽敬閣: 천문관측소)에 들어갔는데, 낭청(郎廳) 윤민일(尹民逸) 및 감역관(監役官) 한 명이 그곳에 있

132 署押(서압): 手決을 둠. 문서의 授受나 권리 관계의 이동을 표시할 때 붓으로 직접 한 서명을 일컫는다.

133 督徵(독징): 세금 따위를 독촉하여 징수함.

134 收贖(수속): 죄인이 죄를 면하기 위해 바치는 돈을 거두어들임. 형벌 대신 돈을 징수하는 것이다.

135 韓纘男(한찬남, 1560~1623): 본관은 淸州, 자는 景緖. 아버지는 韓頫이며, 어머니 문화류씨는 柳寶鼎의 딸이다. 韓箕에게 입양되었다. 부인 淸州韓氏는 韓檣의 딸이다. 1588년 진사시에 합격하고, 1605년 증광문과에 급제하였다. 1607년 성균관박사가 되고, 예조정랑, 지평, 장령을 지냈다. 1613년 부응교로서 교리 李昌俊과 함께 영창대군의 외조부 金悌男에 대한 처벌을 적극 주장하였으며, 1615년 호조참의, 사예, 대사간을 거쳐 1616년 좌승지가 되어 李爾瞻의 사주를 받아 해주옥사를 일으켰다. 1620년 대사헌을 거쳐 형조판서에 이르렀으나, 1623년 인조반정으로 주살되었다.

136 七大文通(칠대문통): 7경서는 《논어》·《맹자》·《중용》·《대학》·《시경》·《서경》·《주역》이며, 講科시험을 볼 때 각기 한 대목씩 뽑아 도합 7대문을 외워야 하며, 시험성적은 通·粗·略의 세 등급이 있음.

137 字標(자표): 經書의 강독 시험에 낼 문제를 추첨하기 위하여 어려운 大文에 天·地·玄·黃으로 표식한 것.

었다.

이날 사시(巳時: 오전 10시 전후)부터 신시(申時: 오후 4시 전후)까지 햇무리가 생겼고, 밤 일경(一更: 저녁 8시 전후)이 되자 동남방에 화광(火光) 같은 기운이 있더니, 유성(流星)이 자미원(紫薇垣: 북극성) 아래서 나타나 직녀성(織女星)으로 들어갔는데 모양은 주먹만 하면서 꼬리의 길이가 네댓 자 가량 되었다고 봉사(奉事) 홍경직(洪敬直)의 단자(單字: 보고서)에 운운하였다.

【협주: 성균관 유생 홍경정(洪景綎) 등이 상소했는데, "김효성(金孝誠)이 신하로서의 도리를 지키지 않은 죄를 극률(極律)로 다스려 바로잡으시고, 또 홍무적(洪茂績)·정택뢰(鄭澤雷)·남이공(南以恭)이 그림자가 되어 임금을 잊고 역적을 비호한 죄를 지었으니 귀양 보내소서."라고 청하자, 답하길, "조정에서 응당 참작하여 처리할 것이니, 물러가서 책이나 읽으라."라고 하였다.】

十八日(甲午)。晴。

余謝恩加[138], 適吏參李惺[139]及同知李冲[140], 隔幄爲次邀見。余乃

---

138 恩加(은가): 임금이 벼슬아치에게 상으로 품계를 올려 줌.

139 李惺(이성, 1562~1624): 본관은 全州, 개명은 李惝, 자는 子省. 아버지는 李景嶔이며, 어머니는 禹承俊의 딸이다. 부인 平壤趙氏는 趙仁後의 딸이다. 李景峅에게 입양되었다. 1596년 정시문과에 급제하였다. 그해 함경북도평사, 전적, 이조좌랑, 사간원정언 등을 거쳐 1604년 함경도도사에 이어 북청판관이 되었으며, 1606년 충청도도사, 이듬해 경상도도사를 지낸 뒤 1609년 세자시강원보덕, 1610년 사간, 1612년 대상성과 대사간 등을 거쳐 1613년 부제학이 되었다. 柳永慶의 옥사와 金悌男의 역모사건에 깊이 관여하여 1624년 李适의 난 때 반역죄로 참수되었다.

140 李冲(이충, 1568~1619): 본관은 全州, 자는 巨容. 아버지는 李廷賓이며, 어머니 淸州韓氏는 사헌부감찰 韓洙의 딸이다. 부인 경주최씨는 崔希齡의 딸이다. 1600년 별시문과에 급제하였다. 1601년 무장현감을 거쳐 1606년 성천부사로 나갔다가 형조정랑을 거쳐 다시 廣州牧使를 지냈다. 나주목사를 거쳐 1612년 전라도관찰사

就接, 仍往實錄廳, 謄七板。夕, 入瞻欽敬閣[141], 郎廳尹民逸[142]及一監役在其所。是日, 自巳時至申時日暈, 夜一更, 竝方[143]有氣如火光, 流星出紫微垣[144]下, 入織女星, 狀如拳, 尾長四五尺許, 奉事洪敬直單字內云云。【泮儒洪景綎[145]等, 上疏, "請用極律以正金孝誠不臣[146]之罪, 又竄洪·鄭·南以恭, 以影忘君護逆之罪." 答曰: "朝廷, 自當酌處, 退去讀書."】

4월 19일(을미)。맑음。

문과(文科) 식년 전시(式年殿試)의 독권관(讀卷官)은 기자헌(奇自

를 되었다가 이조참판, 병조참판, 한성판윤을 지냈다. 1616년 선수도감제조, 우참찬, 형조판서를 거쳐 호조판서가 되었으며, 1617년 우찬성, 1618년 동지경연사 등을 역임하였다.

141 欽敬閣(흠경각): 경복궁 내에 세워진 천문관측소. 경복궁 교태전의 서쪽, 함원전 남쪽에 있었던 전각이다.

142 尹民逸(윤민일, 1564~1635): 본관은 坡平, 자는 顯世, 호는 芝山. 아버지는 이조좌랑 尹儼이며, 어머니 安東金氏는 예조판서 金澍의 딸이다. 첫째부인 平山申氏는 申磔의 딸이며, 둘째부인 昌原黃氏는 黃大任의 딸이며, 셋째부인 豐川任氏는 任慶雲의 딸이다. 형은 尹民獻이다. 1588년 생원사마 양시에 합격하고, 1595년 별시문과에 급제하였다. 1601년 병조좌랑, 예조좌랑을 거쳐 1602년 사헌부지평으로 세자시강원문학을 겸하였다. 1603년 예조정랑, 다음해 개성부경력을 거쳐 1609년 성균관전적, 1618년 동래부사가 되었다.

143 竝方(병방): 교정자가 '疑巽方'으로 바로잡음. 巽方은 동남방이다.

144 紫微垣(자미원): 황하 유역 북쪽의 하늘의 북극성을 기준으로 그 주위에 운집해 있는 星雲 집단을 가리킴. 제왕의 색을 상징하고 고귀함을 나타내는 자주빛은 동서양 모두 황제의 숭고한 권능을 상징한다.

145 洪景綎(홍경정, 1571~?): 본관은 南陽, 자는 汝濟. 아버지는 洪治이다. 金貴榮의 처남이기도 하다. 부인은 柳馥의 딸이다. 1603년 진사시에 합격하고, 1616년 별시문과에 급제하였다. 1615년 성균관 학생이었을 때 鄭澤雷·洪茂績 등이 요망한 말로 정사를 문란하게 한다는 상소를 올렸다. 1620년 봉교가 되었는데, 1623년 인조반정이 일어나 仁穆大妃의 폐모론에 동참한 죄목으로 탄핵을 당하였다.

146 不臣(불신): 신하로서의 도리를 지키지 않음.

獻)·류근(柳根), 이이첨(李爾瞻)이었고, 대독관(對讀官)은 윤길(尹咭)·이정혐(李廷馦)·오익(吳翊)이었는데, 승지 이춘원(李春苑: 李春元의 오기)이 임금으로부터 낙점을 받았다.

북병사(北兵使)가 긴급히 장계를 보냈는데, 오랑캐의 편지가 왔다고 하였다.

사시(巳時: 오전 10시 전후)에 비가 내렸다.

책제(策題: 策問의 제목)로 임금이 신하가 서로 잘 만나는 것(君臣相遇)을 물었다 한다.

합사(合司)에 답하기를, "이원익(李元翼)이 훈척 대신(勳戚大臣)이면서도 이미 흉측한 차자(箚子: 간략한 상소문)를 올렸으니 오늘날 언관(言官)이 논하지 않을 수 없겠지만, 당초 단지 벼슬만 빼앗고 내쫓으라고 하다가 중도부처(中途付處)하라고 청하기에 이르렀다면 이 정도에서 그쳐야 할 것이다. 하필 신광업(辛光業)이 피혐(避嫌)하며 아뢴 것으로 말미암아 멀리 유배 보내도록 안간힘을 쓴단 말인가? 삼사(三司: 사헌부·사간원·홍문관)는 일을 논의하는 사체가 과연 이와 같다는 말인가? 남이공(南以恭)은 이미 벼슬을 빼앗고 제 고향으로 내쫓았으니, 위리안치(圍籬安置)는 지나치다. 굳이 고집하지 말라." 하였다.

합계(合啓)에 비답하기를, "양궁(兩宮)을 수리하는 일은 애초부터 대단하지 않았는데도 합사(合司)하여 아뢰기에 이르렀으니, 누가 간사한 논의를 주장하여 임금의 손발을 묶으려 하는가? 그지없이 해괴하다. 마땅히 엄중히 구명해야 할 것이로되, 지금 잠시 불문에 붙이겠으니 속히 중지하고 시끄럽게 하지 말라." 하였다.

이정원(李挺元)·양시진(楊時晋)·신광업(辛光業)·이잠(李埁)·조정립(曹挺立) 등이 모두 피혐하여 물러갔는데, 준엄한 전지가 내려졌기 때문이다.

이날 저녁에 가랑비가 오다 바로 그쳤다.

十九日(乙未)。晴。

文科式年[147]殿試[148]，讀卷官[149]奇自獻·柳根[150]·李爾瞻[151]，對讀

---

147 式年(식년): 조선시대 정기적으로 과거를 시행한 해. 子·卯·午·酉가 드는 해로, 3년에 한 번씩 돌아오며, 이때 시행하던 과거를 式年試라 한다.

148 殿試(전시): 조선시대 과거에서 왕이 친림하여 시행하던 3단계의 최종시험.

149 讀卷官(독권관): 과거 응시자가 제출한 답안을 왕 앞에서 읽고 그 내용에 대하여 설명하는 업무를 담당한 관료.

150 柳根(류근, 1549~1627): 본관은 晉州, 자는 晦夫, 호는 西坰. 아버지는 진사 柳榮門이며, 어머니 竹山安氏는 安世彦의 딸이다. 진사 柳光門에게 입양되었다. 부인 鎭川宋氏는 宋億壽의 딸이다. 1570년 생원사마 양시에 합격하였고, 1572년 별시문과에 장원급제하였으며, 1587년 이조정랑으로서 文臣庭試에 장원하였다. 1591년 좌승지로서 建儲問題로 鄭澈이 화를 당할 때 일파로 몰려 탄핵을 받았고, 이듬해 임진왜란이 일어나자 의주로 임금을 호종했으며, 예조참의·좌승지를 거쳐 예조참판에 특진되었다. 이어 한성부판윤에 올라 사은부사로 명나라에 다녀와 경기도관찰사가 되었으며, 1601년 예조판서가 되어 동지사로 다시 명나라에 다녀왔고, 1603년에는 충청도관찰사로 나갔다. 1604년 대제학에 이어 좌찬성이 되었고, 광해군 때 대북파가 국경을 농단하여 1613년 폐모론까지 일어나자, 괴산으로 물러나 庭請에 참여하지 않아 관작이 삭탈되었다가, 1619년 복관되었다. 1627년 정묘호란 때 강화에 왕을 호종하던 중, 통진에서 죽었다.

151 李爾瞻(이이첨, 1560~1623): 본관은 廣州, 자는 得輿, 호는 觀松·雙里. 아버지는 李友善이며, 어머니 晉州柳氏는 柳惟一의 딸이다. 부인 全州李氏는 李應祿의 딸이다. 1582년 사마시에 합격하고, 1594년 별시문과에 급제하였으며, 1599년 이조정랑이 되어 1608년 문과중시에 장원급제하였다. 대북의 영수로 鄭仁弘과 함께 광해군의 옹립을 주장하면서, 당시 선조의 뜻을 받들어 永昌大君을 옹립하려는 柳永慶 등 소북을 논박하였다. 이로 인해 선조의 노여움을 사서 갑산에 유배당했다가, 같은 해 2월 선조가 갑자기 죽고 광해군이 즉위하면서 일약 예조판서에 올랐다. 이어 대제학을 겸임하고 廣昌府院君에 봉해졌다. 1612년 金直哉의 誣獄을 일으켜 선조의 손자 晋陵君 李泰慶 등을 죽였다. 이듬해 강도죄로 잡힌 朴應

官[152]尹晧[153]·李廷馦[154]·吳翊[155], 承旨李春苑[156]受點[157]。北兵使馳

犀 등을 사주하여, 영창대군을 옹립하려 했다고 무고하게 하여 영창대군을 庶人으로 떨어뜨려 강화에 안치시키고 金悌男 등을 사사시켰다. 이듬해 영창대군을 살해하고, 1617년 仁穆大妃의 폐모론을 발의해 1618년 대비를 西宮에 유폐하는 등 生殺置廢를 마음대로 자행하였다. 1623년 인조반정으로 광해군이 폐위되자 가족을 이끌고 영남 지방으로 도망가던 중 광주의 利甫峴을 넘다가 관군에게 잡혀 참형되었다. 아들 李元燁·李弘燁·李大燁 삼형제도 처형되었다.

152 對讀官(대독관): 조선시대 文科殿試에 독권관을 보좌하기 위하여 임명하던 3품 및 그 이하의 試官. 座主와 門生의 결탁을 방지하고 독권관의 주관적인 평가를 막기 위함이었다.

153 尹晧(윤길, 1564~1615): 본관은 南原, 자는 汝明. 아버지는 尹民新이며, 어머니 全州李氏는 李敬宗의 딸이다. 부인 全州李氏는 李世良의 딸이다. 1593년 별시문과에 급제하였다. 1595년 함경도도사로 지냈으나 폭정으로 파직되었다. 1599년 정언에 제수된 뒤 동지사 鄭曄을 따라 서장관으로 중국에 다녀왔으나 정엽의 비행을 눈감아 준 見聞事件으로 파직, 추고되었다. 그 뒤 형조좌랑으로 복귀한 뒤 정언에 재등용되어 尹斗壽·鄭榮國을 탄핵하였다. 형조정랑을 거쳐 1605년 풍기군수를 지냈다. 1608년 성균관직강에 지내다가 광해군이 즉위하자 장령이 되었으며, 1614년 우부승지에 올랐다.

154 李廷馦(이정혐, 1562~?): 본관은 慶州, 자는 士薰. 1588년 사마시에 합격하고, 1594년 정시문과에 급제하였다. 아버지는 李宕이며, 어머니 全州李氏는 李嵎의 딸이다. 부인 海州吳氏는 吳以順의 딸이다. 1595년 기사관, 1601년 홍문관부교리, 1628년 상주목사 등을 거쳐 이조참판을 지냈다.

155 吳翊(오익, 1574~1618): 본관은 同福, 자는 弼甫, 호는 月岡·默齋. 아버지는 우참찬 吳億齡이며, 어머니 南陽洪氏는 洪曇의 딸이다. 첫째부인 潘南朴氏는 朴東彦의 딸이며, 둘째부인 전주이씨는 李一傅의 딸이다. 懿仁王后의 조카사위이자, 景宗의 장인이다. 韓興一과는 처남매부 사이이다. 1601년 진사시에 합격하고, 1603년 식년문과에 급제하였다. 병조좌랑, 정언, 수찬 등을 거쳐 검상, 사인, 승지 등을 역임하고 奏請使의 서장관으로 명나라에 다녀왔다.

156 李春苑(이춘원): 《光海君日記》 1615년 6월 5일 3번째 기사에 의하면, 李春元(1571~1634)의 오기. 본관은 咸平, 초명은 李信元, 자는 元吉, 개자는 元吉, 호는 九畹. 아버지는 李瑒이며, 어머니 綾城具氏는 中宗의 부마인 綾昌尉 具澣의 딸이다. 부인은 海平尹氏는 尹鎭의 딸이다. 1590년 사마시에 합격하고, 1596년 식년문과에 급제하였다. 1597년 정유재란 때 광양현감으로 나가 남원을 포위한 왜군과 싸웠다. 1602년 陳請官으로 중국을 다녀온 뒤 1603년 문학을 거쳐 병조정랑이 되었으며 御史를 제수받고 호서에 내려갔다. 1604년 성균관사예, 1605년 장

啓, 胡書出來。巳時雨下。策題[158]以君臣相遇爲問云。答合司, 曰: "元翼以勳戚大臣, 旣上兇箚, 則爲今日言官者, 雖不可不論, 而當初只請削黜[159], 至於付處, 則如斯而止可矣。何必因辛光業之慰啓[160], 力爭遠竄? 三司, 論事之體, 果如此乎? 以恭, 旣已放歸[161], 圍籬則過矣。毋庸堅執!" 答合啓, 曰: "兩宮繕修之事, 初非大段, 而至於合啓, 何人主張邪論, 欲掣君上之手足乎? 極爲可駭。所當重究, 今姑不問, 亟停勿擾." 李挺元·楊時晋·辛光業·李垲·曹挺立等, 皆避嫌而退, 以峻旨下也。是夕, 細雨旋止。

4월 20일(병신)。 맑음。

금개(琴愷)가 피혐(避嫌)하며 아뢰기를, "수리하는 것을 중지하도록 청한 것은 실로 나라를 걱정하는 성심(誠心)에서 나온 것이었습니다. 그러나 엄한 교명(敎命)으로 도리에 어긋나는 논의[邪論]라고 지목하여 사(邪)라는 한 글자를 몸에 짊어지게 되었으니, 어찌 감히 한 순간이라도 욕되게 언관(言官)의 자리에 있겠습니까?" 하였다고

흥부사, 1607년 동래부사로 나갔다. 1613년 좌승지일 때 仁穆大妃를 폐해야 한다는 廢母論이 일어나자 이를 반대하다가 파직되었다. 복관되어 병조참의, 오위도총부부총관, 충청도관찰사 등을 지냈다.

157 受點(수점): 이품 이상의 관원을 뽑을 때에 이조나 병조에서 三望을 올려 임금의 낙점을 받던 일.

158 策題(책제): 策問의 제목. 책문은 科試에서 임금이 친히 경서의 뜻이나 정치에 관한 문제를 내어 응시자에게 의견을 묻는 것이다.

159 削黜(삭출): 관직을 빼앗고 도성 밖으로 내쫓음.

160 慰啓(위계): 避啓의 오기.

161 放歸(방귀): 放歸田里. 조선시대에 벼슬을 삭탈하고 제 고향으로 내쫓던 형벌. 유배보다는 한 등급 가벼운 형벌이다.

한다.

이날 아침에 상번(上番)과 하번(下番)이 모두 동궁(東宮)에게 문안을 드리니, 답하기를, “알았다”라고 하였다.

진시(辰時: 오전 8시 전후)에 비가 말끔히 씻어서 햇빛이 오히려 더 빛났다.

양사(兩司: 사헌부·사간원)의 장관(長官)들이 피혐(避嫌)하니, 주상이 답하기를, “나이가 젊은 신진(新進)들이 어찌 국가의 사정을 알겠는가? 경(卿) 등은 이를 참작하여 진정하라.” 하였다.

저녁에 교리 박홍도(朴弘道)가 입직(入直)하여 옥당(玉堂: 홍문관)의 차자(箚子)를 두루 살폈다.

정언(正言) 한명욱(韓明勗)이 교체되었으니, 전날 한옥(韓玉)의 추고(推考)에서 파직되지 않고 그냥 돈으로 죗값을 치르고 풀려났기 때문이다.

二十日(丙申)。晴。

琴愷避嫌曰: “繕修請停, 實出憂國之悃。而嚴敎, 目以邪論, 邪之一字, 負於身上, 則安敢一刻忝在言地乎?”云。是朝, 上下番皆問安于東宮, 答曰: “知道.” 辰時雨洒, 日色猶曜。兩司長官避嫌, 自上答曰: “年少新進之輩, 焉知國家事體乎? 卿等參酌, 鎖[162]靜.”云。夕, 朴校理弘道入直, 歷見以玉堂箚。正言韓明勗見遞, 前日, 韓玉推考, 則不罷只贖。

---

162 鎖靜(쇄정): 교정자가 ‘鎭靜’으로 바로잡음.

4월 21일(정유)。 맑음。

어제 치른 전시(殿試)에서 이상빈(李尙馪)이 장원, 이강(李茳)이 2등, 조석붕(趙錫朋: 조목의 2남)이 3등을 하였다.

이익(李瀷)이 사사로이 나갔다.

나는 실록청에 가서 7판(板)을 베껴옮겼다. 김주우(金柱宇: 김중청의 3남)가 들어와서 흠경각(欽敬閣)을 보았다.

양사(兩司: 사헌부·사간원)에서 다시 피혐(避嫌)하였다.

주상이 국(局)을 설치하여 공성왕후(恭聖王后: 恭嬪金氏)의 휘호를 올리도록 명하였다.

사서(司書) 이익(李瀷)이 사사로이 나갔다가 다시 되돌아왔다.

二十一日(丁酉)。晴。

昨日殿試, 李尙馪[163]爲魁, 李茳[164]爲二, 趙錫朋[165]爲三。李瀷私

---

163 李尙馪(이상빈, 1584~?): 본관은 寧海, 자는 文叔. 아버지는 李璥이며, 어머니 平康蔡氏는 蔡興後의 딸이다. 부인은 宋銘의 딸이다. 1605년 진사시에 합격하고, 1615년 식년문과에 급제하였다. 1623년 형조좌랑, 1629년 예조정랑, 용강현령 1634년 都事 등을 지냈다.

164 李茳(이강, 1573~1623): 본관은 永川, 자는 馨甫. 농암 李賢輔의 동생인 李賢佑의 4세손이다. 아버지는 영춘현감 李德弘이며, 어머니 英陽南氏는 南應乾의 딸이다. 1603년 진사시에 합격하고, 1615년 식년문과에 급제하였다. 당시 형 李苙과 동생 李慕도 함께 급제하였으며, 동생 李葳은 1616년 알성문과에 급제하였다. 사관과 대교, 봉교, 부교리 등을 거쳐 1617년 사서, 정언, 수찬을 지냈다. 수찬으로 있을 때 李爾瞻과 許筠, 金闓 등과 어울려 仁穆大妃의 폐모론에 동조하였다. 1618년에 허균의 역모에 연루되어 파직되었고 이어 위리안치되었다가 인조 즉위 뒤 처형되었다.

165 趙錫朋(조석붕, 1585~1657): 본관은 橫城, 자는 子百, 호는 寒沙. 아버지는 月川 趙穆이다. 조목의 첫째부인 安東權氏는 참봉 權盖世의 딸이며, 둘째부인 측실 禮安金氏는 金鳳齡의 딸이다. 조석붕은 예안김씨의 소생인 둘째아들이다. 숙부는 趙禎이다. 1603년 생원시에 합격하고, 1615년 식년문과에 급제하였다. 봉상

出。余往實錄廳，謄七板。柱宇入來，見欽敬閔[166]。兩司再避。自上命，設局加上恭聖王后[167]徽號。李司書，私出還入。

4월 22일(무술)。 맑음。

사복시 첨정(司僕寺僉正) 김공(金公: 金夢虎)에게 번갈아 들어오도록 청하고는 잠시 나가서 김사겸(金士謙: 金廷益) 및 제이(諸李: 李苙·李莊·李葳·李蔂)를 두루 만나본 뒤, 종일 임시처소에서 누워 지냈다.

양사(兩司: 사헌부·사간원)가 네 차례나 피혐(避嫌)하며 말하기를, "옥당(玉堂: 홍문관)의 출사(出使)를 청하는 말에 태만하고 구차할 따름이었으니 내치소서."라고 하였다 한다.

꿈에 도롱이를 입었는데, 권낙이(權樂而: 權來)와 이형보(李馨甫: 李莊)도 모두 그러하였으니 무슨 조짐인지 모르겠다. 또한 잡스러운 꿈이야 믿을 것이 못되지 않는가?

二十二日(戊戌)。晴。

請司僕正金公[168]替入，暫出歷見金士謙[169]及諸李，終日臥寓。兩

시주부를 지냈다.

166 閔(민): 교정자가 '疑閣'으로 바로잡음.

167 恭聖王后(공성왕후): 光海君의 생모 恭嬪金氏(1553~1577). 본관은 金海. 司圃海寧府院君 金希哲의 딸이다. 광해군이 왕으로 즉위하면서 왕후로 추존되어 慈淑端仁恭聖王后의 시호와 成陵의 능호가 올려졌고, 1616년 8월 4일 존호로 다시 敬烈明順이 추상되었으나 광해군 폐위 후 시호 및 능호는 모두 삭탈되었다.

168 金公(김공): 金夢虎(1557~1637). 본관은 江陵, 자는 叔武, 호는 芝峰. 아버지는 군자감주부 金鐩이며, 어머니 江陵崔氏는 崔賢錫의 딸이다. 부인 仁同張氏는 張旻의 딸이다. 1582년 진사시에 합격하고, 1609년 증광문과에 급제하였다. 千秋使의 書狀官으로 명나라에 사신으로 다녀온 후에 예조정랑을 지냈다. 평안도도사를 지냈고 후에 형조정랑을 지냈다. 1613년 正言에 임명된 후 지평, 장령, 필선, 군

司四避, "斥玉堂請出之辭, 曰[170]簡慢[171]苟且."云。夢着蓑衣, 與權樂而[172]·李馨甫皆然, 未知何兆也。抑雜夢之不可信者耶?

4월 23일(기해)。 맑음。

한안국(韓安國)과 안전(安佺)이 이형원(李馨遠: 李苙)과 사성(師聖: 李葳)을 따라왔다.

인사이동이 있었다. 류여각(柳汝恪)을 정언으로, 사복 첨정(司僕僉正) 김몽호(金夢虎)를 장령으로, 김구정(金九鼎)을 종묘 령(宗廟令)으로, 한극겸(韓克謙)을 창락역 찰방(昌樂驛察訪)으로, 이숙형(李叔亨)을 안기역 찰방(安奇驛察訪)으로 제수하고, 이강(李茳)을 참군(參軍)으로, 조석붕(趙錫朋: 조목의 2남)을 사도시 직장(司䆃寺直長)으로 삼

자감 및 장악원 正, 지제교 등을 지냈다. 1615년 魚川察訪을 역임하였다. 광해군대에 沈憬의 무고로 鄭經世와 함께 심문을 받았으나 근거가 없어 석방되었다. 이후 강릉 경포대의 湖海亭으로 물러나 여생을 보냈다. 김중청이 부친의 이름자와 공교롭게도 같아서 諱한 것이다.

169 士謙(사겸): 金廷益(1561~?)의 字. 이는 《國朝榜目》과 《苟全先生文集別集》〈朝天錄〉 갑인년(1614) 5월 8일조에 따른 것이고, 국조방목에서 부친의 이름자가 金得地로 기록되어 있다. 그러나 《慶州金氏世譜》에 의하면, "본관은 慶州, 자는 謙守. 아버지는 진사 金德地이며, 어머니는 진사 蘇適의 딸이다. 부인 廣州李氏는 李潤澤의 딸이다."로 기록되어 있다. 1590년 생원시에 합격하고, 1613년 대증광문과에 급제하였다. 정언을 지냈다. 역자는 편의상 김정익의 字를 '士謙'으로 본다.

170 曰(왈): '兩司四避'의 다음에 있어야 할 듯.

171 簡慢(간만): 데면데면하고 게으름.

172 樂而(낙이): 權來(1562~1617)의 자. 본관은 安東, 호는 石泉. 할아버지는 행의정부좌찬성 權橃이다. 아버지는 權東美이며, 어머니 晉州柳氏는 柳義의 딸이다. 첫째부인 禮安金氏는 金玏의 딸이며, 둘째부인 全州李氏는 德原正 李樞의 딸이다. 軍資監正을 지냈다.

았다.

양사(兩司: 사헌부·사간원)가 네 차례 피혐(避嫌)하였지만, 옥당(玉堂: 홍문관)에서 출사(出使)를 청하였다.

정원(政院)이 아뢰기를, "지엄하신 전지(傳旨)를 양사에 내리신 것은 의리에도 부합하지 않는다고 생각합니다."라고 하니, 답하기를, "지금 수리하는 일은 과연 그와 같다. 법궁(法宮: 궁궐)을 세우는 일은 사람들이 비록 말하지 않더라도, 위에서 또한 숙맥(菽麥)도 분간하지 못하는 것이 아닌데 하필 이러한 때에 억지로 해서는 안 될 일을 하도록 하겠는가. 임금이 거처하는 곳은 한 곳에만 만들어 둘 수 없으니, 만일 절박하게 이어(移御: 임금이 거처를 옮김)해야 할 일이라도 생기면 장차 여염집에 임시로 거처해야만 하겠는가? 창경궁(昌慶宮) 같은 외전(外殿) 몇 곳과 각 아문(衙門)을 짓는 일은 실로 대단한 것도 아니고 대개 마지 못한 데에서 나온 것이다. 경운궁(慶運宮)은 물론 형편을 보아가며 합당하게 차분히 잘 헤아려 해야 할 일이라서 올해에 같이 일으킬 역사가 아니었는데, 외부의 사람들이 잘 알지도 못하고서 두 궁궐을 수리한다며 혼동해 일컫자 그 논의가 불꽃처럼 성하여 합계(合啓)하는 지경에 이르니 어찌 해괴하지 않은가. 대개 우리나라의 인심이 들뜨고 얄팍하여 사리와 체모를 잘 헤아리지 못하고 모든 조정이나 왕가의 움직임 하나하나에 반드시 과격한 논의를 주장하는 자가 있어 자기의 말을 부추키며 협박해 사람들을 놀라도록 하면, 양사는 으레 쫓아서 가세한다. 이러한 폐습이 이미 고질이 된 것은 어제 오늘에 생긴 것이 아니고 전부터 이와 같았으니, 어찌 유독 양사만의 논의이겠는가. 내가 말하지 않을 수 없다. 내가 본디 가슴앓이를 하였는데, 병이 심해져서 지난 겨울부터 거의 평안한 날이 없어서 말을 하면 도리에 어긋나 어둡고 망령되며 뒤바뀌니 나 또한 답답하다. 바라건대 정원은 가엾이 여겨 허물하지 말라. 아뢴 뜻은 유념하겠다."라고 하였다.

저녁에 다시 입직(入直)하였다.

일관(日官)의 보고에 의하면, 진시(辰時: 오전 10시 전후)에 좌측 고리가 생겼고, 미시(未時: 오후 2시 전후)부터 신시(申時: 오후 4시 전후)까지 햇무리가 생겼다고 하였다.

二十三日(己亥)。晴。

韓安國[173]·安佺[174], 隨李馨遠·師聖[175]至。有政。柳汝恪[176]爲正

---

173 韓安國(한안국, 생몰년 미상): 본관은 淸州, 자는 長孺. 아버지는 韓瀛이며, 어머니 東萊鄭氏는 鄭惟一의 딸이다. 첫째부인은 陽城李氏이며, 둘째부인 晉州姜氏는 姜紳의 딸이다. 1616년 알성문과에 급제하였다. 1618년 평안도평사, 1623년 이조정랑을 지냈다.

174 安佺(안전, 1583~?): 본관은 順興, 자는 雲卿. 아버지는 安弘大이다. 1606년 생원시에 합격하였다. 족보에는 등재되어 있지 않다. 《凝川日錄》 3월 9일의 내용에 따르면, 관학유생으로서 상소하였으니, '이원익과 남이공이 임금을 무함한 죄를 벌하기를 청한다.'는 것이었다. 《인조실록》 1635년 4월 11일 1번째 기사에 의하면 그는 폐모론이 일어났을 때 더러는 주장하고, 더러는 傅會하였다.

175 李蔵(이점, 1579~1627): 본관은 永川, 호는 天遊子·太白. 농암 李賢輔의 동생인 李賢佑의 4세손이다. 아버지는 영춘현감 李德弘이며, 어머니 英陽南氏는 南應乾의 딸이다. 부인 冶城宋氏는 군자감정 宋福稔(1538~1614)의 딸이다. 李莊의 동생이다. 寒岡 鄭逑의 문인이다. 1609년 생원사마 양시에 합격하고, 1616년 순릉참봉에 제수되었고, 알성문과에 급제하였다. 1615년 성균관에서 공부 중이면서도 다른 유생들과 함께 상소문을 올려 李元翼과 南以恭에 대한 엄한 처벌을 청원하였다. 이 무렵 들끓었던 폐모론을 지지하던 그가 상소문을 올려 반대파에 대한 처벌을 청원하였던 것이다. 예문관의 검열과 대교를 지냈다. 1618년 일어난 허균 옥사 사건에 연루되어 유곡도찰방으로 좌천되었다. 허균 옥사 사건에 연루된 일로 이점의 형 李莊도 유배되었으며, 동생 李蓂도 파직되는 등 집안이 수난을

言, 金僕正爲掌令, 金九鼎[177]爲宗廟令, 韓克謙[178]昌樂[179]·李叔亨[180]安奇[181]除授, 李茳參軍, 趙錫朋司導寺直長。兩司四避, 玉堂請出。政院啓: "以嚴旨, 下兩司, 不合義理之意." 答曰: "今此繕修之事, 果如。營建法宮[182]之役, 則人雖不言, 自上亦不至於菽麥不卞, 何必

당하였다. 1623년 인조반정이 일어나면서 폐모론에 가담한 이점은 경원도호부에 위리안치되었고, 1627년 유배지에서 세상을 떠났다.

176 柳汝恪(류여각, 1598~?): 본관은 晉州, 자는 守而, 호는 明州. 아버지는 참찬 柳澗이며, 어머니 韓山李氏는 李壁의 딸이다. 부인은 朴東壽의 딸이다. 1613년 증광문과에 급제하였는데, 동생 柳汝恒도 급제하였다. 시강원 겸 설서를 거쳐 1615년 광해군 생모 恭嬪金氏의 追崇을 위해 설치한 尊崇都監郎廳으로 일하였다. 이후 정언·부수찬을 거쳐 사은사 金權을 따라 書狀官으로 중국에 다녀왔다. 이때 文科重試에 李爾瞻의 아들 李大燁 등과 함께 급제되었으나 당시 선발된 7인 모두가 이이첨의 문객이었고, 부정이 개입되었다는 이유로 인조반정 후 소급하여 급제를 취소하였다.

177 金九鼎(김구정, 1550~1638): 본관은 咸昌, 자는 景鎭, 호는 西峴. 아버지는 선원전참봉 金希俊이며, 어머니 東萊鄭氏는 천문습독 鄭孝宗의 딸이다. 부인 英陽金氏는 金應夏의 딸이다. 1573년 생원시에 합격하고, 1582년 식년문과에 급제하였다. 성균관학유, 사헌부감찰, 형조좌랑 등을 거쳐 1592년 임진왜란이 일어나자 호조정랑으로 선조를 평양까지 호종하였고, 1594년 명나라 장수의 접반관으로 차출되었다. 1599년 대구도호부사, 1610년 정선군수, 1612년 다시 대구도호부사를 지냈다.

178 韓克謙(한극겸, 1589~?): 본관은 淸州, 자는 子益. 아버지는 韓孝純이다. 한효순의 첫째부인 順興安氏는 정랑 安珽의 딸이며, 둘째부인 晉州姜氏는 姜孝胤의 딸이다. 한극겸은 강씨소생의 둘째아들이다. 부인 全州李氏는 順寧君 李景儉의 딸이다. 柳洸·權愭에게 시집간 딸이 있다. 1615년 昌樂驛察訪이었다가, 1616년 利川察訪으로 갔다. 1618년 대증광문과에 급제하였다. 1623년 인조반정 후에 泰安으로 정배되었다.

179 昌樂(창락): 昌樂道의 昌樂驛. 경상북도 영주시 풍기읍 창락리를 중심으로 찰방이 부임하였다.

180 李叔亨(이숙형, 1559~?): 본관은 原州, 자는 善遇. 아버지는 참봉 李柱이다. 1583년 별시무과에 급제하였다.

181 安奇(안기): 安奇道의 安奇驛. 경북 안동을 중심으로 의성-의흥-신령 방면, 안동-청송-흥해 방면, 안동-진보-영해 방면으로 이어지는 역로였다.

此時, 强作不當, 爲之役乎? 人君所處, 不可委於一處, 脫有切迫可移之事, 則其將寄寓於閭閻家乎? 昌慶宮外殿數處, 各衙門造成之役, 實非大段, 而蓋出於不得已也。慶運宮, 則自當觀勢, 從容料理, 而非今年竝擧之役, 外人不知, 混稱兩宮繕修, 熾張其議, 至於合啓, 豈不怪哉? 大槪我國人心浮薄, 不諒事體, 凡朝家一擧措一擧動, 必有主張過徼之論者, 鼓其說而恐動之, 兩司例從而和之。弊習已痼, 非今斯今, 自前如此, 是豈獨兩司之論乎? 予不得不言。予素患心恙, 因病轉劇, 自去冬殆無寧日, 發言悖謬, 昏妄顚倒, 予亦爲悶。願政院憐而勿咎! 啓意留念焉." 夕, 還入直。日官[183]所報, 辰時左珥, 未時申時日暈。

4월 24일(경자)。비。

옥당(玉堂: 홍문관)의 차자(箚子)에 답하여 말하기를, "내 뜻은 이미 정원(政院)에 유시(諭示)하였고, 이원익(李元翼)의 일도 이미 유시하였는데, 하필 억지로 간쟁(諫爭)하는가?"라고 하였다.

실록청(實錄廳)에 가서 7판(板)을 베껴 옮겼다.

박정길(朴鼎吉)이 방 안으로 찾아와서 만나 보았고, 이충(李冲)이 선수도감(繕修都監) 제조(提調)로서 또한 찾아왔다.

이날 총재관(摠裁官) 기자헌(奇自獻)과 대제학(大提學) 이이첨(李爾瞻)이 떨어져서 앉았는데, 양사(兩司)에서 다섯 차례 피혐(避嫌)하였고, 수찬(修撰) 정조(鄭造)가 세 차례나 사직서를 올려 체직되었다.

182 法宮(법궁): 임금이 사는 궁궐.

183 日官(일관): 占星과 卜筮 등으로 길흉을 판단하여 예언하던 관직.

사서(司書) 이익(李瀷) 또한 실록청으로 가서 일하고는 이어서 임시거처로 나갔다가 돌아왔다.

듣건대 판서(判書) 조정(趙挺)이 상중(喪中)에 있다고 하였다.

二十四日(庚子)。雨。

答玉堂箚, 曰: "予意已諭于政院, 李元翼事已諭之, 何必强爭?" 往實錄廳, 謄七板。朴鼎吉來見于房中, 李冲以繕修提調亦來。是日, 摠裁官奇自獻, 大提學李爾瞻坐開[184], 兩司五避, 修撰鄭造, 三度呈辭, 遞差。李司書, 亦往役于實錄, 仍出寓舍而還。聞趙判書挺[185]在喪。

4월 25일(신축)。비。

옥당(玉堂: 홍문관)에 비답(批答)하기를, "이미 참작하여 죄를 정하였으니, 번거롭게 논하지 말라." 하였다.

박재(朴榟)가 두 번째 사직서를 올렸다.

사약(司鑰: 전각의 문을 열고 닫는 자)이 만나보기를 청하면서 시문을 지은 2폭을 가져와 보였는데, 바로 표문(表文) 2개와 시 1수이었

184 坐開(좌개): 좌석을 사이에 두고 앉음.

185 趙判書挺(조판서정): 判書 趙挺(1551~1629). 본관은 楊州, 자는 汝豪, 호는 漢叟·竹川. 아버지는 趙忠秀이며, 어머니 南原梁氏는 梁允亨의 딸이다. 부인 綾城具氏는 具潤德의 딸이다. 1582년 진사시에 합격하고, 1583년 식년문과에 급제하였고, 1586년 문과중시에 급제하였다. 수찬·교리를 거쳐 정언이 되었다. 1592년 임진왜란이 일어나자 보덕으로 세자를 호종하였고, 그 뒤 회양부사, 廣州牧使, 남양부사, 안변부사를 거쳐 호조판서, 대사간, 동부승지, 부제학, 대사성, 이조·호조·형조의 참판 및 대사헌 등을 두루 역임하였다. 1623년 인조반정이 일어난 뒤 광해군 때 공신이었다는 죄목으로 1628년 해남에 유배되었고 풍토병에 시달리다가 이듬해 죽었다.

다. 내관(內官)이 지은 것이라 하였다. 사서(司書) 이익(李瀷)과 함께 그것을 고평(考評)하니, 표문 가운데 하나는 둘째 등급의 셋째[中之下]이고, 다른 하나는 셋째 등급의 둘째[下之中]이고, 시는 첫째 등급의 셋째[上之下]이라서 완물상지(玩物喪志: 물건을 구경하다가 뜻한 바를 잃음)를 글의 제목으로 삼아서 그 종이 끝에 써 보냈는데, 그 서술한 바를 보니 비록 문장가의 체모는 잃었을지라도 또한 보통 사람의 솜씨는 아니었던 까닭에 네 자로 글의 제목을 삼은 것이다.

사시(巳時: 오전 10시 전후)에 개였다.

옥당에서 처리하기를, 이정원(李挺元)을 체차시키고 나머지는 모두 출사(出仕)하게 하였다. 그러나 박재는 세 번째 사직서를 올려 체차되었고, 정언(正言) 류여각(柳汝恪)과 보덕(輔德) 남이준(南以俊) 또한 병을 칭탁하여 사직서를 올렸다.

인사이동이 있었다. 이조판서 의망(擬望: 三望의 후보자로 추천)에 박홍구(朴弘耉), 박승종(朴承宗), 류희분(柳希奮), 한효순(韓孝純), 이이첨(李爾瞻), 오억령(吳億齡), 박건(朴楗) 7명을 추천하여 넣었다.

이날, 내일 조회에서 대전(大殿)의 탄신(誕辰)을 진하(進賀)하기 때문에 류희발(柳希發: 류자신의 아들)이 동궁(東宮)의 전문(箋文)을 지어 올리고, 승문원(承文院)에서 정서(正書)해 오자, 정자(正字) 이배원(李培元)이 그것을 받들어 잘못이 있는지 없는지 검토하고 익위사(翊衛司) 이사수(李士脩)가 옥새를 찍고는 그 뒤로 봉서(封書)에 봉인(封印)하고 수결(手決)하는 것은 내가 바로 하였다.

김주우(金柱宇: 김중청의 3남)가 와서 나를 만나 보고 갔다.

일관(日官)의 보고에 의하면, 미시(未時: 오후 2시 전후)에 햇무리가 지고, 신시(申時: 오후 4시 전후)쯤 해 윗쪽에 갓 같은 것이 있었는데, 속은 붉은 빛이고 밖은 푸른 빛이었다고 하였다.

류활(柳活)이 지나는 길에 들렀다.

배대유(裵大維)를 보덕(輔德)으로, 김질간(金質幹)을 집의(執義)로, 남이준(南以俊)을 사간(司諫)으로 삼았다.

二十五日(辛丑)。雨。

答玉堂, 曰: "已爲參酌定罪, 勿爲煩論." 朴梓再度呈辭。司鑰請謁, 以製述二幅來示, 乃表二詩一也。內官所作云。與李司書瀷考之, 表一則二下[186], 一則三中, 詩則上之下, 仍以玩物喪志爲賦題, 寫其紙尾以送, 觀其所述, 雖失詞家體樣, 而亦非人間手段, 故題以四字。巳時晴。玉堂處置, 遞李挺元, 餘皆出之。朴梓三辭遞差, 正言柳汝恪·輔德南以俊[187], 亦呈病[188]。有政。吏判望朴弘耉[189], 朴

---

186 二下(이하): 옛날에 시문을 평가하던 등급의 하나. 둘째 등급의 셋째이다.

187 南以俊(남이준, 1566~1621): 본관은 宜寧, 자는 士秀. 아버지는 南瑋이며, 어머니 清州韓氏는 韓蓊의 딸이다. 첫째부인 東萊鄭氏는 우의정 鄭彦信의 딸이며, 둘째부인 尙山金氏는 金光斗의 딸이다. 좌의정 南以雄의 형이다. 1609년 별시문과에 급제하였다. 정언, 지평, 헌납, 문학, 장령을 거쳐 1614년 필선, 집의, 1615년 사간이 되었다. 대북파 李爾瞻·鄭仁弘 등이 永昌大君) 폐하여 庶人으로 한 뒤 살해하고, 國舅 金悌男을 살해하는 데 공을 세웠으며, 仁穆大妃의 廢母論에 반대하는 영의정 奇自獻 등을 탄핵하고 대비를 西宮에 유폐하는 데 앞장섰다.

188 呈病(병정): 병으로 出仕하지 못한다고 올리는 글.

189 朴弘耉(박홍구, 1552~1624): 본관은 竹山, 초명은 朴弘老, 자는 應邵, 호는 梨湖. 아버지는 도정 朴蘭英이며, 어머니 固城南氏는 南大年의 딸이다. 부인 淳昌薛氏는 薛珣의 딸이다. 1576년 진사시에 합격하고, 1582년 식년문과에 급제하였다. 정언, 장령, 교리, 세사시강원 필선, 교리, 헌납, 응교, 우승지를 거쳐 충청도관찰사, 전라도관찰사가 되었으며, 1597년 대사성, 도승지, 병조참판을 지냈다. 평안도관찰사로 나갔다가 다시 병조참판이 되었다. 대사간, 부제학, 대사헌 등을 역임한 뒤, 광해군 때 예조·호조·병조의 판서를 거쳐 좌찬성, 우의정, 좌의정이

承宗[190], 柳希奮[191], 韓孝純[192], 李爾瞻, 吳億齡[193], 朴楗七人擬

되었다.

190 朴承宗(박승종, 1562~1623): 본관은 密陽, 자는 孝伯, 호는 退憂堂. 증조할아버지는 朴忠元, 할아버지는 판서 朴啓賢이다. 아버지는 朴安世, 어머니 昌原黃氏는 黃琳의 딸이다. 부인 安東金氏 金貴姬는 金士元의 딸이다. 1585년 진사시에 합격하고, 1586년 별시문과에 급제하였다. 1589년 예문관봉교를 거쳐 지제교, 병조정랑을 역임하였고, 1600년 冬至使로 명나라에 다녀왔다. 광해군 당시 北人의 핵심 인물 중 한 명으로 아들 朴自興의 딸이 광해군의 세자빈에 책봉되면서 권력의 정점에서 활동하였다. 특히, 광해군이 즉위한 이후 영의정을 역임하였고, 密昌府院君에 책봉되었다. 광해군 후반에 북인의 또 다른 핵심 인물 李爾瞻과 대립하였고, 인조반정 직후 아들과 함께 자결하였다.

191 柳希奮(류희분, 1564~1623): 본관은 文化, 자는 亨伯, 호는 華南. 할아버지는 공조판서 柳潛이다. 아버지는 文陽府院君 柳自新이며, 어머니 東萊鄭氏는 좌의정 鄭惟吉의 딸이다. 1590년 생원사마 양시에 합격하고, 1597년 별시문과에 급제하였다. 1592년 임진왜란이 일어나자 익찬으로 세자를 호종하였다. 1601년 세자시강원문학이 된 뒤, 응교, 정언, 이조좌랑, 직강을 거쳐 1603년 司饔院正, 司贍寺副正, 1607년 사성, 1608년 직제학, 동부승지 등을 지냈다. 광해군이 즉위하자 광해군의 처남으로 요직에 나갔다. 예조참판 때 李爾瞻 등과 함께 소북의 柳永慶 일파를 숙청하였고, 그 뒤 鄭仁弘과 함께 대북에 가담해 정권을 좌우하였다. 이이첨·정인홍 등과 대북을 영도할 때는 외척 세력을 대표해 정권을 농단했고, 한 때는 이이첨·韓纘男 등과 권력을 다투면서 서로 반목하였다. 그러나 인조반정 때 이이첨·정인홍보다는 한 등급 낮추어 죄가 다스려졌다.

192 韓孝純(한효순, 1543~1621): 본관은 淸州, 자는 勉叔, 月灘. 아버지는 韓汝弼이며, 어머니 文化柳氏는 司纂寺正 柳滄의 딸이다. 첫째부인 順興安氏는 정랑 安珽의 딸이며, 둘째부인 晉州姜氏는 姜孝胤의 딸이다. 1568년 생원시에 합격하고, 1576년 식년문과에 급제하였다. 검열, 수찬을 거쳐 1584년 영해부사가 되었으며, 1592년 임진왜란이 일어나자 경상좌도 관찰사가 되어 순찰사를 겸임하였다. 1594년 병조참판, 1598년 전라도관찰사로서 병마수군절도사를 겸하였으며, 1604년 이조판서에 이르렀다. 광해군 때 이조판서, 우의정을 거쳐 좌의정에 올랐다. 인목대비의 폐모론에 소극적인 자세로 관망하여 여러 차례 사직을 청하였다.

193 吳億齡(오억령, 1552~1618): 본관은 同福, 자는 大年, 호는 晩翠. 아버지는 司饔院直長 吳世賢이며, 어머니 昌寧成氏는 참봉 成近의 딸이다. 부인 南陽洪氏는 洪曇의 딸이다. 이조참판 吳百齡의 형이다. 1570년 사마시에 합격하고, 1582년 식년문과에 급제하였다. 예문관검열, 호조좌랑, 이조좌랑을 거쳐 경상도안무사로 있다가 집의, 전한 등을 지냈다. 1592년 임진왜란이 일어나자 개성에서 선조를 호

入[194]。是日，以明朝進賀大殿誕辰，柳希發[195]製進東宮箋文[196]，承文院正書以來，正字李培元[197]陪到查準[198]，翊衛司李士脩奉印安寶，後印封着署，余乃爲之。柱宇來覲而還。日官所報，未時日暈，申時日上有冠，色內赤外青。柳活歷見。裵大維爲輔德，金質幹[199]

종하였으며, 의주에서 직제학에 임명되고 이조참의, 우부승지를 거쳐 대사성이 되었다. 광해군 때 병조참판, 부판윤, 대사헌, 형조판서, 우참찬, 개성유수 등을 역임하였고, 인목대비의 폐모론에 반대하여 정인홍 등에 의해 탄핵되었다.

194 擬入(의입): 벼슬아치의 후보자로 추천하여 넣음.

195 柳希發(류희발, 1568~1623): 본관은 文化, 자는 軔草. 할아버지는 柳潛이다. 아버지는 文陽府院君 柳自新이며, 어머니 東萊鄭氏는 좌의정 鄭惟吉의 딸이다. 첫째부인 密陽朴氏는 朴綵의 딸이며, 둘째부인 青松沈氏는 沈信謙의 딸이다. 문음으로 관직에 진출해 1605년 세작익위사사어로 세자를 보필하고, 1606년 재령군수로 부임해 1609년 증광문과에 급제하였으나, 광해군의 처남인데다 당시 조카 柳孝立과 同榜及第해 논란이 일었다. 1610년 안산군수로 옮겼다가 정언, 문학, 지평 등을 역임한 뒤, 홍문관교리, 사헌부헌납, 예조정랑, 이조정랑을 지냈다. 1615년 광해군 생모 恭嬪金氏를 恭聖王后로 추숭하기 위해 설치한 尊崇都監의 낭청으로 일하였다. 인목대비의 폐모론에 적극 가담하여, 1623년 인조반정이 일어나자 형 柳希奮과 함께 주살되었다.

196 箋文(전문): 임금, 왕후, 세자에게 올리던 글.

197 李培元(이배원, 1575~1653): 본관은 咸平, 자는 養伯, 호는 歸休堂. 아버지는 참판 李琰이며, 어머니 忠州崔氏는 감사 崔蓋國의 딸이다. 첫째부인 文化柳氏는 대사헌 柳思瑗의 딸이며, 둘째부인 漆原尹氏는 양성현감 尹慶元의 딸이다. 1601년 진사시에 합격하고, 1613년 증광문과에 급제하였다. 승문원에 소속되었다가 평안도평사가 되었으나, 광해군의 어지러운 정치를 보고 벼슬을 단념, 고향에 은거하였다. 1623년 인조반정 후 정언을 거쳐 곡산군수, 광산현감 등을 역임하였으며, 1627년 정묘호란 때는 宗廟令으로 廟主를 모시고 강화도로 호종하였다. 사복시정, 장악원정, 원주목사 등을 지낸 뒤, 1636년 황해도감사에 특진되었다.

198 查準(사준): 잘못된 것이 있는지 없는지 조사하여 맞추어 봄.

199 金質幹(김질간, 1564~1621): 본관은 光山, 자는 文吾, 호는 雙梅. 아버지는 성균박사 金應龜이며, 어머니 交河盧氏는 盧景麒의 딸이다. 부인 驪興閔氏는 閔基命의 딸이다. 1588년 생원시에 합격하고, 1601년 식년문과에 급제하였다. 전적, 병조좌랑 등을 지내다가 1608년 지평, 1612년 병조정랑에 승진하여 장령, 사간, 집의, 교리 등 삼사의 관직을 번갈아 지내면서 대북정권이 추진한 정책의 관철에

爲執義，南以俊爲司諫。

4월 26일(임인)。 맑음。

류희량(柳希亮)·류효립(柳孝立)·손척(孫倜)·박자흥(朴自興)·배대유(裵大維)·신광업(辛光業)·박자응(朴自凝)·이익(李瀷) 및 나까지 9명이 세자를 모시고 뒤따라갔는데, 전문(箋文)을 받든 이는 손척·이익이고, 예물(禮物)을 받든 이는 류효립·신광업이고, 가마를 탈 때 인도하여 세자궁에서 나오게 하는 것과 가마를 내릴 때 돕는 것은 필선(弼善)을 불러 으레 하는 것이나 지금 필선이 없는 까닭에 내가 대신했다. 박자응이 이미 전문을 받들기로 한 집사(執事)였으나 발을 다쳤다고 칭탁하여 정랑(正郎) 손척에게 받드도록 보낸 것인데, 전문을 읽는 말과 얼굴빛에 그다지 볼 만한 것이 없었다. 세자가 환궁한 후에 요속(僚屬: 소속 하급관료)들의 문안을 받았는데, 이에 서연(書筵)이 오랫동안 정지됨은 온당치 않다는 뜻을 진달하였다. 대전(大殿) 및 저하(邸下: 세자궁)에서 술과 음식을 하사했는데, 박수서(朴守緖)·이모(李慕: 김중청의 사위)를 불러서 함께 다 먹고 마셨다.

저녁에 사약(司鑰: 전각의 문을 열고 닫는 자)이 와서 말하길, "주상께서 소변이 심히 잦아 경연(經筵)에 오래 앉아 있을 수가 없으니, 이에 강연(講筵)을 열지 못한다."라고 하였다.

이날 오시(午時)와 미시(未時: 오후 2시 전후)에 햇무리가 졌다. 미시(未時)에 또 햇무리가 졌을 때, 햇무리 위쪽에 갓 같은 것이 있었

앞장섰다. 승지, 판결사를 거쳐 1621년 대사간, 이조참판이 되었다.

으며 속은 붉은 빛이고 밖은 푸른 빛이었다고 하였다.

양사(兩司: 사헌부와 사간원)에서 또 피혐(避嫌)하자, 비망기(備忘記)에 이르기를, "하늘의 변고가 이와 같아서 응하는 것이 반드시 진실에 달려 있으니, 원옥(冤獄)의 심리를 되도록 속히 해결하라. 양사는 모두 옥당(玉堂: 홍문관)이 처지한 대로 하라." 하였다.

二十六日(壬寅)。晴。

柳希亮[200]·柳孝立[201]·孫倜·朴自興[202]·裵大維·辛光業·朴自

200 柳希亮(류희량, 1575~1628): 본관은 文化, 자는 龍卿, 호는 霽嶠·峯陰. 할아버지는 공조판서 柳潛이다. 아버지는 國舅 文陽府院君 柳自新이며, 어머니 東萊鄭氏는 좌의정 鄭惟吉의 딸이다. 부인 綾城具氏는 具思誠의 딸이다. 1603년 사마시에 합격하고, 1608년 별시문과에 급제하였다. 검열을 거쳐 설서, 정언, 전한 등을 지냈고, 이어 이조정랑, 교리, 수찬을 역임하고서 직제학에 이르렀다. 1610년 예조참판이 되었다. 1623년 인조반정으로 집안이 주살 또는 유배될 때 류희량도 거제도에 유배되었다. 1628년 귀양가 있던 아들 柳斗立과 조카 柳孝立의 모역사건에 연좌되어 유배지에서 교살되었다.

201 柳孝立(류효립, 1579~1628): 본관은 文化, 자는 行源. 할아버지는 판윤 柳自新이며, 아버지는 柳希鏗이다. 어머니 全州李氏는 箕城君 李俔의 딸이다. 부인 羅州丁氏는 丁胤福의 딸이다. 柳希奮의 조카이다. 1605년 사마시에 합격하고, 1609년 증광문과에 급제하였다. 1614년 사헌부정언, 병조정랑, 1615년 필선, 1616년 제용감정, 군자감정, 1618년 장악원정, 호조참의 등을 지냈다. 1623년 인조반정으로 숙부 류희분이 참형되고 북인이 쫓겨나자 제천으로 유배되었다. 1628년 전 洗馬 許逌, 전 좌랑 鄭沁, 전 전적 金鐸, 진사 柳斗立 등과 모의하고, 전 군수 尹繼倫과도 몰래 손잡아 역모를 꾀했다가 전 부사 許穧의 고변으로 거사 직전에 탄로나 처형되었다.

202 朴自興(박자흥, 1581~1623): 본관은 密陽, 초명은 朴興立, 자는 仁吉, 호는 瑞堂. 아버지는 영의정 朴承宗이며, 어머니 안동김씨는 재령군수 金士元의 딸이다. 부인 廣州李氏는 李爾瞻의 딸이다. 1610년 별시문과에 급제하였였으나 이때 고시관이 아버지와 장인인 李爾瞻이어서 물의가 분분하였다. 1611년 설서가 되고 7월에 딸이 세자빈으로 책정되었다. 세자시강원사서, 이조정랑, 동부승지, 형조참의, 전라감사, 형조참판 등을 역임하고 1621년 대사성, 1622년 경기감사로 재직시에 인조반정이 일어나 아버지와 함께 군사를 일으키려 하였으나 뜻대로 되지

凝[203]·李瀷及余，九人陪從[204]，奉箋孫倜·李瀷，奉禮物柳孝立·辛光業，乘輿時引出及降輿等贊，呼弼善例爲，而今無弼善，故余代爲之。朴自凝，已爲奉箋執事，而托稱傷足，移付孫正郎，其辭氣之間，殊無可觀。世子還宮，後僚屬問安，仍達書筵久停未安之意。大殿及邸下，賜送酒食，邀朴守緖·李慕共破。夕，司鑰來言："自上小便甚數，未能耐久坐筵，玆未開講."云。是日，午時未時日暈。未時又暈，暈上有冠，色內赤外靑。兩司又避，備忘記曰："天變如此，應之必以實，冤獄審理，從速決解。兩司皆玉堂處置然也."

4월 27일(계묘)。아침부터 비 오더니 저녁에야 갬。

실록청에 가서 4판(板)을 베껴 옮겼다.

보덕(輔德) 배대유(裵大維)에게 입직(入直)해 주도록 요청하고, 나는 좌랑(佐郞) 황익중(黃益中)의 말을 빌려 타고 나왔다.

이날 아침에 도총부(都摠府)로 가서 지사(知事) 김상용(金尙容)을 만나 당나라 시인 이백(李白)과 두보(杜甫)의 5언시(五言詩) 제목을 써 달라고 청했는데, 여우길(呂祐吉) 또한 그곳에 있어서 그의 방으

않자, 함께 과천에 있는 절에서 목을 매어 죽었다.

203 朴自凝(박자응, 1598~1645): 본관은 密陽, 자는 正吉, 호는 挹白堂. 아버지는 영의정 朴承宗이며, 어머니 안동김씨는 재령군수 金士元의 딸이다. 1609년 사마시에 합격하고, 1613년 증광문과에 급제하였다. 1614년 세사시강원사서 및 홍문관부수찬을 거친 뒤, 1617년 홍문관교리, 성균관직강, 세사시강원문학을 역임하고 1618년 성균관전적이 되었다. 仁穆大妃의 폐모론이 대두하자 신병을 핑계로 불참한 이유로 이듬해 고산현감으로 좌천되었다. 1620년 영광군수를 거쳐 홍문관수찬, 응교 및 사간원헌납, 사헌부지평 등을 지냈다. 1623년 인조반정 뒤에는 제주로 유배되고, 1628년 진도로 이배되었다.

204 陪從(배종): 임금이나 높은 사람을 모시고 뒤에 따라감.

로 따라가 만났다.

二十七日(癸卯)。朝雨晩晴。

往實錄廳, 謄四板。請裵輔德入直, 余借黃佐郎益中[205]馬, 出來。是朝, 見金知事尙容[206]于都摠府, 請寫唐詩李杜五言題目, 呂祐吉[207]亦在其處, 就其房見之。

205 黃佐郎益中(황좌랑익중): 佐郎 黃益中(1554~?). 본관은 昌原, 자는 叔正. 조부는 豐儲倉守 黃浚源이며, 아버지는 평안도평사 黃瑋이다. 황위의 첫째부인 星州李氏는 李愿의 딸이며, 둘째부인 淸州韓氏 우의정 韓應寅의 딸이다. 황익중은 성주이씨의 소생이다. 부인은 崔彦洺의 딸이다. 1601년 양지현감을 지내고 1602년 양덕현감을 거쳐 안협현감·삼가현감·목천현감을 역임하였다. 1613년 증광문과에 급제하였다. 1614년 정언에 등용되어 장령을 지냈다. 1616년 右通禮를 거쳐, 다시 장령을 지낸 다음 司僕寺正·홍문관교리, 사간·필선을 지냈다.

206 金知事尙容(김지사상용): 知事 金尙容(1561~1637). 본관은 安東, 자는 景擇, 호는 仙源·楓溪. 아버지는 四味堂 金克孝이며, 어머니 東萊鄭氏는 좌의정 林塘 鄭惟吉의 딸이다. 부인 安東權氏는 영의정 權轍의 손녀이자 정랑 權愷의 장녀이다. 김극효의 손위 동서가 광해군의 장인 柳自新이기 때문에 김상용은 광해군의 부인 文城郡夫人 文化 柳氏와는 이종사촌이다. 淸陰 金尙憲의 형이다. 1582년 진사시에 합격하고, 1590년 증광문과에 급제하였다. 검열에 등용되어 병조좌랑·응교 등을 지내고, 원수 權慄의 종사관으로 호남지방을 왕래하였으며, 1598년 승지가 되고, 그해 겨울 聖節使로 명나라에 다녀왔다. 大司成을 거쳐 정주·상주의 목사를 역임하고, 광해군 때에 도승지에 올랐으며, 1623년 인조반정 후 집권당인 西人의 한 사람으로 돈령부판사를 거쳐 예조·이조의 판서를 역임하고, 1627년 정묘호란 때는 유도대장으로 있었다. 1636년 병자호란 때 왕족을 시종하고 강화로 피란하였다가, 이듬해 강화성이 함락되자 화약에 불을 질러 자결하였다.

207 呂祐吉(여우길, 1567~1632): 본관은 咸陽, 자는 尙夫, 호는 稚溪·痴溪. 아버지는 첨지중추부사 呂順元이며, 어머니 慶州李氏는 舍人 李瑛의 딸이다. 부인 泗川睦氏는 별좌 睦從賢의 딸이다. 1591년 별시문과에 급제하였다. 병조정랑, 평안도도사, 사간원정언, 지평, 장령 등을 지냈으며, 1603년 밀양부사를 거쳐 연안부사, 평안도안무사, 강원도관찰사, 1618년 공홍도관찰사를 역임하였다.

4월 28일(갑진)。 맑음。

인사이동이 있었다. 류간(柳澗)을 대간(大諫: 대사간)으로, 이영(李覮)을 도헌(都憲: 대사헌)으로, 류활(柳活)·박홍도(朴弘道)를 지평(持平)으로, 조존도(趙存道)를 헌납(獻納)으로, 나와 이익(李瀷)을 정언(正言)으로, 홍방(洪雱)을 장령(掌令)으로, 양시진(楊時晋)을 문학(文學)으로, 황중윤(黃中允)을 사서(司書)로, 류여각(柳汝恪)을 수찬(修撰)으로, 박수서(朴守緖)·류여항(柳汝恒)을 전적(典籍)으로 삼았다.

듣건대 대간(大諫: 柳澗)이 사직서를 올렸고, 사간(司諫) 남이준(南以俊) 또한 이미 먼저 올렸다고 한다.

황공직(黃公直: 黃時榦)이 영남에서 왔다.

二十八日(甲辰)。晴。

有政。柳澗[208]爲大諫, 李覮[209]爲都憲, 柳活·朴弘道爲持平, 趙存道[210]爲獻納, 余與李瀷爲正言, 洪雱[211]爲掌令, 楊時晋爲文學, 黃中

---

208 柳澗(류간, 1554~1621): 본관은 晉州, 자는 老泉, 호는 後材. 아버지는 柳敬元이며, 어머니 安東權氏는 權礅의 딸이다. 부인 韓山李氏는 李墍의 딸이다. 1598년 별시문과에 급제하였다. 형조정랑, 성균관전적, 홍문관부수찬, 홍문관응교, 동부승지, 우승지를 거쳐 대사간에 올랐다. 광해군 즉위 이후에 호조·예조·형조의 참의, 부제학을 거쳐 대사간과 이조참의, 병조참판, 대사헌 등을 역임하였다. 대사헌으로서 仁穆大妃의 폐모론에 가담하였지만, 울산도호부사로 좌천되었다.

209 李覮(이영, 1561~1623): 본관은 全州, 자는 士瑩, 호는 泥丸. 아버지는 세마 李彦諄이며, 어머니 朔寧崔氏는 崔濬文의 딸이다. 부인 尙州金氏는 金邦善의 딸이다. 1579년 사마시에 합격하고, 1583년 별시문과에 급제하였다. 임진왜란 당시 영변에서 세자 광해군을 호종하며 활동하였다. 1596년 사헌부장령, 세자시강원필선, 1597년 사간원사간, 세자시강원보덕, 동부승지를 거쳐 1598년 승지, 병조참의, 1599년 대사간 형조참의를 거쳐 1600년 황해감사, 1603년 의주부윤을 지냈다. 1612년 형조참판, 1615년 대사헌이 되어 사돈관계였던 鄭造와 함께 인목대비의 폐모 논의를 주도하였다. 1623년 인조반정 이후 그로 인해 죽임을 당했다.

210 趙存道(조존도, 1579~1637): 본관은 楊州, 자는 一之, 호는 睡軒. 아버지는 평강

允[212]爲司書, 柳汝恪爲修撰, 朴守緖·柳汝恒爲典籍。聞大諫有呈辭, 司諫南以俊, 亦已先呈。黃公直[213]自嶺來。

4월 29일(을사)。아침에 비 오다가 곧 갬。

나도 사직서를 올렸지만, 한 관아에서 이중으로 올릴 수 없는 까

현감 趙德年이며, 조덕년의 첫째부인 善山金氏는 현감 金良佐의 딸이며, 둘째부인 安東金氏는 金獅秀의 딸이다. 조존도는 선산김씨의 소생이다. 부인 晉陽河氏는 河永緖의 딸이다. 1605년 생원시에 합격하고, 1606년 증광문과에 급제하였다. 1612년 사서, 문학을 거쳐 교리가 되어 세자시강원사서를 겸하였다. 裵大維와 광해군의 세자위를 반대하였던 柳永慶을 처형하라는 탄핵소를 올렸다. 이듬해 다시 정언이 되어 서인을 탄핵하는 데 앞장섰다. 1614년 헌납을 거쳐 지평 겸 사서가 되었다. 대사간 柳慶宗과 함께 右通禮 李克信의 패악을 탄핵하였고, 또한 대사간 鄭沆과 함께 鄭蘊의 죄를 탄핵하였다. 1623년 인조반정 후에 그로 인하여 은진에 위리안치되었다.

211 洪雱(홍방, 1573~1638): 본관은 豊山, 자는 景望, 호는 芝溪. 아버지는 洪履祥이며, 어머니 安東金氏는 金顧言의 딸이다. 부인은 李俁의 딸이다. 1605년 증광문과에 급제하였다. 광해군 때 공조·병조의 정랑, 정언·전적, 세자시강원사서, 지평, 교리, 필선, 장령 등 주로 언관직을 지냈다. 1623년 인조반정 뒤에는 경상도관찰사, 안변부사, 대사간, 도승지, 부제학이 되었다.

212 黃中允(황중윤, 1577~1648): 본관은 平海, 자는 道光. 아버지는 공조참의 黃汝一이며, 어머니 義城金氏는 金守一의 딸이다. 부인 密陽朴氏는 朴惺의 딸이다. 1612년 증광문과에 급제하였다. 정언·헌납·사서 등을 역임하였다. 1618년 명나라에서 파병을 요청하여 조정에서 징병을 논의하자 이에 반대하였다. 이후 병조좌랑과 사헌부지평을 역임하고 1620년 奏聞使로 임명되어 燕京에 다녀온 뒤 승지가 되었다. 1623년 인조 즉위 후 광해군 추종 세력으로 몰려 해남으로 유배를 당하였다.

213 公直(공직): 黃時幹(1558~1642)의 字. 본관은 長水, 초명은 黃廷幹, 호는 七峯·道川. 아버지는 참판 黃贇이며, 어머니 慶州金氏는 金大鍾의 딸이다. 부인 安東權氏는 선무랑 權審辨의 딸이다. 임진왜란과 정유재란 때 산양의병으로 참전하였으며, 문경당전투, 팔공산회맹, 화왕산전투 등에 출정하였다. 1605년 사마시에 합격하였다. 1623년 인조반정 이후에 광흥창주부, 사헌부감찰, 형조좌랑, 형조정랑을 거쳐 삼가현감을 끝으로 벼슬에서 물러났다.

닭에 도로 내어주었다.

배자장(裵子張: 裵大維)·이여첨(李汝瞻: 李埁)·황공직(黃公直: 黃時榦)·이사성(李師聖: 李葳)이 찾아왔다.

오융보(吳隆甫: 吳汝檼)가 편지로 나에게 속히 나오라고 강요하였다. 창락역(昌樂驛)의 인편을 통해 김주국(金柱國: 김중청의 2남)의 편지를 받아 보았다.

정언(正言) 이익(李瀷)이 찾아왔다.

저녁에 오융보와 세 이씨(三李: 李苙·李莊·李葳)들이 찾아와서 속히 나오도록 다그쳤다.

二十九日(乙巳)。朝雨旋晴。

余乃呈辭, 以一司不得兩呈, 還出給。裵子張·李汝瞻·黃公直·李師聖來見。吳隆甫, 以書强余令速出。因昌樂人, 見柱國[214]書。李正言瀷來見。昏, 吳隆甫及三李來見, 迫使速出。

5월 1일(병오)。맑음。

집에 보내는 편지를 창락역(昌樂驛)의 인편에 부쳤다.

사간(司諫) 남이준(南以俊)이 세 번이나 사직서를 올려 체직되었고, 대간(大諫: 柳澗)은 사직서를 처음 올렸는데, 나의 사직서는 또 도로 내어주었다. 장령(掌令) 김몽호(金夢虎) 또한 체직되었다.

---

214 柱國(주국): 金柱國(1586~1657): 본관은 安東, 자는 任大. 아버지는 신안현감 金中淸이다. 김중청의 첫째부인 長水黃氏는 사과 黃賀의 딸이며, 둘째부인 永川李氏는 奉事 李永承의 딸이다. 김주국은 장수황씨의 소생이다. 부인 永川李氏는 찰방 李莢의 딸이다. 1617년 생원시에 합격하였다.

금언강(琴彦康: 琴愷)·박경정(朴景靜: 朴守謹)·조자백(趙子白: 趙子百의 오기, 조목의 2남 趙錫朋)·이모(李慕: 김중청의 사위)가 찾아왔고, 형보(馨甫: 李莊) 또한 지나는 길에 들렀다.

허균(許筠)이 편지로 나오도록 권면하였다.

듣건대 서촌(西村)의 여식(女息)이 지난달 10일 술시(戌時: 오후 8시 전후)에 아들을 낳았다고 하였다.

五月初一日(丙午)。晴。

家書付昌樂人。司諫南以俊, 三辭見遞, 大諫呈辭[215]初上, 余辭又還出。金掌令亦遞。琴彦康·朴景靜[216]·趙子白[217]·李慕來見, 馨甫亦歷見。許筠[218]書以勉出。聞西村女息, 生男于去月十日戌時。

---

215 呈辭(정사): 조선시대 관원이 사정으로 말미암아 왕에게 사직, 휴직, 휴가 등을 청하는 문서.

216 景靜(경정): 朴守謹(1576~1622)의 字. 본관은 咸陽, 호는 蘇川. 아버지는 朴藼이다. 月川 趙穆의 문인이다. 尹承勳의 추천으로 참봉·봉사·직장을 역임했고, 1613년 사마시에 합격하였다. 英陵參奉, 사옹원봉사, 사섬시직장을 지냈다.

217 趙子白(조자백): 趙子百의 오기.

218 許筠(허균, 1569~1618): 본관은 陽川, 자는 端甫, 호는 蛟山·鶴山·惺所·白月居士. 할아버지는 許澣이며, 아버지는 徐敬德의 문인으로서 학자·문장가로 이름이 높았던 同知中樞府事 許曄이다. 허엽의 첫째부인 淸州韓氏는 西平君 韓叔昌의 딸이며, 둘째부인 江陵金氏는 예조판서 金光轍의 딸이다. 허균은 강릉김씨의 소생이다. 허균의 첫째부인 安東金氏는 金大涉의 딸이며, 둘째부인 善山金氏는 金孝元의 딸이다. 임진왜란 직전 일본통신사의 서장관으로 일본에 다녀온 許筬이 이복형이다. 문장으로 이름 높았던 許篈과 許蘭雪軒과 형제이다. 1594년 정시문과에 급제하였고, 1597년 문과중시에 장원급제하였다. 황해도도사, 형조정랑을 거쳐 1602년 사복시정, 1604년 수안군수를 역임하였다. 1606년 명나라 사신 朱之蕃을 영접하는 종사관을 지냈으며, 공주목사를 거쳐 1609년 명나라 책봉사가 왔을 때 李尙毅의 종사관이 되었다. 1614년 千秋使로서, 1615년 冬至兼陳奏副使로서 중국에 다녀왔다. 1617년 좌참찬이 되어 인목대비 폐모론을 주장하였으며, 1618년 8월 남대문에 격문을 붙인 사건으로 허균의 심복 玄應旻 등과 함께 저자

5월 2일(정미). 맑았으나 바람이 붊.

이씨 형제가 잇따라 찾아왔고, 지평(持平) 류원숙(柳源叔: 柳活)이 하인을 보내어 안부를 물었다.

북병사(北兵使)가 오랑캐의 정세를 급히 보고하면서, 4월 26일 명천(明川)에 눈이 내렸다고 하였다.

이날 대사헌(大司憲) 이영(李覮)과 지평(持平) 류활(柳活)이 사은숙배하고 관련 관료들에게 인사하였다.

저녁에 참판(參判) 김상준(金尙寯), 직장(直長) 김영(金韺: 朴守謙의 사위)이 잇따라 찾아왔다.

세 이씨(三李: 李苙·李茳·李葳)들이 수찬(修撰) 오융보(吳隆甫: 吳汝櫶)의 집에서 돌아오자, 내게 다시는 사직서를 올려서 안 된다는 뜻으로 흰소리하였다.

初二日(丁未)。晴而風。

李相繼來見，柳持平源叔伻問。北兵使，馳報虜情事，四月二十六日，明川[219]下雪云。是日，大司憲李覮·持平柳活，出謝[220]。昏，金參判尙寯[221]·金直長韺[222]，相繼來見。三李，自吳修撰隆甫家回至，大

거리에서 능지처참을 당하였다.

219 明川(명천): 함경북도 동남부에 있던 고을.

220 出謝(출사): 새로 벼슬에 제수된 관리가 대궐에 나와서 사은숙배하고 大臣이나 銓注官에게 가서 인사하던 일.

221 金參判尙寯(김참판상준): 參判 金尙寯(1561~1635). 본관은 安東, 자는 汝秀, 호는 休菴. 아버지는 군기시정 金元孝이며, 어머니 全州李氏는 李承說의 딸이다. 부인 全州李氏는 현령 李天祐의 딸이다. 1582년 사마시에 합격하고, 1590년 증광문과에 급제하였다. 주서, 대교, 병조좌랑을 거쳐 1595년 강원도어사, 1597년 영광군수, 호남조도사, 공주목사, 해주목사를 거쳐 1605년 죽주목사를 지냈다. 1608년 동부승지를 지내고 좌부승지에 올라 천추사로 명나라에 다녀와서 우승지,

言[223]余不可再呈之意。

5월 3일(무신)。 맑음。

대간(大諫: 柳澗)이 세 번이나 사직서를 올리고서야, 주상이 피혐(避嫌)하는 글을 보았다. 인사이동이 있었다. 류몽인(柳夢寅)을 대사간으로, 이정원(李挺元)을 사간으로, 최응허(崔應虛)를 장령으로, 정준(鄭遵)을 지평으로, 류활(柳活)·박정길(朴鼎吉)을 이조좌랑으로, 이대엽(李大燁: 이이첨의 아들)을 이조정랑으로, 류희발(柳希發: 류자신의 아들)을 응교로 삼았다.

허회(許淮), 박정길, 황정간(黃廷幹: 黃時幹의 초명), 네 이씨(四李: 李苙·李茌·李葳·李慕)가 잇따라 찾아왔다. 이날 아침에 윤성임(尹聖任)이 찾아왔는데, 김주우(金柱宇: 김중청의 3남)와 같은 해 과거에 급제한 사이라서 인사를 매우 공손히 하였다.

꿈에서 금고산(琴孤山: 琴蘭秀)을 보았다.

初三日(戊申)。 晴。

大諫三呈已, 上見避。有政。柳夢寅[224]爲大諫, 李挺元爲司諫, 崔

좌승지를 거쳐 도승지에 올랐다가 동지중추부사로 체직되어 부총관을 겸하였다. 다음해에 형조참판이 되어 동지춘추관·의금부사를 지냈다. 1613년 계축옥사 때 무고로 체포된 뒤 고문에 못 이겨 金悌男과 함께 영창대군을 추대하려 했다고 허위진술하여 削黜당하였다. 1623년 인조반정 후에는 계축옥사 때 김제남을 모함한 죄로 吉州에 유배되고, 1627년 아산에 이배되었다가 1635년에 풀려나왔다.

222 金韺(김영, 1579~1643): 본관은 順天, 자는 仲和, 호는 濯清齋. 아버지는 瀼西 李光胤 휘하 의병 활동을 한 金德男이며, 어머니 海平尹氏는 감찰 尹弘彦의 딸이다. 첫째부인 咸陽朴氏는 참의 朴守謙의 딸이며, 둘째부인 永川李氏는 李光承의 딸이다. 사위 義城金氏 金寯(1621~1694)이다. 고령현감을 지냈다.

223 大言(대언): 흰소리함. 남에게 고분고분하지 않고 당당하게 하는 말.

應虛爲掌令, 鄭遵[225]爲持平, 柳活·朴鼎吉爲吏佐, 李大燁爲吏正, 柳希發爲應教。許淮[226]·朴鼎吉·黃廷幹·四李, 相繼來見。是朝, 尹聖任[227]來見, 以柱宇同年, 拜甚恭。夢見琴孤山[228]。

---

224 柳夢寅(류몽인, 1559~1623): 본관은 高興, 자는 應文, 호는 於于堂·艮齋·默好子. 아버지는 主簿 柳樘이며, 어머니 驪興閔氏는 참봉 閔禕의 딸이다. 부인 高靈申氏는 幼學 申栻의 딸이다. 1582년 사마시에 합격하고, 1589년 증광문과에 급제하였다. 1592년 수찬으로 명나라에 質正官으로 다녀오다가 임진왜란이 일어나 선조를 평양까지 호종하였다. 병조참의, 황해감사, 도승지 등을 지내고 1609년 성절사 겸은 사은사로 명나라에 다녀왔다. 한동안 벼슬살이를 그만두었다가 남원부사, 한성부좌윤, 대사간 등을 지냈으나, 폐모론이 일어났을 때 가담하지 않았다. 그래서 인조반정 때 화를 면했으나, 柳應泂에 의해 광해군의 복위 음모를 꾸민다고 무고를 당하여 국문을 받고, 마침내 逆律로 다스려져 아들 홍문관 수찬 柳瀹과 함께 사형되었다.

225 鄭遵(정준, 1580~1623): 본관은 海州, 자는 行之. 할아버지는 鄭惕이다. 아버지는 鄭文英이며, 어머니 南陽洪氏는 洪純의 딸이다. 부인 青松沈氏는 沈諶의 딸이다. 鄭造의 동생이다. 1610년 별시문과에 급제하였다. 李爾瞻의 심복으로서 지평, 헌납 등을 역임하였다. 형 鄭造와 더불어 1613년 계축옥사 및 폐모론 등에 대북파의 일원으로 가담하여 반대파를 제거하는 데 주동적 역할을 담당하였다. 교리·이조정랑 등을 거쳐 1621년에는 의주부윤으로 있었고, 1623년 인조반정이 일어나자 광해군의 寵臣이었던 죄로 의주에서 주살되었다.

226 許淮(허회, 1573~?): 본관은 陽川, 자는 巨源, 호는 漁隱. 아버지는 신창현감 許鏄이며, 어머니 安東權氏는 별좌 權錯의 딸이다. 부인 高靈朴氏는 찰방 朴盡性의 딸이다. 1603년 진사시에 합격하였다. 광해군 때 어지러운 정국을 피해 한양의 집을 버리고 한강의 楮子島에 은거하였다.

227 尹聖任(윤성임, 1571~?): 본관은 海平, 자는 性初, 초명은 尹善元. 아버지는 尹義衡의 아들이며, 어머니 晉州姜氏는 姜熙卿의 딸이다. 부인 豐壤趙氏는 趙璨의 딸이다. 1612년 증광문과에 급제하였다. 1615년 예문관검열, 봉고, 1616년 정언, 문학, 수찬 등을 지냈다. 수찬으로 재직하던 1618년 인목대비를 서궁에서 폐출하는 일에 가담하였다고, 다시 예조정랑, 문학을 역임하였고, 이듬해 부수찬을 거쳐 교리·수찬으로 승진하였다. 부수찬을 역임하던 중 인조반정으로 삭탈, 관작되었으며, 그 뒤 1633년 대사령으로 복권되었다.

228 孤山(고산): 琴蘭秀(1530~1604)의 호. 본관은 奉化, 자는 聞遠, 호는 惺齋·孤山主人. 아버지는 첨지중추부사 琴憲이며, 어머니 英陽南氏는 교수 南軾의 딸이다. 부인은 橫城趙氏는 참판 趙大春의 딸이다. 손위 처남은 月川 趙穆이다. 1561

5월 4일(기유)。맑음。

지평(持平) 박홍도(朴弘道)와 헌납(獻納) 조존도(趙存道)가 사은숙배하였다.

권문계(權文啓)·김정익(金廷益)·김우익(金友益)이 잇따라 찾아왔고, 한정국(韓定國) 또한 찾아왔으며, 박경정(朴景靜: 朴守謹)도 저녁에 왔다. 꿈에서 류계유(柳季裕: 柳宗介)를 보았다.

이날 저녁에 김상용(金尙容) 형(兄)도 만나러 왔다.

初四日(己酉)。晴。

持平朴弘道·獻納趙存道, 謝恩。權文啓[229]·金廷益·金友益[230], 相繼來訪, 韓定國亦來見, 朴景靜夕來。夢見柳裕季[231]。是夕, 金尙

년 사마시에 합격하였다. 1577년 齊陵의 참봉을 비롯하여 集慶殿과 敬陵의 참봉을 지내고, 1585년 長興庫奉事가 되었다. 1592년 임진왜란이 일어나자 노모의 봉양을 위해 고향에 은거하다가 정유재란 때 고향에서 의병을 일으키니 많은 선비들이 호응해서 참가하고 지방민들은 군량미를 헌납했다. 그 해 성주판관에 임명되었으나 부임하지 않았고, 1599년 고향인 봉화의 현감에 임명되어 1년 만에 사임하고 집에 돌아왔다.

229 權文啓(권문계, 1549~1636): 본관은 醴泉, 자는 仲質. 아버지는 직장 權祐이며, 어머니 全州李氏는 李正輔의 딸이다. 부인 廣州李氏는 部將 李惟一의 딸이다. 權澈의 아버지이다. 蔭仕로 繕工監役을 지냈다. 1597년 정유재란 때 火旺山城에 들어가 지켰다.

230 金友益(김우익, 1571~1639): 본관은 禮安, 자는 擇之, 호는 斗巖·琴鶴軒. 아버지는 사섬시첨정 金允誼이며, 어머니 漢陽趙氏는 충의위 趙諒의 딸이다. 부인 順天金氏는 생원 金允欽의 딸이다. 1612년 식년문과에 급제하였다. 거산도찰방을 거쳐 1616년 황해도도사를 지냈다. 1617년 호조좌랑으로 있으면서 仁穆大妃 폐비 논의에 참여하였으며, 그해 영원군수로 나갔다. 1623년 인조반정 이후에는 진주와 안동의 제독관을 지냈고, 1638년 한성부서윤을 거쳐 해미현감을 역임했다.

231 裕季(유계): 柳宗介(1558~1592)의 字. 본관은 豐山. 아버지는 柳贇이며, 어머니 牙山蔣氏는 蔣世番의 딸이다. 서애 柳成龍과는 삼종간이다. 1579년 진사시에 합격하고, 1585년 식년문과에 급제하였다. 교서관정자가 된 뒤 典籍을 역임하고 향

容兄來訪。

5월 5일(경술)。 흐리다가 갬.

류여표(柳汝慓: 柳汝慄의 오기)가 찾아와서 말하기를, "류여항 부자(아버지 柳澗과 장남 柳汝恒)의 말로 잠시라도 나오도록 힘쓰라." 하였다. 조석붕(趙錫朋: 조목의 2남)도 찾아와서 온종일 이야기를 나누었고, 권계(權啓) 또한 찾아왔다.

初五日(庚戌)。陰晴。

柳汝慓[232]來言: "汝恒父子之言, 以姑出爲勉." 趙錫朋終日來話, 權啓[233]亦來見。

5월 6일(신해)。 맑음。

사은숙배한 뒤에 피혐(避嫌)하는 글을 별록(別錄)에 있는 것처럼 올리니, 비답하기를, "사직하지 말라." 하였다. 그래서 그대로 본원

리로 돌아와 있던 중 임진왜란을 당하자, 향병 수백 명을 모아 왜적과 싸우다가 小川에서 전사하였다.

232 柳汝慓(류여표): 柳汝慄(생몰년 미상)의 오기. 본관은 晉州. 아버지는 참봉 柳濯이며, 어머니 醴泉權氏는 직장 權祐의 딸이다. 부인 驪興閔氏는 참봉 閔汝恕의 딸이다. 權文啓와는 처남매부 사이이다. 光陵參奉을 지냈다. 柳長孫→2남 柳琬→2남 柳光厚→장남 柳仁元→2남 柳濯→柳汝慄이고, 柳長孫→3남 柳璵→장남 柳光勳→장남 柳敬元→장남 柳澗→柳汝恒이니, 류여율이 류여항과는 10촌형제간이다. 광릉참봉을 지냈다.

233 權啓(권계, 1574~1650): 본관은 安東, 개명은 權曄, 자는 霽仲, 호는 龜沙. 아버지는 權悟이며, 어머니 延安李氏는 이천현감 李國柱의 딸이다. 李好閔과는 처남매부 사이이다. 첫째부인 咸從魚氏는 魚雲澤의 딸이며, 둘째부인 羅州丁氏는 丁好敬의 딸이다. 1601년 생원시에 합격하고, 1615년 알성문과에 급제하였다. 강릉부사를 지냈다.

(本院: 사간원)에 모여 앉았는데, 사간(司諫) 이정원(李挺元)·헌납(獻納) 조존도(趙存道)가 왔다. 완석(莞席: 사간원들이 회의할 때 앉는 完議席)에는 공충정직(公忠正直: 공정하고 충실하고 바르고 곧음) 네 글자가 수놓은 듯이 짜여 있었다.

서경(署經: 임금이 관리를 임명할 때 대간에게 서명으로써 동의를 구하던 일)을 마치자, 완평 부원군(完平府院君: 李元翼)의 일에 대해 논계(論啓)하는 글을 멈추자는 뜻으로 두세 번 거론하니 좌중의 모두가 그렇게 하는 것이 옳다고 여겼다. 그러나 합사(合司)하여 아뢸 때에 이르러 정준(鄭遵)·최응허(崔應虛) 등이 곧 간쟁(諫爭)을 멈추도록 해서는 안 된다면서, 궁궐 수리하는 것까지도 그들은 또한 멈추자고 제창하니, 가소로웠다.

初六日(辛亥)。晴。

謝恩後, 避嫌啓辭, 在別錄, 答曰: "勿辭." 仍會坐于本院, 司諫李挺元·獻納趙存道來。莞席[234]織成公忠正直四字。署經[235]訖, 以完平啓辭, 停止之意, 論之再三, 坐中皆以爲是。及其合司之時, 鄭遵·崔應虛等, 乃以不可停爭之, 營繕[236]則渠又倡停, 可笑。

5월 7일(임자)。맑음。

인사이동이 있었다. 금개(琴愷)를 헌납으로, 류종길(柳宗吉: 柳寅

---

234 莞席(완석): 完議席. 사헌부나 사간원의 벼슬아치들이 원의할 때 앉던 자리.
235 署經(서경): 임금이 새 관원을 임명한 뒤에 그 성명, 문벌, 이력 따위를 써서 사헌부와 사간원의 臺諫에게 그 可否를 묻던 일.
236 營繕(영선): 건축물 따위를 신축하고 수선함.

吉의 오기)을 대사간으로, 윤길(尹趌)을 장령으로 삼았다.

병을 핑계로 집에 있었는데, 이여첨(李汝瞻: 李埈)·김택지(金擇之: 金友益) 및 여러 이씨(諸李: 李苙·李茳·李葳·李蓁)들이 잇따라 찾아왔다.

저녁에 권수지(權守之: 權泰一, 權春蘭의 양자)를 찾아가서 만났다.

북병사(北兵使)가 오랑캐의 정세를 급히 보고하였다.

初七日(壬子)。晴。

有政。琴愷爲獻納，柳宗吉[237]爲大諫，尹趌[238]爲掌令。引兵[239]在家，李汝瞻·金擇之及諸李，相繼來見。夕，往見權守之[240]。北兵使

---

237 柳宗吉(류종길): 《광해군일기》 1615년 5월 7일 1번째 기사에 의하면 柳寅吉(1554~?)의 오기. 본관은 文化, 자는 景休, 호는 葵塢. 아버지는 참봉 柳潙이며, 어머니 慶州李氏는 현감 李禮의 딸이다. 부인 晉陽姜氏는 부사 姜濬의 딸이다. 1585년 진사시에 합격하고, 1589년 증광문과에 급제하였다. 1591년 예조좌랑, 1597년 사간원정언, 사헌부지평, 우부승지, 좌승지, 예조참의를 거쳐 1601년 강릉부사로 나갔다. 1604년 형조참의, 1605년 강원도관찰사, 1606년 예조참의 등을 지냈다. 광해군이 즉위하고서는 병조참의, 병조참지, 병조참의을 거쳐 1615년 대사간, 대사성, 대사헌을 지내고 이조참판이 되었다.

238 尹趌(윤길, 1567~1615): 본관은 坡平, 자는 汝直. 아버지는 尹時衡이며, 어머니는 金亨珌의 딸이다. 첫째부인은 柳麟趾의 딸이며, 둘째부인 平山申氏는 申碏의 딸이더. 1589년 증광문과에 급제하였다. 참례찰방을 지냈고, 1602년 병조정랑, 강원도사, 사헌부장령, 강진현감, 경성판관, 구성부사 등을 지냈다. 박승종과 이이첨이 익산 사람 소명국을 사주하여 "색문동에 왕기가 있는데 윤모도 같이 안다."라고 고변하도록 해 능창군은 귀양 가서 죽었고, 그는 형틀 위에서 죽었다.

239 兵(병): 교정자가 '疑病'으로 바로잡음. 引病은 병을 핑계로 함.

240 守之(수지): 權泰一(1569~1631)의 字. 본관은 安東, 호는 藏谷. 아버지는 내시교관 權春桂이며, 어머니는 慶州孫氏이다. 큰아버지 집의 權春蘭에게 입양되었다. 부인 義城金氏는 金誠一의 딸이다. 權泰精의 아들 權世後를 양자로 들였다. 1591년 사마시에 합격하고, 1599년 별시문과에 급제하였다. 승문원권지부정자로 등용되어, 검열, 승정원주서, 시강원설서, 이조좌랑 등을 두루 지내고 병으로 사임하였다. 다시 복직되어 이조정랑을 거쳐 영덕현령을 지냈다. 풍기군수를 지내

馳報虜事。

5월 8일(계축)。 맑았다가 밤에 비 옴。

집에 있었는데, 지사(知事) 민형남(閔馨男: 초명 閔德男)이 찾아왔다.

저녁에 김과(金錁)가 다시 간통(簡通: 사헌부나 사간원의 관원이 의견을 주고받는 글)을 보내왔는데, "10일은 헌릉(獻陵: 태종 이방원을 가리킴)의 기일(忌日)이기 때문에 잠시 논계(論啓)하는 글을 멈추자."라고 했는지라, 근실(謹悉: 삼가 알았음)이라고 써서 보냈다.

오봉(五峯: 李好閔)을 배알하러 가는 길에 허단보(許端甫: 許筠)를 만나 보았다.

류활(柳活)·권수지(權守之: 權泰一, 權春蘭의 양자)가 잇따라 찾아왔고, 이여첨(李汝瞻: 李埁) 또한 저물녘에 왔다. 김주우(金柱宇: 김중청의 3남)가 여러 이씨(諸李: 李苙·李茳·李葳·李慕)들을 보러 왔다.

初八日(癸丑)。晴夜雨。

在家, 閔知事馨男[241]來見。夕, 金錁[242]又至簡通[243], "以十日獻

고 동부승지, 우승지를 거쳐 경주부윤, 영해부사로 나갔다. 다시 호조참의, 좌부승지를 거쳐 죽주부윤으로 나갔다. 1623년 전주부윤으로 나갔다가 병조참의, 충주목사, 1628년 전라도관찰사, 대사간, 형조참판을 지냈다. 그 뒤 접반사가 되어 椵島에 갔다가 돌아오던 중 죽었다.

241 閔知事馨男(민지사형남): 知事 閔馨男(1564~1659). 본관은 驪興, 초명은 閔德男, 자는 潤夫, 호는 芝崖. 아버지는 풍豊儲倉守 閔福이며, 어머니 綾城具氏는 具徵의 딸이다. 첫째부인 全州李氏는 좌랑 李慶郁의 딸이며, 둘째부인 全義李氏는 감찰 李寶命의 딸이다. 1600년 별시문과에 급제하였다. 주서·승지를 거쳐 1613년 지돈녕부사가 되었다. 1614년 進香使가 되었고, 1615년 冬至兼陳奏使로 명나라에 다녀왔다. 1623년 인조반정을 계기로 훈작을 박탈당하고, 원주로 물러나서 생활하였다. 1624년 李适의 난 때 국왕을 호위함으로써 다시 임용되어 춘천

陵[244]忌辰, 姑停啓辭."云, 書謹悉[245]以送。往拜五峯[246], 歷見許端甫。柳活·權守之, 相繼來見, 李汝瞻亦昏至。柱宇來見諸李。

5월 9일(갑인)。 맑음。

집에 있었는데, 박경승(朴景承: 朴守緖)·박경정(朴景靜: 朴守謹)·조자백(趙子百: 趙錫朋)이 찾아왔다. 정양윤(鄭良胤)이 찾아와서 12일에 축하하는 자리를 마련하라고 청하였다 한다.

저녁에 참판 김상준(金尙寯)을 만나러 갔다.

이날 이익(李瀷)이 자고 갈 요량으로 찾아왔다.

부사가 되고, 그 뒤 10여 년 동안 지방관을 지내다가 내직으로 들어와 예조참판이 되었다. 1636년 병자호란 때 국왕을 남한산성으로 호종하였다. 1638년 한성부판윤과 형조판서 및 지의금부사를 거쳐, 1647년 우찬성이 되었다. 한편, 김중청의 문집《苟全集》권1〈次閔芝谷閏甫〉에 의하면, 자는 潤夫를 閏甫로, 호는 芝崖를 芝谷으로 표기했음을 알 수 있어 閏甫는 민형남을 지칭하는 것으로 본다.

242 金錁(김과): 未詳의 인명으로 본 것임.

243 簡通(간통): 사헌부나 사간원의 벼슬아치가 글로써 서로의 의견을 주고받음.

244 獻陵(헌릉): 조선의 太宗 李芳遠과 元敬王后 閔氏의 쌍릉. 태종의 사망일은 1422년 5월 10일, 원경왕후의 사망일은 1420년 7월 10일이다.

245 謹悉(근실): 조선시대 관부 문서 혹은 서간 등의 글에 들어가는 문투의 하나. 상대편의 사정이나 형편, 의견, 소식 따위를 '삼가 알았다'는 뜻으로 쓰이는 말이다.

246 五峯(오봉): 李好閔(1553~1634)의 호. 본관은 延安, 자는 孝彦, 호는 南郭·睡窩. 아버지는 伊川縣監 李國柱이며, 어머니는 比安朴氏 사직 朴旅의 딸이다. 첫째부인 坡平尹氏는 尹文老의 딸이며, 둘째부인 陽川許氏는 許昊의 딸이다. 1579년 사마시에 합격하고, 1584년 별시문과에 급제하였다. 전한과 응교를 거쳐 1592년 임진왜란 때 이조좌랑으로서 宣祖를 의주까지 호종했다. 1595년 부제학으로 명나라에 보내는 외교문서를 전담했고, 1599년 사은사로 명나라에 다녀왔다. 대제학, 좌찬성 등을 지냈고, 1608년 선조가 죽자 永昌大君의 즉위를 반대하며 장자를 옹립해야 된다고 주자했다. 1612년 金直哉의 옥사에 연루되기도 했다. 1614년 鄭蘊 등이 영창대군 살해에 대한 항의를 하다가 귀양가게 되자 그들의 방면을 요구했는데, 1615년 鄭仁弘 등의 遠竄論으로 인해 7년간 죄를 기다렸다.

初九日(甲寅)。晴。

在家，朴景承·景靜·趙子百來見。鄭良胤來請，十二日設慶席云。昏，往見金參判尙嶲。是日，李瀷委訪[247]。

5월 10일(을묘)。맑음。

집에 있었다.

初十日(乙卯)。晴。

在家。

5월 11일(병진)。맑음。

성절사(聖節使) 박동망(朴東望)과 서장관(書狀官) 유진증(兪進曾: 兪晋曾의 오기)이 연경(燕京)에 가서 올릴 표문(表文)을 보내는 예식에 장차 참여하려 하였다.

하지만 사직서를 올리자, 대사헌 송순(宋淳: 宋諄의 오기), 대사간 류인길(柳寅吉), 장령 최응허(崔應虛), 헌납 금개(琴愷), 우정언(右正言) 이익(李瀷)이 동참하였다. 최공(崔公: 최응허)은 그의 주장이 매우 엄하고 매서웠으며, 또 남이공(南以恭)에게 죄주기를 청하는 글을 직접 지었는데, 너무도 참혹하여 사람으로서 지켜야 할 도리에 어긋나서 양장(兩長: 대사헌과 대사간)이 붓을 들어 지웠다. 완평(完平: 李元翼)에 대해 논계(論啓)한 글을 고쳐 짓도록 하였는데, 나 및 이익과 금개 세 사람에게 지어서 내도록 윽박질렀다.

---

247 委訪(위방): 하룻밤 이상 머물기 위해 방문하는 것을 말함.

우정언(右正言: 이익)이 붓을 들어 짓고 말하기를, "이원익의 죄는 주상께서 통촉하셨는데도 이와 같이 망설이시니, 신(臣) 등의 의혹이 더 심합니다. 나아가 모후(母后: 인목대비)의 일까지 과연 실체도 그림자도 없다면 이원익의 말은 근거가 없습니다. 국청(鞫廳)에서 적신(賊臣)들을 문초할 때 나라 사람들도 다 같이 들은 일로 그들을 감히 집에다 둔들 모를 것입니까만, 이미 길거리에 떠도는 말을 전해 들었다고 핑계하여 또 전말을 자세히 알지 못한 채 말했습니다. 놀랍게도 성상의 지극한 효심을 동요시키고 조야(朝野: 조정과 민간)가 의혹하게 한 단서를 야기시켰는데, 대신(大臣)의 몸으로 남에게 사주를 받아 이런 지경에 이르렀으니 어찌 늙고 병들었다는 것을 핑계삼아 중도부처(中途付處)하는 것으로만 그치겠습니까?"라고 하였다.【협주: 도헌(都憲: 대사헌 송순)이 '성상에게 악명을 함부로 입힘(使聖上橫被惡名)'을 '조야가 의혹하게 한 단서를 야기시킴(使朝野惹起疑端)'으로 고치고, '남에게 사주를 받음(見嗾於人)'의 네 글자를 또 '임금을 모함하고 역적을 비호한 죄(陷君護逆之罪)'로 고쳤다고 운운하였다. 과(果) 글자를 절(絶) 글자로 바꾸려 하면서 이윽고 말하기를, "이 문장은 지극히 좋으나 죄주기를 청하는 글에 부합하지 않은 듯하므로 감히 이렇게 고치네."라고 하였다.】

재차 아뢰기를, "임금을 모함하고 역적을 비호한 것이 어떤 죄악입니까? 그런데 이미 이로써 지목한다면 가벼이 할 수 없는 것은 분명합니다. 신(臣) 등이 이원익의 일을 가지고 달포가 지나도록 전례를 들어 논하였는데도 주상의 윤허는 더욱 멀어지면서 매번 늙고 병든 사람이라고 전교(傳教)하시니, 늙고 병든 사람이라면 과연 극악한 큰 죄를 지어도 죄다 석방하고 법을 굽힐 것입니까? 이원익의 죄는 진실로 성상께서 통촉하신 바이지만, 신(臣) 등이 논핵하지 않을 수 없습니다. 만약 늙고 병든 것을 핑계로 중도부처(中途付處)하는 것으로만 그친다면, 신(臣) 등이 가만이 생각건대 죄가 중한데도 형률이 가벼워 국법의 체계가 잃는 바가 되고 조정의 논의가 일정치 않을까 두렵습니다."라고 하였다. 헌장(憲長: 대사헌 송순)이 말하기를, "논계한 글이 자못 형식에 매이지 않고 꾸밈이 없네. 이다음 모두들 집에 가서 초안(草案)을 잡아 오게."라고 하였는데, 나는 이익과 함께 멈추는 것이 옳다는 주장을 하니, 양장(兩長: 대사헌과 대사간)이 말하기를, "옥당(玉堂: 홍문관)에서 만약 허락한다면 멈추는 것도 좋다."라고 운운하였다.

十一日(丙辰)。晴。

聖節使朴東望[248], 書狀兪進曾[249], 赴京拜表, 將參。啓辭, 大司憲大司諫宋淳[250]柳寅吉[251], 掌令崔應虛, 獻納琴愷, 右正言李瀷同

248 朴東望(박동망, 1566~1615): 본관은 潘南, 자는 子眞. 할아버지는 사간 朴紹이다. 아버지는 대사헌 朴應福이며, 어머니 善山林氏는 林九齡의 딸이다. 부인 驪興閔氏는 閔善의 딸이다. 1594년 식년문과에 급제하였다. 검열, 대교, 봉교 등을 거쳐 지평이 되었고 평산부사, 신천구수, 강화부사 등을 지냈다. 1613년 이덕형과 이항복의 추천으로 당상관에 올라 길주목사을 거쳐 영흥부사를 역임하였다. 1615년 성절사로 명나라에 가던 중 安州의 공관에서 죽었다.

249 兪進曾(유진증): 兪晋曾(1573~1625)의 오기. 본관은 杞溪, 자는 而晋, 호는 木塢. 아버지는 兪大祿이며, 어머니 光山金氏는 사용 金秀源의 딸이다. 부인 新平李氏는 주부 李汝楫의 딸이다. 1605년 증광문과에 급제하였다. 병조정랑, 평양서윤, 동부승지, 우승지 좌승지 등을 역임하였다. 광해군 때 인목대비의 폐비 정청에 참여하였다. 광해군의 정치가 어지러울 때 邊忠吉이 딸을 궁중에 바쳐서 君의 사랑을 얻어 천한 신분으로서 횡성현감이 되었고, 유석증이 두번이나 나주목사가 된 것과 유진증이 승지가 된 것은 모두 변충길의 힘이라 하여 士論이 애석해하였다.

250 宋淳(송순): 《光海君日記》 1615년 5월 7일 1번째 기사에 의하면 宋諄의 오기.

251 大司憲大司諫宋淳柳寅吉(대사헌대사간송순류인길): 大司憲宋淳·大司諫柳寅吉

之。崔公甚峻其論, 又自作南以恭請罪之辭, 極其慘酷而倫理舛錯, 兩長以筆抹之。使改作完平啓辭, 則聋令吾及李琴三人製出。右正言, 執筆搆之, 曰: "李元翼之罪, 自上洞燭, 而持難[252]至此, 臣等之感, 滋甚。延及母后之事, 果無形影, 則元翼之說, 無根也。鞫廳, 諸賊之招, 國人共聞, 則其敢置家不知, 旣稱流聞道路, 又謂未詳首末。驚動聖明至孝之心, 惹起朝野疑惑之端, 身爲大臣, 而見賣於人, 至於此極, 豈以老病諉之, 中道付處而止哉?"【都憲, 改以使聖上橫被惡名, 使朝野惹起疑端, 見賣於人四字, 又改以陷君護逆之罪云云。果字, 以絶字改之, 因曰: "此文極好, 而似不合請罪之辭, 故敢以此改之."云.】再啓曰: "陷君護逆, 是何等罪惡? 而旣以是目之, 則其不可輕也, 明矣。臣等將李元翼之事, 經月論例, 而天聽愈迫, 每以老病爲敎, 老病之人而果有極惡大罪, 則其將盡釋而屈法乎? 元翼之罪, 固聖明之所先洞燭, 而臣等之不得不論也。若諉之於老病, 中道付處而止, 則臣等竊恐罪重而律輕, 邦典則所失而朝議無所定也." 憲長曰: "啓辭頗疏脫。此後, 諸員在家, 搆草以來." 余與李瀷, 發可停之論, 兩長曰: "玉堂若許, 則停之可也."云云。

5월 12일(정사)。맑음。

창방(唱榜: 과거 급제자에게 증서를 주던 일)에 참석하였는데, 단지 세 이씨(三李: 李茳·李苙·李慕) 및 조석붕(趙錫朋: 조목의 2남)에게만 인사한 후, 그 나머지에게는 혹여 서로 절친한 사람이 있어도 모두

이 되어야 함.

252 持難(지난): 일을 얼른 처리하지 않고 어물어물 미루기만 함.

인사는 하지 않고 조촐한 술자리를 베풀었다. 권수지(權守之: 權泰一, 權春蘭의 양자)·김도원(金道源: 金涌)·김경진(金景鎭: 金九鼎)·박경정(朴景靜: 朴守謹)·황도광(黃道光: 黃中允)·김택지(金擇之: 金友益)·권성지(權省之: 權守已)·이여첨(李汝瞻: 李埁)·김사겸(金士謙: 金廷益) 등 여러 벗들이 다 모였다.

오후에 여러 이씨(諸李: 李苙·李茳·李葳·李蓁)들이 모두 광창(廣昌: 李爾瞻)의 집으로 갔다.

十二日(丁巳)。晴。

參唱榜[253], 只後拜于三李及趙錫朋, 其他則或有相切之人, 皆不爲之, 爲設小酌。權守之·金道源[254]·金景鎭·朴景靜·黃道光·金擇之·權省之[255]·李汝瞻·金士謙, 諸友皆會。午後, 諸李皆往廣昌家。

---

253 唱榜(창방): 과거 합격자에게 합격증서를 나누어 주는 일. 과거시험의 합격자를 발표한 후에 미리 정해 둔 길일에 합격증서를 나누어 주었다. 문무과 급제자에게는 紅牌, 생원진사시와 잡과 입격자에게는 白牌를 나누어 주며, 술 등을 하사하였다.

254 道源(도원): 金涌(1557~1620)의 字. 본관은 義城, 호는 雲川. 할아버지는 생원 金璡이다. 아버지는 찰방 金守一이며, 어머니 固城李氏는 지례현감 李腆의 딸이다. 부인 眞寶李氏는 퇴계 李滉의 아들인 첨정 李寯의 딸이다. 학봉 金誠一의 조카이다. 1590는 증광문과에 급제하였다. 승문권권지정자를 거쳐 1592년 임진왜란이 일어나자 안동에서 의병을 일으켰다. 검열, 봉교, 전적, 부수찬, 지평을 지내고 이조정랑에 올랐다. 1597년 정유재란이 일어나자 이원익의 종사관을 지냈으며, 柳成龍이 축출될 때 그도 탄핵을 받아 선산부사, 예천군수, 상주목사, 홍주목사 등을 지냈다. 그후 1609년 병조참의, 1616년 여주목사를 지냈다.

255 省之(성지): 權守已(1550~1624)의 字. 본관은 安東, 호는 伯晦. 아버지는 예조판서 權克禮이며, 어머니 達城徐氏는 예조참의 徐固의 딸이다. 부인 豐川任氏는 우승지 任呂의 딸이다. 權正已와 權得已의 형이다. 1582년 사마시에 합격하고, 이후 음보로 관직에 나아갔다. 1595년 오수도찰방, 1601년 연기현감, 1604년 양천현령, 1609년 은진혐감, 1617년 사도시정을 지냈다.

5월 13일(무오)。맑음。

사직서를 올려 말하기를, "신(臣)은 상심하고 애통한 나머지 억지로 조정에 나와 임무를 수행하고 있지만, 어제부터 지난날의 증세가 다시 일어나 두통과 번갈아 고통스럽고 한기와 열이 오르락내리락하는 것이 학질(瘧疾) 기운 같은 데다 또 흡사 당나라 역병(疫病) 같으니, 만 리 길의 사행을 다녀올 적에 그동안 계속해서 몸을 상하게 한 것이 쉽게 치료하기가 어려울까 걱정입니다. 한 달만에 회복할 기약이 없고 언관의 직책은 중대한 자리여서 오래 비워둘 수가 없으니, 신(臣)의 직책을 체차하소서."라고 하니, 말미를 주도록 윤허를 내렸다.

허균(許筠)·배대유(裵大維)·조존도(趙存道)가 만나러 왔다. 저녁에는 권수지(權守之: 權泰一, 權春蘭의 양자) 영공(令公)과 조자백(趙子百: 趙錫朋, 조목의 2남)이 찾아와서 자못 따뜻하게 이야기를 나누었다.

十三日(戊午)。晴。

呈辭曰: "臣傷痛之餘, 强出隨行, 自昨日, 前症復發, 頭痛交苦, 寒熱往來, 若氣瘧, 又似唐疫, 萬里往還之際, 積傷所致, 恐難容易治療。旬月之間, 差復無期, 言責重地, 不可久曠, 臣矣職本差." 給由[256]允下。許筠·裵大維·趙存道來訪。昏, 權守之令公·趙子百, 來敍頗穩。

---

256 給由(급유): 말미를 줌.

5월 14일(기미)。맑음。

조자백(趙子百: 趙錫朋, 조목의 2남)이 찾아왔다. 오봉(五峯: 李好閔)이 편지로 돌아오라고 하였다. 헌납(獻納) 금언강(琴彦康: 琴愷)이 지나는 길에 향매(香梅)를 보러 와서 급히 되돌려 보냈다.

김주민(金柱旻: 김중청의 장남)이 이달 7일에 아들을 낳았다.

十四日(己未)。晴。

趙子百來見。五峯, 書以邀之。琴獻納彦康, 過見香梅至, 卽卽送還。柱旻[257]生男於初七日。

---

257 柱旻(주민): 金柱旻(1584~1657). 본관은 安東, 자는 天支, 호는 拙修齋. 할아버지는 金夢虎인데, 그의 첫째부인 潘南朴氏는 朴承仁의 딸이며, 둘째부인 鳳城琴氏는 琴應萬의 딸이다. 아버지는 반남박씨 소생 승지 金中淸인데. 그의 첫째부인 長水黃氏는 사과 黃賀의 딸이며, 둘째부인 永川李氏는 奉事 李永承의 딸이다. 김주민는 장수황씨의 소생이다. 첫째부인 月城孫氏는 진사 孫興慶의 딸이며, 둘째부인 義城金氏는 주부 金濂의 딸이다. 1618년 사마시에 합격하였다. 《仁祖實錄》 1630년 9월 27일 2번째 기사에 의하면, "金中淸이 죽은 것은 그의 아우 金得淸의 저주 때문이었으니 김중청의 아들 된 자가 아비의 원수를 갚기 위해 관에 발고하여 추문하기 바라는 것은 그만둘 수 없습니다. 그러나 김득청의 일 때문에 그의 祖母가 獄下에서 목을 매었으니 그가 시종 잘 돌보아 구호하지 못한 탓으로 목숨을 잃게 한 죄는 실로 倫紀에 관계가 됩니다. 김중청의 아들 金柱旻·金柱國·金柱宇·金柱漢 등을 모두 잡아다 국문하여 죄를 정하소서."라고 하였다. 이 내용에서 저주한 사람은 김득청인데 조모까지 감옥에 갇히게 된 연유는 金夢虎의 부인이 둘인데, 김중청은 첫째부인의 소생이고 김득청은 둘째부인의 소생이다. 김중청이 낙향하여 봉화에 있을 때 집에서 멀리 떨어진 곳에서 기거하였다. 김중청의 계모 즉 김득청의 모가 아들을 생각하여 떡을 만들어 먼길을 걸어서 김중청에게 가져다 주었는데, 그것을 먹고 김중청이 사망하고 말았다. 이 때문에 독살설이 불거져 김득청이 잡혀가고 계모도 잡혀갔는데 계모가 옥에서 목을 매달아 자살하였다. 이로 말미암아 김주민 4형제가 조모를 제대로 보호하지 못한 불효를 저질렀다고 탄핵당하여 벼슬길이 순탄하지 못했다.

5월 15일(경신)。맑음。

병으로 출사(出仕)할 수 없어 더 말미를 주도록 아뢰는 글을 다시 올렸다.

문신정시(文臣廷試)가 열려서 통정대부(通政大夫) 이하 모두가 시험을 치렀는데, 시제(試題)는 '인정전(仁政殿)'으로 20운(韻) 배율(排律)을 짓는 것이었다. 허균(許筠)이 이상(二上: 중상), 이안눌(李安訥)·박정길(朴鼎吉)이 이중(二中: 중중), 류숙(柳潚)이 삼상(三上: 하상), 심집(沈諿)이 삼중(三中: 하중), 김개(金闓)·정인(鄭寅)이 삼하(三下: 하하)를 차지하였다.

한안국(韓安國)을 저녁에 찾아보았고, 날이 저물어서는 이자릉(李子陵: 李景嚴)을 들러 보았다.

형보(馨甫: 李茳)가 이 함창(李咸昌: 함창현감 李國弼인 듯)을 조문하고 용산(龍山)에서 돌아와 말하기를, "비방하는 말들이 많다는 뜻을 상주(喪主)에게 들었습니다."라고 하였다. 이사성(李師聖: 李葳)이 산사(山寺)에서 돌아왔다.

十五日(庚申)。晴。

再呈病[258]加給由。文臣廷試, 通政以下皆入, 題以仁政殿, 排律二十韻。許筠二上, 李安訥[259]·朴鼎吉二中, 柳潚[260]三上, 沈諿[261]三

---

258 呈病(정병): 병으로 출사하지 못한다고 올리는 글.

259 李安訥(이안눌, 1571~1637): 본관은 德水, 자는 子敏, 호는 東岳. 좌의정 李荇의 증손이며, 할아버지는 李元禎이다. 아버지는 진사 李泂이며, 어머니 慶州李氏는 대호군 李崵의 딸이다. 부인 礪山宋氏는 장령 宋承禧 딸이다. 재종숙부 사헌부감찰 李泌에게 입양됐다. 택당 李植의 당숙이다. 1588년 진사시에 수석합격하고, 1599년 문과에 급제하였다. 1601년 서장관으로 명나라에 다녀온 후로 단천군수, 홍주목사, 동래부사를 거쳐 1610년 담양부사가 되었다. 1613년 경주부윤, 호

中，金闓[262]·鄭寅[263]三下。韓安國夕訪，昏李子陵[264]歷見。謦甫弔

조참의 겸 승문원부제조를 거쳐 동부승지, 좌부승지를 지냈다. 1624년 李适의 난을 방관했다는 죄로 귀양을 갔다가 1627년 정묘호란이 일어나자 사면되었고 다시 강도유수에 임명됐다. 1631년 함경도관찰사, 1632년 예조판서 겸 예문관제학을 거쳐 충청도순찰사에 제수되었다.

260 柳潚(류숙, 1564~1636): 본관은 高興, 자는 淵叔, 호는 醉吃. 할아버지는 柳橖이다. 아버지는 승의부위 柳夢彪이며, 어머니 固城李氏는 李澤의 딸이다. 부인 仁川蔡氏는 蔡天經의 딸이다. 1597년 식년문과에 급제하였다. 승문원정자, 예문관검열, 세자시강원설서 등을 거쳐 장흥판관을 지냈다. 광해군 때 홍문관의 부교리, 교리, 부응교, 응교, 사헌부의 장령, 지평, 집의, 사간원의 사간 등을 거쳐 1613년 예조참의에 올랐으며, 병조참지, 동부승지, 대사간, 부제학을 지내고 형조참판, 병조참판을 역임하였다. 계축옥사에도 참여하여, 1623년 인조반정이 일어나자 이이첨의 심복으로 지목받아 유배되었다.

261 沈諿(심집, 1569~1644): 본관은 青松, 자는 子順, 호는 南崖. 아버지는 牧使 沈友正이며, 어머니 廣州安氏는 牧使 安汝敬의 딸이다. 안여경은 宣祖의 매부이다. 부인 南陽洪氏는 洪宗祿의 딸이다. 1596년 식년문과에 급제하였다. 1601년 예문관검열을 거쳐 수원판관이 되었을 때, 당시 간관이었던 鄭弘翼과 함께 무고를 받은 成渾을 변론하다가 옹진현령으로 좌천되었다. 1605년 예조정랑 등을 거쳐 1607년 죽산부사가 되었다. 광해군이 즉위하자, 은계찰방·해운판관을 거쳐 고령현감이 되었으나, 鄭仁弘의 당이 李彦迪·李滉을 비방한 데 반발하다가 대간의 탄핵을 받아 면직되었다. 그 뒤 폐모론이 일어나자 관직에서 물러났다. 1623년 인조반정 후 병조참지가 되고 도승지, 안변부사, 형조와 공조 판서을 역임하고 한성부판윤이 되었다. 1636년 병자호란 때 형조판서로서 남한산성에 왕을 호종하였으며, 화친의 조건이 되는 볼모로서 왕족인 綾峯君이 왕의 동생으로, 판서인 그는 대신으로 가장했다가 발각되어 실패하기도 하였다. 1644년 아들 沈東龜가 沈器遠의 모반 사건에 연좌되어 유배되자 지병이 악화되어 죽었다.

262 金闓(김개, 1582~1618): 본관은 尙州, 자는 啓叔. 아버지는 우의정 金貴榮이며, 어머니 咸安李氏는 李繼亨의 딸이다. 첫째부인 平山申氏는 申景逸의 딸이며, 둘째부인 昌原兪氏는 兪必英의 딸이다. 1606년 진사시에 합격하고, 1610년 알성문과에 급제하였다. 1614년 예조참의가 되고, 1615년 동부승지·우부승지를 거쳐, 1617년 한성부좌윤에 올랐다. 이 무렵 인목대비의 폐모론을 주도하고, 1618년 許筠이 역모 혐의로 처형될 때 그의 심복이라 하여 심문을 받다가 장살되었다.

263 鄭寅(정인, 1561~?): 본관은 草溪, 자는 子淸. 할아버지는 鄭淑謙이며, 아버지는 鄭希天이다. 1588년 생원시에 합격하고, 1591년 별시문과에 급제하였다. 1600년 병조좌랑에서 파직당하였으나 1606년 예조좌랑에 다시 등용되고, 이어 강원도

李咸昌[265], 於龍山還, 言: "謗舌紛紜之意, 聞諸喪主."云。李師聖, 自山寺還。

5월 16일(신유)。 맑음。

세 번이나 사직서를 올려 체직되었는데, 마치 무거운 짐을 벗은 듯하고 침식이 편안함을 느꼈다.

권수지(權守之: 權泰一, 權春蘭의 양자)·이여첨(李汝瞻: 李埁)을 만나러 갔다.

十六日(辛酉)。 晴。

三度呈辭見遞, 如釋重負, 寢食覺安。往見權守之·李汝瞻。

5월 17일(임술)。 맑음。

연릉(延陵: 李好閔)을 만나러 갔지만, 병으로 나와 보지 못했다. 돌아오는 길에 허단보(許端甫: 許筠)를 들러 만났다. 저녁에는 이형

사에 임명되었다. 1608년 광해군이 즉위하자 예조판서 李爾瞻의 추천을 받아 1611년 병조정랑에 다시 등용되었으며, 1613년 강진군수, 1615년에는 지평을 역임하였다.

264 子陵(자릉): 李景嚴(1579~1652)의 字. 본관은 延安, 호는 玄磯. 할아버지는 李國柱이다. 아버지는 延陵府院君 李好閔이며, 어머니 坡平尹氏는 尹文老의 딸이다. 부인 密陽朴氏는 朴台賢의 딸이다. 金中淸의 셋째아들 金柱宇의 장인이다. 1601년 생원시에 합격하고, 1610년 알성문과에 급제하였다. 낭청을 거쳐, 1616년 충원현감을 지냈다. 1624년 배천군수, 1649년 한성부판윤을 역임하였다.

265 李咸昌(이함창): 李國弼(1540~?)인 듯. 본관은 禮安, 자는 棐彦, 호는 漳淮. 예안이씨 족보에 따르면, 증조부 李魯→1남 李瑛→1남 李夢夔→1남 李國弼, 2남 李國衡, 3남 李國成, 사위 吳世蘭이다. 임진왜란 당시 함창현감을 지냈다. 李洼 형제의 아버지인 艮齋 李德弘과 같은 퇴계 이황의 문인이다.

원(李馨遠: 李苙)이 임시로 거처하는 집에 가니, 조국빈(趙國賓)·윤성임(尹聖任)·한정국(韓正國) 등 여러 사람들 또한 있어서, 나는 먼저 돌아왔다.

이날 밤에 형보(馨甫: 李荘)가 말하기를, "최응허(崔應虛)와 정준(鄭遵)이 막 우리 형(兄: 李苙)을 공박하려고 하자 이정원(李挺元)이 구하여 우선 모면했다는 것을 윤성임(尹聖任)에게 들었습니다."라고 하였다.

十七日(壬戌)。晴。

往見延陵。病不出見。歸路, 見許端甫。夕, 往李馨遠寓舍, 趙國賓[266]·尹聖任·韓正國[267], 諸君亦至, 余先歸。是夜, 馨甫言: "崔應虛·鄭導[268], 將駁吾兄, 李挺元救之, 姑免, 聞諸尹聖任."云。

5월 18일(계해)。맑음。

여러 이씨(諸李: 李苙·李荘·李葳·李慕)들을 남관왕묘(南關王廟: 南

---

266 趙國賓(조국빈, 1570~1642): 본관은 豊壤, 자는 景觀, 호는 雪竹. 할아버지는 趙近이다. 아버지는 참봉 趙惟白이며, 어머니는 加平胡氏이다. 부인 草溪鄭氏는 鄭夢先의 딸이다. 1606년 진사시에 합격하고, 같은 해 증광문과에 급제하였다. 예문관검열, 정언, 지평 등을 역임하면서 언관으로 활약하다가, 1618년 인목대비를 西宮에 유폐하는 사건이 일어나자, 이에 반대하다가 거제도에 유배되었다. 그 뒤 인조반정으로 다시 관직에 나아가 1632년 형조참의를 지내기도 하였으나, 반대파의 박해로 벼슬에서 물러나 충주에서 은거하였다.

267 韓正國(한정국, 1591~1623): 본관은 淸州, 자는 直卿. 할아버지는 韓景祐이다. 아버지는 韓瀛이며, 어머니 東萊鄭氏는 鄭惟一의 딸이다. 韓定國의 아우이다. 1616년 별시문과에 급제하였다. 승정원가주서, 설서를 거쳐 1622년 지평이 되었다. 西宮을 폐하자는 정청에 참여하였다. 1623년 인조반정으로 李爾瞻에 붙어 공동으로 흉론을 주창한 죄로 형과 함께 주살되었다.

268 鄭導(정도): 교정자가 '鄭遵'으로 바로잡음.

廟)에서 전송하였다. 박정길(朴鼎吉) 형제, 풍릉수(豊陵守: 李混), 박경행(朴景行: 朴守誼), 이여첨(李汝瞻: 李㙔), 한정국(韓定國)·한정국(韓正國), 조자백(趙子百: 趙錫朋, 조목의 2남), 김택지(金擇之: 金友益) 및 김주우(金柱宇: 김중청의 3남)가 모두 모였다.

이날 독서당(讀書堂)에 들어갈 사람을 선발했는데, 박정길(朴鼎吉), 손척(孫倜), 류활(柳活), 류희발(柳希發), 류희량(柳希亮), 고용후(高用厚), 박홍도(朴弘道), 정준(鄭遵), 임성지(任性之), 이위경(李偉卿), 김시국(金蓍國), 류약(柳瀹)이다.

정언(正言) 이익(李瀷)이 피혐(避嫌)하는 말을 하는 가운데 기휘(忌諱)에 저촉되는 말이 많이 있었다. 이경(二更: 밤 10시 전후) 이점(二點: 20분경)에 하교(下敎)하여 말하기를, "누구의 무엇을 가리키는지 물어서 아뢰어라." 하였다. 이에 회답하여 아뢰니, 또 하교하여 말하기를, "이것은 네 혼자서 아뢴 말이 아닐 것이니, 들은 곳과 사주한 사람을 상세히 아뢰라." 하였다. 이에 다시 회답하여 아뢰니, 바로 하교하여 말하기를, "알았다. 임금을 모함하는 말이 종이에 가득 낭자할 뿐 아니라 태아(太阿)의 칼자루가 거꾸로 되었다는 말까지 이미 발설하고서 도로 감추는 것은 전혀 간관(諫官)의 풍채가 없도다. 사직하지 말라." 운운하였다.

十八日(癸亥)。晴。

送諸李于南關王廟[269]。朴鼎吉兄弟·豊陵守[270]·朴景行[271]·李汝

269 南關王廟(남관왕묘): 조선시대 중국의 關羽를 제사지내기 위해 남대문 밖에 세운 廟. 南廟라고도 했다. 關王廟는 임진왜란에 참전한 明나라 군대의 주도로 건립되기 시작하였는데, 남관왕묘는 1598년 임진왜란에 참전하였던 명나라 장군 陳寅이

瞻·韓定國·正國·趙子百·金擇之及杜宇皆會。是日，讀書堂揀擇，朴鼎吉·孫倜·柳活·柳希發·柳希亮·高用厚[272]·朴弘道·鄭遵·任性之[273]·李偉卿[274]·金蓍國[275]·柳淪[276]。正言李瀷，避嫌之辭，多有

한양에 머물던 거처의 후원에 건립하였다.

270 豊陵守(풍릉수): 李混(1582~?). 中宗과 昌嬪安氏의 소생 庶4남인 永陽君 李岠의 서손자이다.

271 景行(경행): 朴守誼(1568~?)의 字. 본관은 咸陽, 호는 汶川. 아버지는 朴薹이다. 부인 光山金氏는 金坦의 딸이다. 朴守謙의 동생이고, 朴守謹의 형이다. 음사로 1601년 사헌감찰을 거쳐, 1617년 사복주부, 1618년 형조좌랑 등을 지냈다. 인목대비의 폐모론 庭請에 참여하였다. 1624년 이괄의 난 때 창의하였다.

272 高用厚(고용후, 1577~1648): 본관은 長興, 자는 善行, 호는 晴沙. 할아버지는 대사간 高孟英이다. 아버지는 의병장 高敬命이며, 어머니 蔚山金氏는 金百鈞의 딸이다. 첫째부인 青海李氏는 李麟奇의 딸이고, 둘째부인 幸州奇氏는 奇弘獻의 딸이다. 1605년 진사시에 합격하고, 1606년 증광문과에 급제하였다. 예조좌랑을 거쳐 1612년 병조좌라을 지냈고, 1615년 독서당에 들어갔다. 1617년 남원부사, 1624년 고성군수가 되었으나 權貴의 집에 출입하였다는 이유로 탄핵받아 체차되었다. 1631년 7월 중국 사행 당시 補蔘을 남용한 일이 발각되어 서울로 잡혀와 국문을 당하고 晉州로 移配되었다. 이후 벼슬길이 막히자 세상에 뜻을 접고 光州 향리에서 여생을 마쳤다.

273 任性之(임성지, 1582~1628): 본관은 豊川, 자는 遂初, 호는 西峰. 아버지는 任錸이며, 어머니 沃溝張氏는 습독관 張徵의 딸이다. 부인 林川趙氏는 趙瑗의 딸이다. 1609년 진사시에 합격하고, 1613년 증광문과에 장원급제하였다. 예조좌랑, 정언, 수찬을 거쳐 1615년 독서당에 들어갔다. 문학, 부교리를 지내고 이조좌랑, 1619년 필선, 보덕이 되었다. 16123년 인조반정이 일어나자 李爾瞻의 심복이 되어 폐모론을 주장한 죄로 탄핵을 받아 定山으로 유배되었다가 杆城으로 옮겨졌다. 1628년 반역을 도모한 柳孝立 옥사의 관련자로 지목되어 추국 중에 죽었다.

274 李偉卿(이위경, 1586~1623): 본관은 全義, 자는 長而. 할아버지는 판서 李俊民이다. 아버지는 李有訓이며, 어머니 林川趙氏는 황해도사 趙應恭의 딸이다. 부인 南陽洪氏는 洪榮의 딸이다. 1605년 진사시에 합격하고, 1613년 증광문과에 급제하였다. 1613년 계축옥사가 일어나자 인목대비의 폐모론에 동참하였다. 예문관 검열, 정언을 거쳐 1618년 동부승지, 우승지를 지내고 1619년 대사간이 되었다. 1620년 좌승지, 예조참의를 지냈고, 1622년 李爾瞻의 사주로 인목대비를 시해하고자 했으나 실패했다. 1623년 인조반정이 일어나자 이이첨, 백대형, 정조, 윤인 등과 함께 능지처참되었다.

觸諱。二更二點, 下教曰: "其指何人何事乎? 問啓." 回啓, 則又教曰: "此非爾獨爲之啓, 所聞處及指嗾人, 詳啓." 回啓, 則乃教曰: "知道。非但陷君之辭, 滿紙狼籍, 至於大阿[277]倒持, 旣發還諱, 殊無諫官風采。勿辭."云云。

5월 19일(갑자)。 맑음。

아침에 이익(李瀷)의 집에 갔으나 만나지 못하였다. 이어서 신자방(辛子方: 辛義立)·황공직(黃公直: 黃時幹)·조경관(趙景觀: 趙國賓)·박홍도(朴弘道)·박경승(朴敬承: 朴守緖)·배자장(裵子張: 裵大維)·조유도(趙有道)·조존도(趙存道)를 만났더니, 입직(入直)하여 명함을 남겨 두었다.

---

275 金蓍國(김시국, 1577~1655): 본관은 淸風, 자는 景徵, 호는 東村. 할아버지는 군수 金士元이다. 아버지는 현감 金汲이며, 어머니 豐川任氏는 任輔臣의 딸이다. 첫째부인 慶州李氏는 李泰男의 딸이며, 둘째부인 東萊鄭氏는 鄭期遠의 딸이다. 金洛에게 입양되었다. 호조판서 金藎國의 아우이다. 1601년 생원시에 합격하고, 1613년 증광문과에 급제하였다. 1614년 홍문관에 들어가 주서를 거쳐 1618년 병조좌랑이 되었다. 직강, 수찬, 부교리, 이조좌랑, 정언을 지냈다. 1623년 인조반정 뒤에도 1625년 우부승지에 오르고 호조판서를 지냈으며, 이듬해 우승지, 참찬관에 올랐다. 1630년 도승지, 1640년 대사성이 되고 이어 참판, 대사간을 지냈으며, 1646년 제학에 올랐다.

276 柳瀹(류약, 1580~1623): 본관은 高興, 자는 瀹而. 할아버지는 柳樘이다. 아버지는 예조참판 柳夢寅이며, 어머니 高靈申氏는 申栻의 딸이다. 첫째부인 淳昌趙氏는 趙誠의 딸이며, 둘째부인 平山申氏는 申華國의 딸이다. 1605년 진사시에 합격하고, 1613년 알성문과에 급제하였다. 1615년 독서당에 들었다. 설서, 검열, 병조좌랑 등을 거쳐 1616년 헌납으로 문과중시에 급제하였다. 鄭仁弘 등의 사주를 받아 폐모론을 주장하여, 1613년 인조반정이 일어나자 이이첨 등이 모두 처형될 때 아버지와 함께 죽음을 당하였다.

277 大阿(대아): 太阿劍. 중국 초나라 보검의 하나. 歐冶子와 干將이 함께 만든 것으로 龍淵, 工布와 더불어 명검으로 불린다.

옥당(玉堂: 홍문관)에서 이익(李瀷)이 직언(直言)을 하면서 숨기지 않았으니 출사하게 하기를 청하였으며, 그 나머지 양사(兩司)의 관원도 모두 출사하게 하기를 청하였다.

조자백(趙子百: 趙錫朋, 조목의 2남)이 종일토록 와 있으면서 이야기를 나누었다. 이점(李蒧)이 풍릉수(豊陵守: 李混)의 집에서 돌아왔다가 한희(韓瞦: 韓嘻의 오기)의 집으로 갔는데, 저녁에 돌아왔다가 또 한안국(韓安國)의 집으로 갔다.

十九日(甲子)。晴。

朝往李瀷家, 不遇。仍見辛子方[278]·黃公直·趙景觀·朴弘道·朴敬承·裵子張·趙有道[279]·趙存道, 則入直留剌[280]。玉堂以李瀷直言不諱, 請出, 其餘兩司皆出。趙子百, 終日來話。李蒧, 自豊陵守家歸旋, 往韓瞦[281]家, 夕還, 又往韓安國家。

---

278 子方(자방): 辛義立(1565~1631)의 字. 본관은 寧越, 호는 竹屋. 아버지는 진사 辛乃沃이며, 어머니 英陽南氏는 충순위 南龜壽의 딸이다. 부인 英陽南氏는 南好問의 딸이다. 辛弘立의 동생이다. 1603년 식년문과에 급제하였다. 충주교수를 거쳐 평안도사, 북청판관, 양산군수, 풍기군수, 함양군수, 청도군수를 지내고 서장관으로 명나라에 다녀온 뒤에는 1618년 공조참의, 형조참의, 병조참의를 지냈다. 김해부사, 대구부사, 철산부사를 역임하고 1622년 동부승지가 되었다.

279 趙有道(조유도, 1585~1653): 본관은 楊州, 자는 則見. 아버지는 우의정 趙挻이며, 어머니 綾城具氏는 具潤德의 딸이다. 부인 文化柳氏는 柳希奮의 딸이다. 1610년 생원시에 합격하고, 같은 해 식년문과에 급제하였다. 이조좌랑·교리·형조참의 등의 관직을 역임하였다. 호조참의로서 우의정 韓孝純 등과 함께 폐모론에 동조하였다. 1640년 許逌 역모사건에 관련되어 유배당하였다.

280 留剌(유자): 명함을 남겨 둠.

281 韓瞦(한희): 韓嘻(1583~1623)의 오기. 본관은 淸州, 자는 晉甫. 할아버지는 韓頫이다. 아버지는 좌승지 韓纘男이며, 어머니 淸州韓氏는 韓櫓의 딸이다. 부인은 李談의 딸이다. 1613년 5월에 진사 李偉卿 등이 올린 金悌男의 역모와 관련하여 永昌大君과 모후도 아울러 토죄할 것을 청하는 상소에 연명하였다. 여기에는

5월 20일(을축)。맑음。

주상이 승정원에 하교(下教)하기를, "이익(李瀷)은 속임이 심하다. 체차하라." 하였다. 양사(兩司)가 출사(出仕)한 후에 또 수직(守直)하거나 숙직(宿直)하는 것은 불가하다며 피혐(避嫌)하니, 주상이 이익을 패초(牌招)하고 이어서 승정원에 하교하기를, "임금을 헐뜯어 욕보이는데 힘을 남김없이 쏟았고, '태아(太阿)의 칼자루가 이미 거꾸로 되었다.'와 '사사로이 바치는 것이 줄을 잇는다.' 등의 말은 반드시 가리키는 바가 있을 터이니, 승정원은 상세히 회답하여 아뢰라." 하였다.

유생 정시(儒生庭試)가 열렸는데, 시제(試題)는 '인한(人旱)'이었다. 한희(韓嘻)가 이중(二中: 중중)으로 으뜸을 차지했고, 김기종(金起宗)이 이상(二上: 三上의 오기, 하상), 이분(李枌)이 삼중(三中: 하중), 그밖의 6명이 삼하(三下: 하하)를 받았다.

이익이 아뢰기를, "척완(戚畹: 임금의 외척) 중에 임금께서 의지하는 자가 한둘이 아니니, 감히 어느 누구라고 지적할 수는 없습니다. 그러나 요즘 여항(閭巷)에서 항상 하는 말이 이와 같은데, 신(臣)이 어찌 감히 남의 사주를 받아서 스스로 주상의 우레와 같은 분노를 사겠습니까? 그저 스스로 석고대죄할 뿐이옵니다."라고 하였다. 다시 하문하여도 또한 이와 같았다.

그의 형제인 韓晤와 韓吸도 참여하였다. 1616년 증광문과에 급제하였다. 이후 정언, 수찬, 지평, 부교리, 이조정랑 등을 거쳐 1621년 직제학이 되었다. 1623년 인조반정이 일어나자 그의 아버지 한찬남는 복주되었으며, 1624년 아버지의 죄에 연좌되어 주살되었다.

직숙(直宿)을 멈추고 감찰이 없어져서 박경행(朴景行: 朴守誼)과 함께 갔다.

二十日(乙丑)。晴。

自上下教政院, 曰: "李瀷詐罔甚矣。遞差."云。兩司, 出仕之後, 又以不可直宿[282]爲避嫌, 則自上牌招[283]李瀷, 仍教政院, 曰: "詬辱君上, 不遺餘力, 而太阿倒持·私獻絡繹等語, 必有所指, 政院詳細回啓."云。儒生庭試, 題曰'人旱.' 韓嘻二中居魁, 金起宗二上[284], 李袷[285]三中, 其餘六人三下。李瀷啓曰: "戚畹[286]中, 倚毗者, 非止一二, 則不敢指摘爲誰某。而今日閭巷間, 恒言如此, 臣何敢受人教唆, 自犯雷霆之怒乎? 只自席藁待罪而已."云。再問, 又如是。宿停冈[287]監, 與景行同之。

5월 21일(병인)。맑음。

아침에 월사(月沙: 李廷龜)를 만나러 그의 집에 갔다.

주상이 옥당의 차자(箚子)에 비답하기를, "이원익(李元翼)은 늙고

282 直宿(직숙): 문무 관리가 주간에 守直하거나 야간에 宿直하는 것.

283 牌招(패초): 왕명으로 승지가 신하를 부르는 일.

284 二上(이상): 문맥상 三上의 오기인 듯.

285 李袷(이분, 1590~1637): 본관은 延安, 자는 季章. 아버지는 연원부원군 李光庭이다. 이광정의 첫째부인 青松沈氏는 沈苟의 딸이며, 둘째부인 陽川許氏는 許潛의 딸이다. 이분은 양천허씨의 소생이다. 첫째부인 南陽洪氏는 남경신의 딸이며, 둘째부인 高靈申氏는 신득해의 딸이다. 1619년 수원개성 별시문과에 급제하였다. 1615년 성균관전적, 충원현감, 1625년 겸 연서도찰방을 거쳐 1628년 형조좌랑, 종묘서영, 경상도사를 지냈다.

286 戚畹(척완) 임금의 외척.

287 冈: 罔의 뜻인 듯.

병들었으며, 남이공(南以恭)은 죄상이 의심스러운데 굳이 멀리 귀양 보내어 위리안치(圍籬安置)할 것을 청하면서, 유독 이익(李瀷)에 대해서만은 임금을 사랑하는 것으로 허여하며 출사시키라고 청하기까지 하니, 임금을 능멸하고 파당을 비호함이 심하도다."라고 하였다.

양사(兩司: 사헌부와 사간원)가 모두 피혐하였으니, 곧 직숙(直宿)하는 일 때문이었다.

윤성임(尹聖任)이 이점(李蒧)을 방문하기 위해 찾아왔으며 김영(金瑛)·조석붕(趙錫朋: 조목의 2남)도 모두 모였다.

二十一日(丙寅)。晴。

朝, 見月沙[288]于其家。自上答玉堂, 曰: "元翼之老病, 以恭之疑似, 固請遠竄圍籬, 獨於李瀷, 許以愛君, 至於請出, 蔑君護黨甚矣." 兩司皆避嫌, 乃以直宿事也。尹聖任, 爲訪李蒧來見, 金瑛[289]·趙錫朋皆會。

---

288 月沙(월사): 李廷龜(1564~1635)의 호. 본관은 延安, 자는 聖徵, 호는 保晩堂·癡菴·秋崖·習靜. 아버지는 현령 李啓이고, 어머니 光山金氏는 金彪의 딸이다. 부인 安東權氏는 판서 權克智의 딸이다. 1585년 진사시에 합격하고 1590년 증광문과에 급제하였다. 1592년에는 임진왜란을 만나 왕의 행재소에 나아가 설서가 되었다. 1593년 명나라의 사신 宋應昌을 만나는 등 중국어에 능하여 御前通官으로 명나라 사신이나 지원군을 접대할 때에 조선 조정을 대표하며 중요한 외교적 활약을 했다. 1598년 명나라의 병부주사 丁應泰가 임진왜란이 조선에서 왜병을 끌어들여 중국을 침범하려고 한다는 무고사건을 해결하였다. 1601년 동지사의 서장관으로 명나라에 갔다. 귀국한 뒤에 대제학에 올랐다. 1604년 세자책봉주청사로 명나라에 다녀오는 등으로 여러 차례에 걸쳐 중국을 내왕했다. 광해군 즉위 이후에도 신임을 받아 병조판서·예조판서, 형조판서, 호조판서, 등을 역임하였다. 1623년 인조반정 이후에도 이괄의 난 때 인조를 공주로 호종하였으며, 1627년 정묘호란 때는 왕을 강화도로 호종하였다. 우의정·좌의정 등을 역임하였다.

289 金瑛(김영, 1577~1642): 본관은 善山, 자는 季栗. 할아버지는 金軾이고, 아버지는 金尙郁이며, 어머니는 驪興閔氏이다. 부인 順天張氏는 張時亮의 딸이다.

5월 22일(정묘)。맑음。

기제사(忌祭祀)를 지냈다.

인사이동이 있었다. 박재(朴榟)를 집의로, 류희량(柳希亮)을 사간으로, 기윤헌(奇允獻)·김 강릉(金江陵: 金夢虎)을 장령으로, 신광업(辛光業)·정인(鄭寅)을 지평으로, 류여항(柳汝恒)·이수(李邃)를 정언으로, 오여은(吳汝穩)을 헌납으로, 이잠(李埁)을 부수찬으로 삼았다.

권수지(權守之: 權泰一, 權春蘭의 양자) 영공(令公)이 종일토록 와 있으면서 이야기를 나누었다. 저녁에 황공직(黃公直: 黃時幹)을 가서 보기만 하고 돌아오다가 이익(李瀷)을 잠깐 만났는데, 조경관(趙景觀: 趙國賓) 또한 왔다.

나는 사과(司果) 겸 실록춘추(實錄春秋) 기사관(記事官)에 올랐다.

二十二日(丁卯)。晴。

行忌祭。有政。朴榟爲執義, 柳希亮爲司諫, 奇允獻·金江陵爲掌令, 辛光業·鄭寅爲持平, 柳汝恒·李邃[290]爲正言, 吳汝穩爲獻納, 李埁爲副修撰。權守之令公, 終日來敍。夕, 往見黃公直已下歸, 暫見李瀷, 趙景觀亦至焉。余付司果兼實祿春秋記事官。

5월 23일(무진)。맑음。

주상이 이익(李瀷)을 잡아다 국문(鞫問)하도록 명하면서 삼성(三省: 의정부·사헌부·의금부)이 모여 문초하라 하였는데, 영의정 및 승

---

290 李邃(이수, 1577~?): 본관은 固城, 자는 太初. 아버지는 진사 李磾이며, 어머니 東萊鄭氏는 鄭淳嘏의 딸이다. 李适의 형이다. 1603년 진사시에 합격하고 1606년 식년문과에 급제하였다. 1610년 가주서, 1615년 사간원정언을 지냈다.

정원이 국문을 하지 말아야 한다는 뜻을 아뢰었으나 주상은 위로가 되지 않았던 것이다.

내가 민윤보(閔閏甫: 閔馨男) 영공(令公)을 찾아가서 만나고 추로주(秋露酒) 6잔을 마셨는데, 헤어진 후에 넘어져서 얼굴을 다쳤다. 박경승(朴敬承: 朴守緖)·한정국(韓正國)이 찾아왔다.

임금이 특명으로 허균(許筠)을 변무부사(卞誣副使)로, 이정구(李廷龜)를 의망(擬望)대로 낙점하여 상사(上使)로 삼았고, 서장관(書狀官)은 또 다시 의망(擬望)하도록 하였다.

김주우(金柱宇: 김중청의 3남)가 대장장이 집으로 나아가서 영접하는데, 이사성(李師聖: 李葳)이 같이 갔다.

어제 문노(文奴)를 익산(益山)에 보냈다.

二十三日(戊辰)。晴。

自上命拏鞫李瀷, 使三省交坐[291], 領相及政院, 啓以勿須鞫問之意, 上不慰。余往見閔閏甫令公, 飮秋露六杯, 拜別之後, 顚仆毁顔。朴敬承·韓正國來見。自上特命, 許筠爲卞誣副使, 李廷龜則因望落點爲上使, 書狀則又令改擬。柱宇出接于冶匠家, 李師聖同之。昨, 送文奴于益山[292]。

5월 24일(기사)。맑음。

이수(李邃)·류여항(柳汝恒)은 추고(推考)하는 것을 피혐(避嫌)하여

291 三省交坐(삼성교좌): 의정부·사헌부·의금부 즉 삼성이 합좌하여 추국함.

292 益山(익산): 전라북도 북서부에 있는 고을. 동쪽은 완주군, 서쪽은 군산시, 남쪽은 김제시·전주시, 북쪽은 충남 논산시·부여군과 접한다.

체직(遞職)되었다.

듣건대 기우제(祈雨祭)를 지낼 때 저자의 아이들이 서로 이르기를, "대비(大妣: 큰엄마)가 갇혀 있는데 가랑비라도 어찌 올까?"라고 운운하여서 그 의미를 물으니, 언음(諺音: 속말)으로 비(妃)와 같은 소리이기 때문이라고 하였다 한다. 이는 세상을 살아가면서 얻는 교훈과 관계된 것이라 할 만하다.

신이효(申以孝)가 찾아왔는데, 바로 이익(李瀷)의 조카이다. 박경문(朴景門)도 찾아왔다.

二十四日(己巳)。晴。

李瀣·柳汝恒, 以推考避嫌, 見遞。聞祈雨時, 市童相謂曰: "大妣見囚, 小雨寧來?"云云, 而問之, 諺音與妣[293]同聲故云。此可謂關世教矣。申以孝[294]來見, 乃李瀷姪也。朴景門來見。

5월 25일(경우)。 맑다가 오후부터 비 옴。

주상이 하교하기를, "가뭄의 재해가 이와 같이 극심하니 내가 한밤중에도 잠을 이룰 수가 이룰 수가 없다. 사직단(社稷壇)에 직접 나

---

293 妣(비): 문맥상 '妃'로 번역함.

294 申以孝(신이효, 1603~1640): 본관은 平山, 자는 行源. 아버지는 선전관 申尙吉이며, 어머니 河東鄭氏는 鄭希儉의 딸이다. 첫째부인 龍仁李氏는 李挺立의 딸이며, 둘째부인 天安全氏는 全三近의 딸이다. 신이효는 평산신씨 22세손이고, 李瀷의 부인 평산신씨는 20세손 申吉元의 딸인 바, 서로 族叔姪 사이다. 한편, 평산신씨대동보에 의하면 신길원은 申德裕와 申國樑의 아들이 있으나 신국량의 아들을 가리키며, 신이효가 또 있으나 21세손으로 생몰년이 1520년과 1591년으로 시기가 맞지 않았다. 그럼에도 13살 어린 아이의 방문을 기록으로 적을 정도인지는 이해되지 않는 대목이다.

아가 제사 지낼 날을 받아 거행하도록 하라." 하였다.

인사이동이 있었다. 조국빈(趙國賓)·황익중(黃益中)은 다 말망(末望: 3명의 적임자 명단)으로 좌정언과 우정언이 되었다. 사간 류희량(柳希亮)은 사직서를 올렸고, 장령 기윤헌(奇允獻)은 체직되었다.

二十五日(庚午)。晴自午後雨。

自上敎曰: "旱災如此, 予中夜無寐。社稷親祭, 擇日擧行." 有政。趙國賓·黃益中, 俱以末望[295], 爲左右正言。司諫柳希亮呈辭, 掌令奇允獻見遞。

5월 26일(신미)。 맑음。

주상이 사직단(社稷壇)에 직접 나아가 제사 지낼 때에 내가 축사(祝史: 祝官)으로 차출되었다.

저녁에 권수지(權守之: 權泰一, 權春蘭의 양자)가 찾아왔다.

듣건대 주상이 의금부에 엄히 하교하기를, "외부 사람들이 이익(李瀷)과 서로 서신 왕래하거나 안부를 묻지 못하도록 하라." 하였다 하고, 영의정(領議政: 기자헌)의 사직 차자(辭職箚子)에 비답하기를, "역적 이익."이라고 하였다 한다.

二十六日(辛未)。晴。

差祝史[296]于社稷親祭時。昏, 權守之來見。聞自上嚴敎禁府, "勿令外人通問[297]李瀷."云云, 答領相辭箚, 曰: "賊瀷."云云。

---

295 末望(말망): 조선시대 인사 추천제의 하나인 三望에서 제일 끝자리에 오른 후보자. 銓曹에서 제1인을 首望, 제2인을 副望, 제3인을 末望이라 한다.

296 祝史(축사): 祝官. 제사를 맡은 관리. 제물과 술잔을 올리는 제관이다.

5월 27일(임신)。맑음。

겸춘추(兼春秋)에 사은숙배하고 이어 조존도(趙存道)·이잠(李埁)을 만나 보았으며, 또한 지사(知事) 김상용(金尙容)을 도총부(都摠府)에서 만나 뵈었다.

다시 기우제(祈雨祭) 의식을 미리 익히기 위하여 의정부로 갔는데, 마침 다른 사람이 이미 대신하고 있어서 물러나왔다. 이정원(李挻元), 권성오(權省吾), 신암(申黯) 및 한안국(韓安國), 류여율(柳汝慄), 최동진(崔東振)이 잇따라 찾아왔다.

감시관(監試官)으로 7월 25일에 정해졌는데, 동당시(東堂試)는 8월 15일, 복시(覆試)는 윤8월 20일, 문과 복시(文科覆試)는 9월 12일이라고 하였고, 변무사(辨誣使)가 표문(表文)을 받드는 날은 8월 16일이라고 하였다.【협주: 주상이 말하기를, "과거가 너무 빈번하니, 이번 증광시(增廣試)를 내년 봄으로 연기하여 시행하라." 하였다.】

二十七日(壬申)。晴。

謝兼春秋，仍見趙存道·李埁，又見金知事尙容于都摠府。又以習儀[298]，往議政府，適以他人，已代退來。李挻元·權省吾·申黯[299]

---

297 通問(통문): 찾아보며 왕래함. 또는 서로 물어봄.

298 習儀(습의): 肄儀. 조선시대 국가 행사로서의 여러 의식을 거행하기 위해 미리 예정된 식전절차에 따라 예행연습하는 것.

299 申黯(신암, 1537~1616): 본관은 平山, 자는 直孺, 호는 不如堂. 아버지는 申廷美이며, 어머니 全州李氏는 鶴城君 李連丁의 딸이다. 부인 順天金氏는 전라좌수사와 경상병사를 지낸 金墀의 딸이다. 1570년 생원시에 합격하였다. 1573년 의금부도사, 군적도감낭청, 상의원별좌, 장례원사평 등을 지낸 뒤 1584년부터 3년간 봉화현감을 지내고 문의현령을 역임하였다. 1592년 임진왜란이 일어나자 도원수 金命元의 휘하에서 군자감판관으로 군량을 담당하였다. 1597년 신천군수, 김포현령, 한성부서윤 등을 지내고 오위도총부경력·용양위부호군을 지냈다.

及韓安國·柳汝慄·崔東振, 相繼來見。監試[300]定于七月二十五日, 東堂八月十五日, 覆試閏月二十日, 文覆九月十二日云, 卞誣使拜表, 八月十六日云。【上曰: "科擧太頻, 今此增廣, 明春退行."云云。】

5월 28일(계유)。 맑음。

실록청(實錄廳)에서 필사하는 일을 하였는데, 이방(二房)에서 7판(板)을 썼다.

내일 지낼 기우제 때문에 대가(大駕)가 신시(申時: 오후 4시 전후)에 사직단으로 납시어 내가 가서 알현하였다.

김사겸(金士謙: 金廷益)·박경승(朴敬承: 朴守緖)·이자릉(李子陵: 李景嚴) 및 조경관(趙景觀: 趙國賓)의 꿈을 자주 꾼다.

二十八日(癸酉)。晴。

書役于實錄廳, 二房[301]書七板。以明日祈雨祭, 大駕申時, 出幸社稷, 余往見。金士謙·朴敬承·李子陵及趙景觀, 夢煩。

5월 29일(갑술)。 맑음。

주상이 기우제를 지낸 뒤 묘시(卯時: 아침 6시 전후)에 환궁하였다.

---

300 監試(감시): 監試官. 과거 시험장을 감독하는 것.

301 二房(이방): 실록의 실제 편찬 업무를 담당하는 곳. 실록청은 춘추관 소속의 임시 기구이다. 실록청은 인원이나 물자를 국가 차원에서 적극적으로 지원받아 실록을 만들었다. 실록청은 그때그때 편의에 따라 궁궐이나 궁궐 인근의 관서에 설치하였다. 전체 업무를 주관하는 都廳과 실제 편찬 업무를 담당하는 一房·二房·三房, 組版·刊印·製冊 등 기술적인 실무를 담당하는 別工作 등으로 구성되었다. 총책임자를 總裁官이라 하고, 각 부서의 책임을 맡은 堂上官과 실무자인 郎廳이 활동하였다. 여기에 서리나 匠人, 茶母 등도 실록청 운영의 구성원이었다.

듣건대 전폐관(奠幣官) 송순(宋諄)이 주상 앞에서 폐백(幣帛)을 엎었으나, 국법(國法)에 폐백을 받들어 나아갈 때 엎은 죄를 물은 전례가 없다고 하였다.

또 실록청에 가서 7판(板)을 썼다.

수지(守之: 權泰一, 權春蘭의 양자)를 찾아가서 만났다.

二十九日(甲戌)。晴。

上行祭後, 卯時還宮。聞奠幣官宋諄, 覆幣於御前, 而國法, 方奉進之時, 則例無傾覆之罪云。又往實錄廳, 書七板。往見守之。

5월 30일(을해)。맑음。

여첨(汝瞻: 李埁)의 말을 빌려 윤수겸(尹受謙: 尹守謙의 오기)을 찾아가서 운명(運命)에 대해 물었더니, 이에 수징계악(水澄桂萼格) 격이라 하면서, 차후로 운수가 계속 대통하여 두 아들은 지극히 귀하게 될 것이고, 수명은 75세까지 살겠다고 하였다.

밥을 먹은 뒤에 금언강(琴彦康: 琴愷)을 만났다. 이어서 장의동(藏義洞: 청운동 일대)의 첨지(僉知) 김 숙주(金叔主: 9촌숙 金巖虎인 듯)에게 갔다가 김 장단(金長湍: 金尙寬), 김 연안(金延安: 金尙憲), 조희일(趙希逸), 김 판윤(金判尹: 金尙容), 성여벌(成汝橃), 권지(權智: 權誌의 오기인 듯), 박경행(朴景行: 朴守誼)이 모두 나와서 또한 만났지만, 김도원(金道源: 金涌)·심원(深源: 心源의 오기, 金澈), 정익지(鄭翼之: 鄭弘翼), 박정길(朴鼎吉)은 만나지 못하였다. 저녁에 이정원(李挺元)을 찾아갔으나 또한 만나지 못하고, 이정혁(李廷赫), 권득기(權得己), 이여함(李汝涵: 李瀷), 김구정(金九鼎), 서신(徐兟: 서필보의 서자) 등을 보고 돌아왔다.

晦日(乙亥)。晴。

借汝瞻馬，見尹受謙[302]，問命，乃謂水澄桂萼[303]格，此後，運連大通，二子極貴，壽至七十五云。食後，見琴彦康。仍往藏義[304]金僉知叔主[305]，金長湍[306]·延安[307]，趙希逸[308]·金判尹[309]·成汝檥[310]·權智[311]·

---

302 尹受謙(윤수겸): 尹守謙(1573~1624)의 오기. 본관은 海平, 자는 鳴益. 아버지는 尹時中이며, 어머니 全州李氏는 李延春의 딸이다. 부인 蔚山朴氏는 朴泓의 딸이다. 1590년 생원사마 양시에 합격하고, 1601년 식년문과에 급제하였다. 1603년 감찰이 되어서 사은겸진주사의 서장관으로 명나라에 다녀왔다. 1603년 예조좌랑을 거쳐 정언, 사서가 되었다. 예조좌랑, 병조좌랑을 지내고 병조정랑으로 승진했고, 전라도도사로 역임하다가 광해군이 즉위하자 헌납이 되었으며, 1610년 서흥부사, 순천부사, 1614년 동래부사 등을 지냈다. 1622년 모문룡이 椵島에 들어왔을 때 명나라의 요청으로 조선군이 출병하자 분호조참판으로서 군량 운반을 맡았다. 1624년 李适의 난이 일어나자 그 사실을 알고도 관에 알리지 않았다는 죄목으로 연루되어 죽음을 당하였다.

303 水澄桂萼(수징계악): 맑은 물에 계수나무 꽃받침이 떠오른 것과 같다는 뜻으로, 깨끗하고 중용한 직책을 얻어 충성스럽게 간언하는 인재가 되리라는 의미.

304 藏義(장의): 藏義洞. 서울특별시 종로구 청운동.

305 金僉知叔主(김첨지숙주): 金巖虎(1564~1637)을 가리키는 듯. 본관은 安東, 자는 德重, 호는 仁齋. 어머니 淸州鄭氏는 鄭正白의 딸이다. 부인 慶州金氏는 金元良의 딸이다. 係行→2남 克義→1남 世周→1남 廷沃→1남 巖虎이고, 係行→3남 克禮→1남 世殷→1남 廷憲→3남 夢虎이니, 김암호와 김중청은 9촌 숙질 사이다.

306 金長湍(김장단): 장단부사 金尙寬(1566~1621)을 가리키는 듯. 본관은 安東, 자는 仲栗, 호는 今是齋. 아버지는 都正 金克孝이며, 어머니 東萊鄭氏는 좌의정 鄭惟吉의 딸이다. 부인은 宜寧南氏이다. 형은 우의정 金尙容, 아우는 진사 金尙寯, 좌의정 金尙憲, 경주부윤 金尙宓이 있다. 1599년 호조정랑, 1607년 진산군수, 회양부사, 판관을 거쳐 광해군 때 장단부사로 부임하였다가 1613년 파직당하였다.

307 延安(연안): 연안부사 金尙憲(1570~1652)을 가리키는 듯. 본관은 安東, 자는 叔度, 호는 淸陰·石室山人·西磵老人. 부인 星州李氏는 李義老의 딸이다. 金尙寬의 아들 金光燦을 양자로 들였고, 金悌男의 아들이고 인목대비의 오빠인 金琜의 딸을 며느리로 삼았다. 1590년 진사시에 합격하고, 1596년 식년문과에 급제하였다.

朴景行，皆出又見，金道源·深源[312]·鄭翼之[313]·朴鼎吉，則不遇。

부제학, 대사헌, 예조판서 등을 역임하였다. 병자호란 때 예조판서로서 주화론을 배척하고 끝까지 주전론을 펴다가 인조가 항복하자 안동으로 은퇴했다. 명을 공격하기 위한 청의 출병 요청에 반대하는 상소를 올렸다가 청에 압송되어 6년 동안 감금되었다가 풀려났다. 효종이 북벌을 추진할 때 이념적 상징이 되기도 했다.

308 趙希逸(조희일, 1575~1638): 본관은 林川, 자는 怡叔, 호는 竹陰·八峰. 아버지는 승지 趙瑗이며, 어머니 全義李氏는 병조판서 李俊民의 딸이다. 첫째부인 海州鄭氏는 鄭欽의 딸이며, 둘째부인 青松沈氏는 沈慓의 딸이다. 1601년 진사시에 장원으로 합격하고, 1602년 별시문과에 급제하였으며, 1608년 문과중시에 급제하였다. 승문원주서, 시강원설서, 사간원정언을 거쳐 광해군 즉위 후 시강원문학이 되었고, 옥당에 선출되었다. 1612년 이조좌랑, 1613년 이조정랑을 지냈고, 1616년 광해군의 죄악을 나열한 투서 사건에 연루된 것으로 모함을 받아 1617년 평안도 理山에 위리안치되었다. 동생 趙希進에 의해 진상이 1619년 밝혀져 유배생활에서 풀려났다. 1623년 인조반정이 일어나자 홍문관수찬, 승지, 광주목사을 거쳐 예조와 병조 참판을 지내고 예조참판, 형조참판을 지냈다. 1630년 경상도관찰사를 역임하였다.

309 金判尹(김판윤): 광해군의 즉위 해인 1608년부터 1615년까지 한성판윤을 역임한 사람들 가운데 김씨는 金尙容(1561~1637)밖에 없음.

310 成汝橃(성여벌, 생몰년 미상): 본관은 昌寧. 할아버지는 공조좌랑 成世平이다. 아버지는 승지 成洛(1542~1588)이며, 어머니 宋氏이다. 成洌·成泳·成浹은 숙부이고, 權管 柳仁瑞·생원 金麟定·고산현감 柳徵은 고모부이다. 봉화현감, 공조정랑을 역임하였다.

311 權智(권지): 權誌(1565~1637)인 듯. 본관은 安東, 자는 仲明, 호는 龍潭. 할아버지는 權輗이며, 아버지는 참봉 權安世이다. 권안세의 첫째부인 安東金氏는 부사과 金彦濬의 딸이며, 둘째부인 全州李氏는 용궁현감 李琮의 딸이다. 권지는 전주이씨의 소생으로 權詮의 이복동생이다. 부인 春川朴氏는 朴彦弼의 딸이다. 군자감직장을 지냈다.

312 深源(심원): 心源의 오기. 金澈(1569~1616)의 字. 본관은 義城, 호는 大朴·崇禎處士. 생부는 宣務郎 金守一이며, 양부는 內資寺正 金克一이다. 생모 漢陽趙氏는 趙孝芬의 딸이다. 부인 善山金氏는 金宗武의 딸이다. 친형은 金涌이며, 매부는 趙靖이다. 1603년 진사시에 합격하였다.

313 翼之(익지): 鄭弘翼(1571~1626)의 字. 본관은 東萊, 호는 休翁·休軒·休菴. 아버지는 寺正 鄭思愼이며, 어머니 順興安氏는 사직 安混의 딸이다. 첫째부인 韓山李氏는 李渾의 딸이며, 둘째부인 江陵崔氏는 崔山立의 딸이다. 1589년 사마시에 합격하고, 1597년 별시문과에 급제하였다. 예문관검열, 예조좌랑, 정언, 형

夕, 訪李挺元, 亦不遇, 見李廷赫[314]·權得己[315]·李汝涵·金九鼎·徐𬺈[316]等歸。

6월 1일(병자)。 맑음。

연릉(延陵: 李好閔)이 숙천부사(肅川府使) 이사경(李士慶)을 전별(餞別)하였는데, 이에 나도 초대하여 같이 갔다. 박지술(朴知述)·이수록(李綏祿) 또한 참석하였다. 연릉이 말하길 "성(聖: 淸酒)을 보내면서 지어 보낸 글이 매우 잘되었으니, 그런 뜻에서 참으로 대수(大手: 大家)라 이를 만 하네. 다만 부귀가 절로 다가올까 염려되네."라고 하였다. 박정길(朴鼎吉) 또한 왔다가 금방 갔다.

조좌랑 등을 지내고 1602년 지평으로 지내면서 대북파의 영수 대사헌 鄭仁弘이 成渾을 탄핵하자 이를 극력 변호, 정인홍을 공격하다가 권신들의 뜻에 거슬려 端川採銀官으로 좌천되었으며, 이어 魚川察訪을 지냈다. 1608년 성균관사예을 지내고 1612년 성천부사가 되었다. 1617년仁穆大妃 폐모론이 일어나자 이를 극력 반대, 극간하다가 진도·종성·광양 등지에 유배되었다.

314 李廷赫(이정혁, 생몰년 미상): 본관은 韓山. 부인 全州李氏는 李元翼의 딸이다. 사위가 연안이씨 延原君 李光庭의 아들인 李裀(1609~1639)이다. 1611년 군위현감, 1625년 마전현감, 천안부사 등을 지냈다. 한산이씨족보에서는 확인할 수가 없었다.

315 權得己(권득기, 1570~1622): 본관은 安東, 자는 重之, 호는 晩悔. 아버지는 예조판서 權克禮이며, 어머니 達城徐氏는 예조참의 徐固의 딸이다. 부인 全州李氏는 龜城都正 龜城君 李瞻의 딸이다. 백부 權克寬에게 입양되었다. 양모 咸安尹氏는 尹天錫의 딸이다. 1589년 진사시에 합격하고, 1610년 식년문과에 급제하였다. 예조좌랑이 되었으나, 광해군이 모후를 서궁에 유폐하고 영창대군을 살해하는 등 정치가 혼란하여지자 관직을 버리고 야인생활을 하였다. 1618년에 고산도찰방이 되었다.

316 徐𬺈(서신, 생몰년 미상): 본관은 達城, 자는 晋甫, 호는 華山. 아버지는 徐千一이다. 《大東野乘》의 〈癸亥靖社錄·圍籬安置類〉에 의하면, 역적 허균과 함께 모의하고, 폐모의 논의가 극히 흉참하여 旋義로 정배되었다.

저녁에는 수지(守之: 權泰一, 權春蘭의 양자) 영공(令公)이 찾아왔다.

六月初一日(丙子)。晴。

延陵，餞肅川府伯李士慶[317]，仍邀我共之。朴知述[318]·李綏祿[319]亦參。延陵曰："聖[320]送作賦甚善，可謂大手。只恐富貴來逼[321]之."

---

317 李士慶(이사경, 1569~1621): 본관은 龍仁, 초명은 士誠, 자는 而善, 호는 雙谷. 아버지는 생원 李啓仁이며, 어머니 全州李氏는 첨정 李克綱의 딸이다. 부인 昌寧成氏는 成希益의 딸이다. 1590년 생원시에 합격하고, 1601년 식년문과에 급제하였다. 전적, 정언, 병조좌랑을 거쳐 1605년 삼화현령을 지냈다. 1606년 예조좌랑을 지내고 정언, 지평이 되고 1613년 성천부사를 역임했다. 1618년 千秋使로 명나라에 다녀오고, 1619년 대사간이 되었으며, 병조와 예조의 참의를 지냈다.

318 朴知述(박지술, 1552~1631): 본관은 咸陽, 자는 善而. 아버지는 형조참판 朴希立이며, 어머니 驪興閔氏는 목사 閔世龍의 딸이다. 좌찬성 無患堂 朴大立에게 양자를 갔으며, 양모는 長水黃氏이다. 부인 淳昌趙氏는 별좌 趙天祥의 딸이다. 사산감역관으로 벼슬길에 들어 귀후서별제, 예빈시주부, 사직서영, 형조정랑, 선공감첨정, 군기시부정 등을 지내고 안음현감, 자사현감을 역임하였다. 태인현감에 재직 시에 임진왜란이 일어나자 관아를 버리고 도망하였으나 용서를 받고 용담현령이 되었다. 자산군수, 부평부도부사를 지내고, 첨지중추부사에 이르렀다.

319 李綏祿(이수록, 1564~1620): 본관은 全州, 자는 綏之, 호는 東皐. 아버지는 첨정 李克綱이며, 어머니 溫陽鄭氏는 鄭琡의 딸이다. 부인 鎭川宋氏는 宋濟臣의 딸이다. 인조 때 영의정을 지낸 李敬輿가 그의 장남이다. 1585년 사마시에 합격하고, 1586년 별시문과에 급제하였다. 1593년 병조좌랑이 되고, 외직으로 나아가 서산군수를 역임하였다. 세자시강원문학, 홍문관부수찬을 거쳐 1602년 서북면체찰사 이원익의 종사관으로 활약하였다. 그후 廣州牧使, 봉산군수, 상주목사 등을 지냈다. 광해군 때 상의원정, 봉상시정, 사헌부장령 등을 역임하였다.

320 聖(성): 淸酒를 지칭한 말. 漢나라 말엽에 기근으로 인하여 술을 금하자 술을 마시는 자들이 술이라고 말하는 것을 기휘하여 淸酒를 聖人이라 부르고 濁酒를 賢人이라 불렀다.

321 富貴來逼(부귀래핍): 隋文帝가 文詞에 뛰어난 楊素를 가상히 여겨 일찍이 그에게 이르기를, "경은 相이 좋으니 스스로 힘쓸 것이요, 부귀하지 못할까는 걱정하지 말라." 하니, 양소가 대답하기를, "신은 다만 부귀가 신에게 절로 오는 것을 염려할 뿐이요, 부귀를 도모할 마음은 없습니다.(臣但恐富貴來逼臣, 臣無心圖富貴.)" 한 데서 온 말이다.

云云。朴鼎吉，亦來卽去。昏，守之令公來見。

6월 2일(정축)。맑음。

실록청에 가서 7판(板)을 썼다.

듣건대 양사(兩司)에서 이익(李瀷)을 구명(救命)하려는 까닭에 잠시 삼성(三省)의 추국(推鞫)을 미루게 했다고 하였다.

서신(徐兟) 등이 찾아왔다.

인사이동이 있었다. 송순(宋諄)을 대사헌으로, 조정립(曹挺立)을 헌납으로, 이정구(李廷龜)를 형조판서로 삼았다.

이날 저녁에 화붕(火棚: 火山臺)을 설치하면 도성 안의 사람이 모두 가서 구경하는데, 이는 바로 태평 무사한 시절에 하는 것이나 요즘처럼 위급한 때에 제대로 생각지 않고 다 허비하니, 무슨 뜻으로 그러는지 알지 못하겠다.

初二日(丁丑)。晴。

往實錄廳，書七板。聞兩司救李瀷，故姑不爲三省。徐兟等來見。有政。宋諄爲大司憲，曹挺立爲獻納，李廷龜爲刑曹判書。是夕，有火棚[322]之設，傾城往觀，此乃大平無事時所爲，當此危迫之時，不計靡費[323]，未知何意也。

---

322 火棚(화붕): 火山臺. 조선시대에, 대궐에서 불놀이를 하기 위하여 무대 모양으로 만든 臺.

323 靡費(미미): 물품이나 돈 따위를 모두 써 버리거나 허비함.

6월 3일(무인)。맑음。

류원숙(柳源叔: 柳活)이 지나는 길에 찾아왔고, 금언강(琴彦康: 琴愷) 또한 찾아와서 만났다. 들건대 봉상시정(奉常寺正: 李綏祿)의 부인이 어제 영남에서 왔다고 하였다.

송순(宋諄)이 문과와 무과의 급제자 발표 행사에 불참하였기 때문에 응당 추국(推鞫)을 피혐하니 체차되었다.

복자(卜者: 점쟁이) 차희남(車希男)이 지나갔는데, 그를 불러들여 운세의 좋고 나쁨을 물은 뒤에 병권자(秉權者: 권력을 잡은 자)들의 운명을 물었더니, 마침내 말하기를, "금년 가을과 겨울 사이에 높은 관직이 생겨도 판서(判書)에 불과한데다 타고난 수명이 이미 다하였으니, 허균(許筠)은 내년에 크게 불길하다."라고 운운하였다.

이날 임왕지(任性之)가 나를 만나러 찾아왔다.

初三日(戊寅)。晴。

柳源叔過見, 琴彦康亦訪。聞奉常正內氏, 昨自嶺南至。宋諄, 以文武科放榜[324]時不參, 應推避嫌, 見遞。卜者車希男過去, 招入問卜, 仍問秉權者之命, 乃曰: "今年秋冬間, 有大位不過判書, 壽限已盡, 許筠明年, 大不吉."云云。是日, 任性之來訪。

6월 4일(기묘)。맑다가 밤에 큰 눈 내리고 천둥 치며 비 조금 내림。

실록청에 가서 7판(板)을 썼는데, 첨정(僉正) 이함일(李涵一) 또한 일을 같이하였다. 예조좌랑(禮曹佐郎) 안경(安璥)이 교체되고, 정홍

---

324 放榜(방방): 과거 급제자 발표식. 문무과에 급제한 사람에게 紅牌·花·주과를 주는 의식이다.

원(鄭弘遠)이 실록청의 일방(一房)에 차출되었다.

안동(安東) 향교(鄕校)의 노비인 이복(李福)이 찾아와서 인사하고는 작은 벼루를 바쳤는데, 문묘(文廟)의 비석이 반 조각이 나서 직폐(職幣)가 거두어 오라고 한 일이었다.

初四日(己卯)。晴。夜大雪雷小雨。

往實錄廳, 書七板, 李僉正涵一[325]亦役焉。禮佐安璥[326]替, 鄭弘遠[327]差一房。安東校奴李福來謁, 仍獻小硯, 以文廟碑半, 幣[328]收來

---

325 李僉正涵一(이첨정함일): 僉正 李涵一(1563~1621). 본관은 咸平, 자는 一吾, 호는 一査. 아버지는 승사랑 李邦弼이며, 어머니 光山金氏는 참봉 金有仁의 딸이다. 첫째부인 驪陽陳氏는 陳翼臣의 딸이며, 둘째부인 南陽洪氏는 洪植의 딸이다. 1589년 사마시에 합격하였다. 1606년 성균관학정 겸 중학훈도를 지냈으며, 1607년 종부시주부를 거쳐 사헌부감찰, 지평을 지내고, 1610년 강진현감, 보령현감을 지냈다. 1614년 영해부사를 거쳐 1615년 춘추관편수관을 지냈으며, 1616년 성균관성이 되었는데, 1618년 인목대비가 유폐되고 이원익·이항복 등 대신들이 귀양가는 화를 당하자 조정의 회의에 참석하지 않았다가 강진현감으로 좌천되었다.

326 安璥(안경, 1564~1640): 본관 順興, 자는 伯溫, 호는 芹田. 할아버지는 安璠이며, 아버지는 부사 安義孫이다. 안의손의 첫째부인 光山金氏는 내금장 金希礪의 딸이며, 둘째부인 豊川任氏는 사직 任守愼의 딸이다. 안경은 풍천임씨의 소생이다. 첫째부인 羅州金氏는 돈용교위 金球의 딸이며, 둘째부인 豐壤趙氏는 직장 趙有年의 딸이다. 1603년 진사시에 합격하고, 懿陵 참봉으로 1612년 별시문과에 급제하였다. 예문관봉교가 되었고, 1616년 예조좌랑으로 실록 편찬에 참여하였다. 1617년 千秋使 尹安國의 서장관으로 명나라에 다녀왔다. 1619년 장령, 1621년 사은사 崔應虛의 서장관으로 또 명나라에 다녀왔다. 1623년 금교찰방 등을 지냈다. 인목대비의 폐비를 요청하는 庭請에 참여하는 등 광해군대 북인의 전횡에 순응한 죄로, 인조반정 뒤 관인 명단에서 삭제되어 지방으로 퇴거하였다.

327 鄭弘遠(정홍원, 1568~1636): 본관은 東萊, 자는 子裕, 호는 晩川. 아버지는 鄭象信이며, 어머니 全州李氏는 永川副正 李璟의 딸이다. 부인 慶州李氏는 李湜의 딸이다. 鄭期遠과 鄭恢遠의 동생이다. 1603년 진사시에 합격하고, 1613년 대증광문과에 급제하였다. 1614년 전적, 형조좌랑, 1615년 정언을 거쳐, 1616년 동지사의 서장관으로 명나라에 다녀왔다. 1618년 형조정랑, 장령, 필선 등을 역임하였다.

事也。

6월 5일(경진)。맑음。

박경행(朴景行: 朴守誼)·조자백(趙子百: 趙錫朋, 조목의 2남)과 종일토록 평온하게 이야기를 나누었다.

인사이동이 있었다. 박건(朴楗)을 대사헌으로, 김질간(金質幹)을 사간으로 삼았다. 허균(許筠)은 가선대부(嘉善大夫)로 올리도록 하고, 이덕형(李德綱: 李德泂의 오기)·권진(權縉)·이춘원(李春元) 모두 품계를 올리도록 하였으나, 나는 단지 벼슬만 올리도록 하였으니 가소로운 일이었다.

이정원(李廷元: 李挺元의 오기) 또한 지나는 길에 찾아왔다.

初五日(庚辰)。晴。

與朴景行·趙子百, 終日穩敍。有政。以朴楗爲大司憲, 金質幹爲司諫。許筠陞嘉善, 李德綱[329]·權縉[330]·李春元皆加資, 余則只陞

---

328 幣(폐): 職幣. 재물과 화폐를 관장하던 기관.

329 李德綱(이덕형): 李德泂(1566~1645)의 오기. 본관은 韓山, 자는 遠伯, 호는 竹泉. 아버지는 호군 李澳이며, 어머니 驪興閔氏는 숙천도호부사 閔元宗의 딸이다. 부인은 江陵金氏이다. 1590년 진사시에 합격하고, 1596년 식년문과에 급제하였다. 정언, 헌납, 문학, 사간, 응교, 시강원보덕, 사도시정을 거쳐, 광해군 때 동부승지, 승지, 대사간, 부제학, 이조참의, 병조참판, 도승지 등을 지냈다. 특히, 광해군이 永昌大君을 해치고 인목대비를 유폐시킬 때에 직접 반대의 입장에 서지 않고, 왕의 뜻에 따르거나 소극적인 태도를 취하였다. 인조반정 때는 광해군을 죽이지 말 것을 주장하였다. 그후 한성부판윤이 되어 이괄의 난을 진압하였다. 병자호란 후에 예조판서, 우찬성 등을 지냈다.

330 權縉(권진, 1572~1624): 본관은 安東, 자는 雲卿, 호는 睡隱. 아버지는 공릉참봉 權晛이며, 어머니 慶州李氏는 의금부도사 李希參의 딸이다. 첫째부인 青松沈氏는 沈蓉의 딸이며, 둘째부인 豐山沈氏는 沈日就의 딸이다. 1597년 알성문과에

敍，可笑。李廷元亦來過。

6월 6일(신사)。맑음。

나는 두통으로 매우 괴롭다.

양사(兩司)에서 이정구(李廷龜)는 김제남(金悌男)에게 아부하여 섬겼다며 적당(賊黨)으로 지목하고 논박하는 것이 매우 심했는데, 이정구의 직책을 파하도록 청하면서 심지어 말하기를, "이정구는 본디 뛰어난 사람으로서의 훌륭한 재주가 없었고, 보잘것없는 작은 기예도 현실 적용에 알맞은 학문이 아닙니다."라고 운운하였다.

수지(守之: 權泰一, 權春蘭의 양자) 영공(令公)이 지나는 길에 찾아왔다.

初六日(辛巳)。晴。

余痛頭甚苦。兩司，以李廷龜爲諂事悌男[331]，目之以賊黨，駁之甚

급제하였다. 정언, 수찬, 형조정랑, 장령, 교리, 대동도찰방을 거쳐 1609년 경주부윤이 되었다. 1613년 승지로서 계축옥사에 연루된 인목대비의 동생이며 金悌男의 아들인 金瑄의 감형을 청하였다. 1616년 수원부사 함경도관찰사, 한성판윤을 역임하였다. 우참찬을 거쳐 1622년 병조판서를 지냈다. 1623년 인조반정이 일어나 반정공신들의 사주를 받은 경상도관찰사 閔聖徽에 의해 왜인과 내통하여 반란을 꾀하였다는 죄목으로 참형을 당하였다.

331 悌男(제남): 金悌男(1562~1613). 본관은 延安, 자는 恭彦. 할아버지는 金安道이고, 아버지는 金禊이며, 어머니 安東權氏는 權常의 딸이다. 부인 光州盧氏는 盧泊의 딸이다. 宣祖의 장인이다. 1585년 사마시에 합격하고 1594년 의금부도사·공조좌랑을 거쳐, 1596년 연천현감을 지냈다. 1597년 별시 문과에 급제하였다. 1601년 정언·헌납·지평을 거쳐 이조좌랑이 되었다. 1602년 둘째딸이 선조의 繼妃인 仁穆王后로 뽑힘으로써 敦寧府都正이 되고, 冊妃(왕비로 책봉됨)되자 영돈녕부사에 延興府院君으로 봉해졌다. 1613년 李爾瞻 등에 의해 인목왕후 소생인 영창대군을 추대하려 했다는 공격을 받아 사사되었으나, 1616년에 폐모론이 일어나면서 다시 부관참시되었다.

緊, 請罷其職, 至曰: "廷龜素無出人奇才, 而其小技末藝, 非適用之學."云云。守之令公來過。

6월 7일(임오)。맑음。

두통이 멈추지 않았다.

실록청의 다그침을 받고 가서 2판(板)을 쓰고 돌아왔다.

양사(兩司)에서 논죄한 표헌우(表憲右) 역관은 바로 연릉(延陵: 이호민)이 북경(北京)에 갔을 때 배행(陪行)한 자이다. 그 논죄가 매우 엄중하니 반드시 장차 그 당시의 사신들에게까지 파급될 것이라서 개탄스럽다.

신의립(辛義立)이 찾아왔다. 저녁에는 김영(金瑛)·박경행(朴景行: 朴守誼)이 찾아왔다.

初七日(壬午)。晴。

痛不止。被實錄廳所迫, 往書二板而歸。兩司論表憲右譯, 乃延陵赴京時, 陪行者也。其論極重, 必將波及於其時使臣, 可歎。辛義立來見。夕, 金瑛·朴景行來見。

6월 8일(계미)。맑음。

두통이 멈추지 않았다.

전인원(全仁元)이 나를 만나러 왔는데, 시사(時事)에 말이 미치자 전인원이 말하기를, "대전(大殿)의 별감(別監)과 내관(內官)들이 매일 아침에 대비전(大妃殿)으로 가서 문안드리며 자세히 묻는 것은 문안하는 것이 아니라 자물쇠를 점검하는 것일 뿐입니다."라고 운운하였다.

인사이동이 있었다. 류희량(柳希亮)을 집의로 삼았으며, 황중윤(黃中允)을 정언으로 삼았으니 황중윤은 세 사람의 후보자 가운데 끝에 있던 후보자였다. 오익(吳翊)을 동부승지로, 류희발(柳希發)을 전한으로, 박재(朴梓)를 부응교로 삼았다.

저녁에 문노(文奴)가 익산(益山)에서 돌아왔는데, 정평(正平: 익산 군수 尹調元)이 보낸 것으로 백미(白米) 1섬, 정목(正木: 무명) 8필(疋), 부채 4자루, 석수어(石首魚: 조기) 20두름, 종이 10묶음, 참빗 1자루, 입모(笠帽: 油紙로 만든 고깔 같은 雨具) 1개이었다. 가히 열흘 간의 양식은 되니, 다행이고 다행이었다.

이날 사시(巳時: 오전 10시 전후)에 태백(太白: 金星)이 진지(辰地: 동남쪽 지방)에 나타났다.

初八日(癸未)。晴。

痛不止。全仁元[332]來謁, 語及時事, 仁元曰: "大殿別監與內官, 每朝問安于大妃殿, 細問之, 則非問安也, 點檢鎖鑰而已."云云。有政。柳希亮爲執義, 黃中允爲正言, 黃則以末擬[333]也。吳翊爲同副承旨, 柳希發爲典翰, 朴梓爲副應教。夕, 文奴自益山回, 正平[334]所

---

332 全仁元(전인원, 생몰년 미상): 본관은 昆陽. 사위는 李承逸·崔應遠이다. 同知를 지냈다.

333 末擬(말의): 三望의 끝자리에 추천함. 삼망은 벼슬아치를 발탁할 때 공정한 인사 행정을 위하여 세 사람의 후보자를 임금에게 추천하던 일이다.

334 正平(정평): 尹調元(1572~1637)의 字. 본관은 漆原, 호는 栗園. 아버지는 尹昌鳴이며, 어머니 奉化琴氏는 琴克仁의 딸이다. 부인 昌原黃氏는 黃曙의 딸이다. 매부 慶州李氏는 李大遂이다. 1603년 사마시에 합격하고, 같은 해 문과에 급제하였다. 1605년 사헌부 감찰과 예조좌랑·병조좌랑·경상도도사 등을 지냈고, 1611년 북청 판관에 제수되었다. 1612년부터 1615년까지 익산 군수로 부임하여 전주 지역 沃野의 수로를 개통시킨 공로로 加資되었고, 慶基殿을 조성할 때 終始

送, 白米一石, 正木八疋, 扇四把, 石首魚二十束, 紙十束, 梳貼一, 笠帽一也。可資旬日之糧, 多幸多幸。是日巳時, 太白[335]見於辰地[336]。

6월 9일(갑신)。비。

종일토록 집에 있었다.

初九日(甲申)。雨。

終日在家。

6월 10일(을유)。비。

듣건대 권첨지(權僉知)의 할아버님(大父主)께서 지난 달 10일에 세상을 떠나셨다고 하였다.

병조(兵曹)의 포폄(褒貶: 근무성적에 따른 포상징계 하는 행사)에 참석했다가 실록청으로 가서 9판(板)을 썼는데, 박경승(朴敬承: 朴守緖) 또한 함께하다가 임시거처로 돌아왔다.

듣건대 정언 정행지(鄭行之: 鄭遵)가 나를 만나러 왔고, 이여첨(李汝瞻: 李埁) 또한 서로 만나 보게 되었다.

十日(乙酉)。雨。

監董差使員을 맡아 성공리에 마쳐 가자되었다. 1616년 황해감사로 승진하였으나, 李爾瞻의 모함으로 해주옥사와 연루되어 운산 등지로 귀양을 갔고 8년 만인 1623년 인조반정으로 풀려났다. 이후 수차례 조정에서 불렀으나 응하지 않고 제천에 은거하였다.

335 太白(태백): 太白星. 金星.

336 辰地(진지): 동남쪽의 지방.

聞權僉知大父主, 以去月十日捐世。參兵曹褒貶[337], 仍往實祿[338]廳, 書九板, 朴敬承亦同之, 還寓。聞鄭正言行之見訪, 李汝瞻亦至相見。

6월 11일(병술)。 비 오다가 간혹 갬。

저녁에 수지(守之: 權泰一, 權春蘭의 양자) 영공(令公) 및 이자릉(李子陵: 李景嚴)을 찾아가서 만났는데, 달빛이 희미해질 무렵에야 돌아왔다.

지평 신광업(辛光業)은 외4촌 최홍윤(崔弘潤)이 전라병사(全羅兵使) 이응해(李應獬)에게 아무 까닭 없이 매를 맞고 죽었는데, 이응해가 사사로이 훔쳐서 배에다 실어 보내려는 짐들을 적발하고서 사헌부가 이를 논계(論啓)하자, 주상이 말하기를, "법부(法府)의 관원들이 모두 다 정직한 사람이 아니라면 마음속에 품고 있던 생각을 행하고 은혜나 원수 갚는 폐단이 이에서 싹틀 수도 있다."라고 운운하였다. 법부의 관원들이 모두 피혐(避嫌)하였으면서도 지평 정인(鄭寅)은 피혐하는 글에서 다시 이성(李惺)을 공격하는데 힘을 남김없이 쏟았으니, 우습기도 하였고 놀랍기도 하였다.

꿈에 아홉 층계의 사닥다리가 있었는데, 내가 부여잡고 오르다가 여덟 번째 층계에 이르러 꿈을 깨고 말았으니, 두 구간은 조짐이 아니겠는가.

---

337 褒貶(포폄): 조선시대에 관료의 근무성적을 평가한 뒤, 그 결과에 따라 포상이나 징계를 행하는 것.

338 實祿(실록): 實錄의 오기.(이하 동일)

十一日(丙戌)。雨或晴。

夕, 往見守之令公及李子陵, 月昏乃返。持平辛光業, 以其外四寸崔弘潤, 枉被全羅兵使李應獬[339]之打殺, 摘發應獬私送船卜[340], 仍論啓, 上曰: "法官非盡其正直之人, 則行胸臆, 報恩讎之弊, 自此創之."云云。諸官皆避嫌, 而鄭持平寅則避辭, 又攻擊李惺, 不遺餘力, 可笑可愕。夢有九級木階, 余乃攀躋, 至第八層, 覺悟, 無乃二區之兆耶?

6월 12일(정해)。 맑다가 오후에 비 옴。

사은사(謝恩使) 윤방(尹昉)·이정신(李廷臣), 서장관(書狀官) 윤홍국(尹弘國), 주문사(奏聞使) 윤선(尹銑) 등이 중국에서 돌아왔다. 주상이 세자 이하 백관을 거느리고 친히 서교(西郊)로 나아가서 맞이했는데, 공숙(恭肅: 恭聖의 오기)의 고명(誥命) 및 칙서(勅書)를 가져왔다.

꿈에 정위(庭闈: 부친 김몽호)가 보였는데, 편치 않은 기색이 있는 듯하였다.

十二日(丁亥)。晴。午後雨。

謝恩使尹昉·李廷臣[341], 書狀尹弘國[342], 奏聞使尹銑[343]等, 回自京

---

339 李應獬(이응해, 1547~1626): 본관은 陜川, 초명은 應龍, 자는 直卿. 아버지는 李公佐이며, 어머니 密陽朴氏는 朴彦璋의 딸이다. 부인 原州李氏는 李嗣元의 딸이다. 1601년 온성부사로 右衛將이 되어 여진족 소굴을 소탕하였다. 1613년 전라병사가 되었는데, 把摠 崔弘潤을 杖殺한 죄로 파직당하였다. 1619년 舟師大將, 1620년 동지중추부사를 역임하였다. 1622년 경상우병사로 재직 중 인조반정이 일어나자 숨어 있다가 慶尙右道宣諭御史 李惟達에게 체포되었다. 1624년 권력자의 비호 아래 백성을 침탈하여 많은 재물을 축재하였다 하여 軍門에 효시되었다.

340 船卜(선복): 뱃짐.

師。上率世子以下百官，親送[344]于西郊，爲恭肅[345]誥命及勅書來也。夢見庭闈，似有不安之色。

6월 13일(무자)。맑음。

윤선(尹銑) 영공(令公)을 만나러 갔더니, 민윤보(閔閏甫: 閔馨男) 및 이충(李冲) 또한 찾아왔다. 성균관 유생 허종선(許從善)·형효갑(邢孝甲)이 찾아왔는데, 허종선이 김주우(金柱宇: 김중청의 3남)와 같은 해 과거에 급제하여서 공손하게 절하니 가소로웠다. 월과(月課: 성균관에서 매월 시행하는 시험)를 짓도록 했는데, 임우(霖雨)의 훈계를 짓게

---

341 李廷臣(이정신, 1559~1627): 본관은 全州, 자는 公輔. 아버지는 李夢祥이며, 어머니 固城南氏는 南尙德의 딸이다. 부인 東萊鄭氏는 鄭休復의 딸이다. 1588년 식년문과에 급제하였다. 정언, 헌납을 거쳐 1594년 선천군수, 광주목사, 1598년 전주부윤이 되었다. 나주목사, 廣州牧使, 용양위호군 등을 지내고 1610년 경상도 관찰사, 1612년 의주부윤을 거쳐 1615년 사은사의 副使로 명나라에 다녀왔다. 1618년 단천군수가 되고, 1625년 김해부사를 역임하였다.

342 尹弘國(윤홍국, 1576~1615): 본관은 楊州, 자는 長卿. 아버지는 수운판관 尹應商이며, 어머니 全州李氏는 현감 李元友의 딸이다. 부인 延日鄭氏는 鄭起溟의 딸이다. 1601년 식년문과에 급제하였다. 1604년 병조좌랑, 춘추관기사관을 거쳐 울산판관, 북평사직강, 용양위부호군을 지냈다. 1615년 서장관으로 명나라에 다녀온 다음해에 죽었다.

343 尹銑(윤선, 1559~1637): 본관은 坡平, 자는 澤遠, 호는 秋潭. 아버지는 尹彦禮이며, 어머니 密陽朴氏는 사직 朴承孝의 딸이다. 부인 全義李氏는 李長文의 딸이다. 1582년 진사시에 합격하고, 1588년 식년문과에 급제하였다. 전적, 승문원 정자 등을 거쳐 1601년 부안현감을 지내고, 1603년 사간원대사간, 1605년 예조와 호조의 참의를 역임했으며, 1606년 우승지, 도승지, 성균관대사성을 지냈다. 광해군이 즉위하자 이조참편, 병조참판, 예조참판을 지냈고, 1615년 주문사로 중국을 다녀왔고, 1617년 우참찬을 역임하였다.

344 親送(친송): 교정자가 '親迎'으로 바로잡음.

345 恭肅(공숙): 恭聖의 오기. 恭聖王后를 가리킨다.

하였다.

가서(家書: 고향집에서 보낸 편지)를 읽었는데, 한양(漢陽)으로 파견된 향리(鄕吏)가 가져왔다.

十三日(戊子)。晴。

往見尹銑令公, 閔閭甫及李沖亦來。泮儒[346]許從善[347]·邢孝甲[348]來見, 從善以杜宇同年, 恭拜, 可笑。作月課, 作霖雨誥。見家書, 京主人持來。

6월 14일(기축)。맑다가 밤에 비 옴。

실록청에 가서 7판(板)을 썼다.

오후에 수구문(水口門) 밖으로 갔는데, 조 판서(趙判書: 趙挺)가 어머니의 신주(神主)를 모시고 집으로 돌아오는 것을 맞이해서 호위하기 위해서였다.

멀리서 양사(兩司)의 의막(依幕: 임시 막사)이 성 밑의 말을 메어 놓는 곳에 있어서 바라보니, 마침 이정신(李廷臣) 영공(令公) 또한 그 옆에 있었는지라 서로 마주 앉아서 오랫동안 평온하게 이야기를 나누었다. 이조참의 김징(金徵: 金緻의 오기)과 예조참의 김국(金旺: 金闓의 오기)이 함께 왔다. 예조참판 남근(南謹: 南瑾의 오기)까지 오게

346 泮儒(반유): 성균관에 유숙하면서 공부하는 유생.

347 許從善(허종선, 1563~1642): 본관은 河陽, 자는 吉彦. 아버지는 許遠이다. 1612년 생원시에 합격하였다.

348 邢孝甲(형효갑, 1571~?): 본관은 晉州, 자는 誠叔. 할아버지는 邢南斗이며, 아버지는 邢鐸이다. 1610년 생원시에 합격하였고, 1616년 별시 문과에 급제하였다. 朴乾甲·劉敬甲과 함께 '大北三甲'으로 불리면서 광해군 조에 활동했는데 母后를 폐위하도록 하는 등의 글을 올리기도 하였다.

되자, 나는 피해서 나오다가 윤환(尹晥)을 만나 이야기를 나누었다.

이윽고 혼여(魂輿: 혼백 싣고 가는 가마)가 지나가는 것을 보니, 호위하며 따르는데 온 조정의 벼슬아치들이 모두 나와서 마치 군대 행진과 같았다. 돌아오는 길에 김사겸(金士謙: 金廷益)의 집에 들러 만났다. 저녁에는 수지(守之: 權泰一, 權春蘭의 양자) 영공(令公)을 찾아가 만났다.

十四日(己丑)。晴。夜雨。

往實祿廳, 書七板。午後, 往水口門[349]外, 以趙判書大夫人返魂, 迎護也。望見兩司依幕, 歇馬于城底, 適李廷臣令公, 亦在其傍, 相與對坐, 穩敍良久。吏議金徵[350]與禮議金旺[351]同至。及禮參南謹[352]

---

349 水口門(수구문): 光熙門을 가리킴. 水溝門 또는 屍口門이라고도 한다.

350 金徵(김징): 金緻(1577~1625)의 오기. 본관은 安東, 자는 士精, 호는 南峰·深谷. 아버지는 부사 金時晦이며, 어머니 淸州楊氏는 楊彦漑의 딸이다. 金時敏에게 입양되었다. 부인 泗川睦氏는 이조참판 睦詹의 딸이다. 아들은 金得臣이다. 1597년 알성문과에 급제하였다. 광해군 때 사복시정, 이조참의, 동부승지, 대사간을 거쳐 교리, 부제학 등을 거쳐 병조참지에 올랐다. 한때 李爾瞻의 심복되었으며, 대사간이 되어서는 永昌大君 살해음모를 반대하는 鄭蘊을 공격하였다. 그러나 광해군의 학정이 날로 심해짐을 깨닫고 병을 핑계로 관직에서 물러나 두문불출하였다. 인조반정이 있을 무렵 沈器遠과 사전에 내통하여 벼슬길에 다시 올랐으나, 대북파로 몰려 유배당하였다. 그 뒤 풀려나 동래부사를 거쳐 1625년 경상도관찰사가 되었다.

351 金旺(김국): 金閫(1582~1618)의 오기.

352 南謹(남근): 南瑾(1556~1635)의 오기. 본관은 宜寧, 자는 季獻, 호는 龍湖. 아버지는 공조참판 南應雲이며, 어머니 靈山辛氏는 辛世良의 딸이다. 부인 延安李氏는 李澍의 딸이다. 1586년 별시문과에 급제하였다. 1592년 임진왜란 당시 지평으로서 파천하는 宣祖를 호종하였으나 도중에 없어짐으로써 삭직당하였다. 1598년 장령, 사간, 종부시정, 부교리를 거쳐 우부승지, 1602년 호조참이, 도승지가 되고, 1603년 사은사로 중국에 다녀왔다. 1614년 대사성, 1615년 예조참의, 1616년 대사간, 대사헌을 거쳤는데, 1617년 인목대비의 폐비논의를 일으켜 그 정청에 참

至, 余避出, 遇尹晥[353]語。俄逢魂輿過, 護行, 滿朝渾出, 有若軍行。歸路歷見金士謙。夕, 守之令公見訪。

6월 15일(경인)。 맑음。

실록청에 가서 3판(板)을 썼는데, 곧 전날 아파서 미처 쓰지 못한 것이었다.

박경승(朴敬承: 朴守緖)도 정해진 일정에 따라서 같이 갔다. 박경승이 급히 권성오(權省吾)에게 편지를 보냈으니, 푸짐한 개장국에 소주 1병을 마련했다는 것이다. 이점(李蒧) 및 김주우(金柱宇: 김중청의 3남)·정수온(鄭粹溫) 또한 참석하였고, 김영(金瑛)이 뒤이어 왔다. 저녁이 되어서는 흠경각(欽敬閣)에 가서 구경하고 돌아왔다.

돌아온 뒤에 오융보(吳隆甫: 吳汝檼)를 찾아가 만나서 풍기(豊基) 고을 원을 바랐더니, 오융보가 대답하기를, "존형(尊兄)이 대간(臺諫)을 하고 싶어하지 않는 뜻을 내가 알았으며, 만약 시강원(侍講院)의 자리이면 될 것이오. 하지만 외직(外職)으로 보임(補任)하는 것은 사람들이 그것에 대해 말을 할지나, 내가 막을 수 있을 것이오."라고 하는지라, 가소로웠다. 나는 고을 원이 되어 어버이를 영화롭게 모시고 싶었으나 쉽지가 않았다. 이에 김주우에게 '생선을 삶는 데도 술수가 있으나, 어버이의 은혜에 보답할 길은 없네.(鮮烹有術, 烏哺

여하는 등 이이첨을 중심으로 한 대북세력의 정책을 앞장서서 추진하였다. 1623년 인조반정 뒤 유배되어 풀려나지 못하였다.

353 尹晥(윤환, 1556~?): 본관은 海平, 자는 君悔. 아버지는 尹根壽이며, 어머니 豊壤趙氏는 趙安國의 딸이다. 부인 全州李氏는 李磐의 딸이다. 1582년 진사시에 합격하였다. 면천군수를 지냈다.

無路.)'라는 여덟 글자를 써서 벽에 걸도록 하였다.

꿈에서 문루에 올라가 있는데, 이성상(李聖祥: 李得麟인 듯)이 활을 잡고 문루 아래서 비 오듯이 화살을 쏘아대었지만, 나는 겨우 피하였다.

十五日(庚寅)。晴。

往實祿廳, 書三板, 乃前日病, 未書者。朴敬承, 以日次[354]同往。敬承馳書[355]于權省吾, 乞家獐[356]百韋[357]燒酒三鐥[358]。李葳及杜宇·鄭粹溫亦參, 金瑛追至。夕, 往見欽敬閣以歸。歸後, 往見吳隆甫, 爲求豐基, 則隆甫答曰: "尊兄不欲爲臺官之意, 我知之, 若侍講院則可矣。外補則人雖聽之, 我當防之."云, 可笑。余欲得郡縣, 爲榮養[359]計而未易。乃令杜宇書'鮮烹[360]有術, 烏哺[361]無路.'八字, 揭壁。夢登樓上, 李聖祥[362]執弓, 矢在樓下, 送矢如雨, 余艱避。

---

354 日次(일차): 정해진 일정.

355 馳書(치서): 급히 편지를 보냄.

356 家獐(가장): 개장국. 여름에 개고기를 삶거나 구워 먹는 것.

357 百韋(백이): 미상.

358 三鐥(삼선): 1병. 2홉이 1잔 되고, 2잔이 1작 되고, 2되가 1복자[鐥] 되고, 3복자가 1병 되고, 5복자가 1동이[東海가 된다(二合爲一盞, 二盞爲一爵, 二升爲一鐥, 三鐥爲一甁, 五鐥爲一東海.)고 한다.

359 榮養(영양): 부모에게 좋은 옷과 음식을 올려 효양을 다하는 것. 부모를 영화롭게 잘 모시는 것이다.

360 鮮烹(선팽): 國政을 처리하는 일을 물고기를 삶는 일에 비유하여 경계한다는 말. 곧 작은 물고기를 요리할 때 지나치게 많이 끓이면 도리어 문드러지고 만다는 비유인데, 《老子》의 "큰 나라를 다스리는 자는 작은 생선을 삶듯이 해야 한다.(治大國者若烹小鮮.)"에서 나온 말이다.

361 烏哺(오포): 어버이를 봉양하는 자식의 효성을 일컫는 말. 까마귀는 새끼 때 길러 준 어미가 늙은 뒤에 먹이를 가져다 어미의 입에 물려주면서 은혜를 갚는다는 反哺之孝에서 나온 말이다.

6월 16일(신묘)。 맑음。

심언명(沈彦明)이 지나는 길에 찾아왔다가 명함을 남겨두고 갔다. 금언강(琴彦康: 琴愷)·김택지(金擇之: 金友益)가 찾아와서 만났고, 박경승(朴敬承: 朴守緖)이 도착하자 사성(師聖: 李葳)이 자신의 임시거처로 맞이하여 보려 한 까닭에 나도 가서 만났다.

꿈에서 탁족(濯足: 발을 씻음)을 하였다.

十六日(辛卯)。晴。

沈彦明[363]來過, 留銜而去。琴彦康·金擇之見訪, 拜[364]敬承到, 師聖寓邀見, 余往見之。夢濯足。

6월 17일(임진)。 맑다가 잠깐 비 오다가 그침。

서신(徐兟)과 박경승(朴敬承: 朴守緖)이 찾아왔는데, 백금서원(白金書院)에 서원 소속을 면한 여정(餘丁: 비현역 장정)에게 바치도록 한 무명을 정지해 달라는 소장(疏狀)을 청하여 그 초안(草案)을 지었다. 박경승이 안주와 술을 마련하여 보내왔다.

저녁에 정양윤(鄭良胤)을 찾아가 만나고 한산군(漢山君: 趙振, 정양

---

362 聖祥(성상): 李得麟(1570~1592)의 字인 듯. 본관은 碧珍, 호는 大齋. 아버지는 李日新이다. 한성부판관에 추증되었다.

363 沈彦明(심언명, 1561~?): 본관은 靑松, 자는 士晦, 호는 琴隱. 양할아버지는 沈巨源이고, 친할아버지는 우의정 沈通源이다. 아버지는 1558년 진사시에 합격한 沈鏵이며, 어머니 全州李氏는 德林君 李孜의 딸이다. 첫째부인 楊州趙氏는 趙大男의 딸이며, 둘째부인은 李瑴의 딸이다. 1586년 알성문과에 급제하였다. 주서를 거쳐 1595년 영변판관이 되었으며, 1605년 형조정랑, 1611년 우통례를 지낸 후 1613년 여주목사로 나아가서 七庶之獄에 연루된 서양갑과 노닐었던 변계허 등 5명을 잡았다. 1616년 정평부사가 되었다.

364 拜(배): 교정자가 '疑朴'으로 바로잡음.

윤의 외조부)을 문안하였으며, 또 김봉조(金奉祖) 형제(兄弟: 김봉조의 동생 金榮祖)와 이익(李瀷)을 만났다. 돌아오는 길에 권수지(權守之: 權泰一, 權春蘭의 양자) 영공(令公)을 만났다.

十七日(壬辰)。晴。暫雨旋止。

徐兟與敬承來, 爲白金書院, 請免院屬餘丁木[365]呈疏, 疏草搆之。敬承覔煮酒來餉。夕, 往見鄭良胤, 問安漢山, 又見金奉祖[366]兄弟·李瀷。歸路, 見守之令公。

6월 18일(계사)。맑음。

권래(權來)가 찾아왔다.

저녁에 영상(領相: 奇自獻) 댁에 찾아갔으나 만나지 못했고, 장령(掌令) 김몽호(金夢虎)을 만났는데 강릉(江陵) 사람이다. 듣건대 박재(朴榟)가 상소를 하였는데, 대강 "면전에서 전랑(銓郎: 이조좌랑 朴鼎吉)으로부터 헐뜯기어 배척을 받았으니 장령(掌令) 직을 체차하여 어리석은 내 분수에 편안하게 해 주소서."라고 한 것이라 하였다.

十八日(癸巳)。晴。

權來見。夕, 往領相家, 不得見, 見金掌令, 江陵人也。聞朴榟上

---

365 餘丁木(여정목): 여정이 병역에 복무하지 않는 대신에 바치는 무명. 여정은 국가의 충원 계획에 따라 현역을 징집하고 남은 장정이다.

366 金奉祖(김봉조, 1572~1630): 본관은 豊山, 자는 孝伯, 호는 鶴湖. 아버지는 金大賢이며, 어머니 全州李氏는 충의위 李纘金의 딸이다. 부인 光山金氏는 참봉 金翌의 딸이다. 문예에 조예가 깊어 동생 金榮祖와 함께 영남에서 문명을 떨쳤다. 1601년 사마시에 합격하고, 1613년 증광문과에 급제하였다. 1616년 단성현감으로 지내면서 정인홍과 갈등을 빚고서 관직을 버리고 고향으로 돌아갔다. 1623년 인조반정으로 경상도도사, 1624년 익산군수, 1630년 사헌부지평이 되었다.

疏，大概“面被銓郎詆斥[367]，請鐫改[368]書[369]掌職，以安愚分.”云。

6월 19일(갑오)。맑음。

실국(實局: 실록청)에 가서 7판(板)을 썼다.

임금이 친히 고제(告祭)를 지내러 봉자전(奉慈殿)에 나아갔다.

아산현감(牙山縣監) 정연(鄭演: 정양윤의 부친) 및 이유칙(李維則)이 찾아왔다.

박재(朴榟)의 상소에 비답(批答)하기를, “상소를 보고 모두 알았다. 사직하지 말고 직무를 다하라.”라고 하였다.

十九日(甲午)。晴。

往實局，書七板。自上親祭事，詣奉玆[370]殿[371]。牙山縣監鄭演及李維則[372]來見。答朴疏，曰：“省疏具悉。勿辭盡職.”

6월 20일(을미)。맑음。

거만(巨萬)이 돌아갔는데, 봉화(奉化)의 집에 보내는 서찰을 부쳤다.

주상이 환궁하였다.

---

367 詆斥(저척): 남을 헐뜯어 말하여 배척함.

368 鐫改(전개): 죄를 지은 사람의 벼슬자리 떼고 다른 데로 옮기어 바꿈.

369 書(서): 문맥상 불필요한 글자인 듯.

370 玆(자): 교정자가 ‘疑慈’로 바로잡음.

371 奉慈殿(봉자전): 永禧殿의 옛 이름. 영희전은 조선시대 여섯 임금의 어진을 모셨던 전각인데, 태조·세조·원종·숙종·영조·순조의 御眞(임금의 초상화)을 모셨던 전각이다.

372 李維則(이유칙, 1575~1621): 본관은 全州. 아버지는 李欽毅이다. 부인 東萊鄭氏는 鄭應星의 딸이다. 곤양군수를 지냈다.

二十日(乙未)。晴。

巨萬歸，付家書于奉化。上還宮。

6월 21일(병신)。맑음。

홍개신(洪介信: 洪可臣의 오기)과 류조생(柳肇生)이 세상을 떠나서 조정의 정사와 시장의 장사를 중단하였다. 그리하여 예조(禮曹)에서 황제의 은혜에 감사하는 의식에 백관(百官)이 축하 드리는 일만 다른 날로 물려서 행하기를 청하니, 주상이 답하기를, "조정을 임시로 폐한 날에 거동하는 것은 온당치 않으니 모두 다른 날로 물려서 행하라." 한 까닭에 백관들이 이미 모였다가 도로 흩어졌다.

한낮 무렵에 김택지(金擇之: 金友益)의 초대를 받았는데, 박경승(朴敬承: 朴守緖)·최숭(崔嵩)·이중현(李仲顯: 李重顯의 오기인 듯)·이순(李楯)·권로(權櫓) 등이 함께 생일 술자리에 참석하였다. 단천(端川)의 주탕(酒湯: 관비 기생)은 곧 김택지가 거산찰방(居山察訪) 시절에 아끼던 물건으로 데려와서 머무르게 했다가 이날 내어 보인 것이다.

나는 돌아오는 길에 형조참판 이호의(李好義)를 만났는데, 완평(完平: 李元翼)의 일은 아뢰는 것이 정지되었다고 하였다.

二十一日(丙申)。晴。

以洪介信[373]·柳肇生[374]卒，停朝市[375]。禮曹請只謝皇恩，百官陳

---

373 洪介信(홍개신):《光海君日記》1615년 6월 21일 2번째 기사에 의하면, 洪可臣(1541~1615)의 오기. 본관은 南陽, 자는 興道, 호는 晩全堂·艮翁. 아버지는 洪曇이며, 어머니 興陽申氏는 군수 申允弼의 딸이다. 부인 載寧李氏는 李衡의 딸이다. 1567년 진사시에 합격하였다. 형조좌랑, 지평을 거쳐 1584년 안산군수를 지내고 1588년 수원부사로 있었으나 鄭汝立과 가까이 지낸 이유로 파직 당하였

賀則退行, 自上答曰: "輟朝[376]之日, 擧動未安, 竝有退行."云, 故百官已會而還散。午間, 被金擇之招, 與朴敬承·崔嵩[377]·李仲顯[378]·李楯[379]·權櫓等, 同參初度[380]之酌。端川[381]酒湯[382], 乃擇之居山時

다. 1593년 파주목사를 거쳐 1594년 홍주목사로 있으면서 李夢鶴의 난을 평정하였다. 강화부사, 형조참판, 강원도관찰사, 개성부유수 등을 지내고 이몽학의 난을 평정한 공으로 1605년 寧原君에 봉해졌다. 광해군 때 장례원정, 한성부우윤 등을 거쳐 1610년 형조판서에 이른 뒤 관직에서 물러나 아산에서 죽었다.

374 柳肇生(류조생, 1564~1615): 본관은 全州, 자는 應時. 아버지는 柳孝纘이며, 어머니는 林川趙氏이다. 부인은 全州李氏이다. 1591년 무과를 거쳐 관직에 나아갔으며, 1599년 고성군수로 있다가 파직되기도 하였다. 그 뒤 1604년 임진왜란 당시 선조를 호종한 공으로 完原君에 봉해졌다. 1606년 영암군수가 되었으나 탄핵되었다. 이후 관직은 오위도총부의 부총관에 이르렀다.

375 停朝市(정조시): 조선시대 왕실의 상례나 忌日, 또는 조정의 원로 대신이 죽었을 때나 큰 천재지변이 일어났을 때, 애도나 勤愼의 뜻을 나타내기 위하여 정해진 기간 동안 관청은 공적인 업무를 보지 않고, 상인들은 장사를 하지 않던 일.

376 輟朝(철조): 停朝. 國喪을 당하거나 大臣이 죽었을 때, 혹은 재앙이 있을 때 임시로 朝會를 정지하던 일.

377 崔嵩(최숭, 1572~1626): 본관은 水原, 자는 中望. 아버지는 崔彦國이며, 어머니는 韓彭壽의 딸이다. 부인 동래정씨는 鄭麟瑞의 딸이다. 1591년 사마시에 합격하고, 1621년 식년문과에 급제하였다. 교서관권지부정자, 성균관박사, 1604년 성균관전적, 봉상시주부를 거쳐 횡성현감이 되었다. 1610년 다시 봉상시주부가 되었고, 봉상시판관, 봉상시첨정을 지냈다. 1617년 인목대비 폐위 문제에 대해 미온적인 태도를 취했다.

378 李仲顯(이중현): 李重顯(1571~?)의 오기인 듯. 본관은 泰安, 자는 晦而. 아버지는 李應福이다. 단천군수를 거쳐 1606년 식년문과에 급제하였다. 1610년 교서관부정자, 1616년 주부 등을 역임하였다.

379 李楯(이순, 1577~?): 본관은 全州, 자는 叔閑. 아버지는 李齊閔이다. 이제민의 측실에서 태어나 허통되었다. 1603년 진사시에 합격하고, 1612년 식년문과에 급제하였다. 현감을 역임했다. 아들은 李時茂, 李時蕃, 李時芬, 李時華이다.

380 初度(초도): 생일을 달리 이르는 말.

381 端川(단천): 함경남도 동북부에 있는 고을. 金友益이 거산도찰방을 지냈는데, 거산도의 관할범위는 咸興-洪原-北靑-利原-端川-吉州-明川에 이어지는 역로와 북청에서 甲山-三水로 이어지는 역로이다.

愛物, 率來以留之, 是日出而見之。余歸路, 見刑參判李好義[383], 完平事停啓[384]。

6월 22일(정유)。 맑음。

어제 유학(幼學) 조직(趙溭)이 상소를 올려서 자전(慈殿: 인목대비)을 같은 궁에 모시어 정성스러운 효도를 다하라고 하였다. 조직은 고인(故人) 조수인(趙守寅: 趙守彛의 오기)의 아들이다.

꿈에서 고향 마을으로 돌아가 변자시(邊子是)와 김익청(金益淸: 김중청의 4촌동생)을 보았는데, 또 지족건(紙足巾: 종이 버선)을 신고 있었다.

이날 성균관 유생 민결(閔潔)이 남명(南溟: 曺植)을 문묘에 종사(從祀)할 것을 청하는 상소를 올렸다.

二十二日(丁酉)。晴。

昨日, 幼學趙溭[385]上疏, 請奉慈殿於一宮, 以盡誠孝事。溭乃故守

---

382 酒湯(주탕): 官婢의 명칭. 기생이다. 婢子는 水汲이라 한다.

383 李好義(이호의, 1560~1624): 본관은 全州, 자는 士宜. 호는 后川. 아버지는 敎官 李天擎이며, 어머니는 柳憲의 딸이다. 부인 坡平尹氏는 尹機의 딸이다. 1589년 사마시에 합격하고, 1597년 모화관 정시문과에 급제하였다. 병조좌랑, 정언, 사서, 평안도도사, 헌납, 장령 등을 두루 역임하였다.1609년 告訃使의 서장관으로 명나라에 다녀왔고, 동부승지, 우승지를 거쳐 1615년 형조참판이 되었으며, 1623년 양양부사로 나갔다.

384 停啓(정계): 왕이 윤허할 때까지 논쟁하지 않고 중간에서 啓를 정지하는 것.

385 趙溭(조직, 1592~1645): 본관은 豊壤, 자는 止源, 호는 止齋. 아버지는 漢豊君 趙守彛이며, 어머니 晉州鄭氏는 찰방 鄭南慶의 딸이다. 부인 洪川李氏는 李東白의 딸이다. 1613년 광해군의 폐모사건이 일어나자 아우 趙沃에게 부모의 봉양을 부탁한 다음 분연히 폐모반대의 抗疏를 올렸는데, 그때 나이 22세였다. 이듬해 남해에 유배되었다. 1623년 인조반정으로 석방되어 호조좌랑에 제수되었다가

寅之子也。夢歸鄕里，見邊子是及金益淸[386]，又着紙足巾。是泮儒閔潔[387]，請祀南冥上疏。

6월 23일(무술)。맑음。

실국(實局: 실록청)에 가서 7판(板)을 썼다.

돌아올 때 옥당(玉堂: 홍문관)에 들러 이여첨(李汝瞻: 李埁)을 만났다. 듣건대 신상연(申尙淵)이 또 상소를 올려서 남이공(南以恭)·조경기(趙慶起) 등의 목을 베도록 청하였다고 한다.

정유번(鄭維藩)이 나를 만나러 찾아왔고, 완평(完平: 李元翼)은 홍천(洪川)에 중도부처(中途付處)되었다.

二十三日(戊戌)。晴。

往實局，書七板。歸時，歷見汝瞻于玉堂。聞申尙淵又呈疏，請斬南以恭·趙慶起[388]等。鄭維藩[389]來訪，完平洪川[390]付處。

형조좌랑으로 옮기고 이어 형조정랑으로 승진되었으며, 배천·간성·고성의 군수를 지냈다.

386 金益淸(김익청, 1582~1621): 본관은 安東, 자는 而敬. 아버지는 金景虎이며, 어머니 安東權氏는 權寧의 딸이다. 金中淸의 4촌동생이다. 부인 熊川朱氏는 첨정 朱景孟의 딸이다. 勵節校尉를 지냈다.

387 閔潔(민결, 1571~?): 본관은 驪興, 자는 聖興. 아버지는 여주목사 閔定命이며, 어머니는 淸州韓氏이다. 1610년 진사시에 합격하였다. 봉사를 지냈다.

388 趙慶起(조경기, 1584~1658): 본관은 楊州, 자는 德休·德裕, 호는 淮海堂. 생부는 趙存善이다. 양아버지는 장원서별제 趙存信이며, 양어머니 綾城具氏는 현감 具思謙의 딸이다. 부인 光州金氏는 충위위 金德仝의 딸이다. 1613년 인목대비의 폐모론을 주장한 鄭造, 尹訒, 李偉卿 등의 목을 벨 것을 소를 올렸다. 1623년 인조반정 후 절개있는 사람이라 하여, 군위현감으로 발탁한 뒤, 천안, 각덕, 고성군수, 강화경력, 호조정랑, 공조정랑, 경상도사, 군기제용감, 상의원정, 예빈시정 등을 역임하였다.

6월 24일(기해)。맑음。

백관(百官)들의 하례를 받고서 사면령을 반포하였다.

송현(松峴)에서 처가 사람이 왔다.

二十四日(己亥)。晴。

百官陳賀頒赦。松峴[391]婦氏[392]來。

6월 25일(경자)。맑음。

유학(幼學) 신급(申岌: 申礏으로도 표기)이 상소하였는데, 간사한 자들을 물리치고 어진 이들을 등용하라는 것이었다. 공홍도사(公洪都事: 충청도사) 전형(全瀅)이 상소하였는데, 김효성(金孝誠)·조직(趙溭)에게 전형(典刑: 본보기)을 밝게 보여서 윤기(倫紀: 윤리와 기강)를 바로 잡도록 청하였다.

내가 김구정(金九鼎)의 집에 갔는데, 배자장(裵子張: 裵大維)·금언

---

389 鄭維藩(정유번, 1562~1639): 본관은 迎日, 자는 德甫, 호는 瓠翁. 아버지는 병절교위 鄭鼐臣이다. 정내신의 첫째부인 全州李氏는 호군 李憲誠의 딸이며, 둘째부인은 草溪卞氏이다. 전주이씨의 장남으로 태어난 지 1년 만에 모친이 별세하고 서울 외조부 댁에 자랐다. 첫째부인 高靈申氏는 申浤의 딸이며, 둘째부인 全州李氏는 李健의 딸이다. 1601년 진사시에 합격하고, 1605년 별시문과에 급제하였다. 관직에 나아갔다. 성균관 전적, 사예, 사성, 사헌부 감찰, 호조, 형조, 예조좌랑을 역임하고 춘추관 편수관에 이르렀는데 당시 大北의 영수인 李爾瞻이 先祖의 후사로 광해군을 옹립하려하자 "왕통은 적손으로 이어야한다"며 반대하다가 외직으로 좌천당하고 말았다. 이어 유곡도찰방, 해미현감, 회천, 풍덕, 임천군수를 지냈는데 회천군수 재임시 지방 권력가의 그릇된 행태를 바로 잡으려고 맞서다 모함을 받기에 이르자 벼슬을 버리고 고향 봉계로 낙향했다.

390 洪川(홍천): 강원도 중서부에 있는 고을. 동쪽은 양양군, 서쪽은 경기도 양평군·가평군, 남쪽은 평창군·횡성군, 북쪽은 춘천시·인제군과 접한다.

391 松峴(송현): 서울특별시 종로구 송현동에 있었던 고개인 듯.

392 婦氏(부씨): 아내. 妻家 사람.

강(琴彦康: 琴愷)·박경승(朴敬承: 朴守緖)·권성지(權省之: 權守已)·서진보(徐晉甫: 徐熊)도 모두 참석하였으니, 바로 주인의 생일이었다.

저녁에 박경행(朴景行: 朴守誼) 형제(兄弟: 박수의의 동생 朴守謹)와 김중화(金仲和: 金篏, 朴守謙의 사위)가 찾아와서 이야기를 나누었다.

노비 순화(順化)가 시골서 돌아왔는데, 고향 편지를 받아 보았다.

이날 아침에 고향으로 돌아가는 조자백(趙子百: 趙錫朋, 조목의 2남)을 전송하였다.

二十五日(庚子)。晴。

申幼學岌[393]上疏, 去奸進賢事。公洪都事全瀅[394]上疏, 請金孝誠·趙溭, 明示典刑, 以正倫紀。余往金九鼎家, 裵子張·琴彦康·朴敬承·權省之·徐晉甫皆參, 乃主人生辰也。昏, 朴景行兄弟及金仲和來話。順化奴自鄕還, 見鄕書。是朝, 送趙子百歸鄕。

6월 26일(신축)。맑음。

저녁에 수지(守之: 權泰一, 權春蘭의 양자) 영공(令公)을 찾아갔는데, 주상이 승정원에 하교하기를, "조직(趙溭)의 흉측한 상소를 전교(傳敎)가 있지 않았는데도 받아들이니, 놀랍구나. 이 뒤로는 이와 같이 하지 말라." 한 까닭에 신급(申岋: 申岌 또는 申砐으로 표기됨)의 상소(上疏)도 도로 돌려주었다고 하였다.

二十六日(辛丑)。晴。

---

393 申岌(신급): 《凝川日錄》에는 申砐으로 표기됨.

394 全瀅(전형, 1565~?): 본관은 龍宮, 자는 澤甫. 아버지는 全壽百이다. 1605년 진사시에 합격하고, 1606년 증광문과에 급제하였다. 충청도사 등을 역임하였다.

夕, 往見守之令公, 自上教政院, 曰: "趙溭兇疏, 不有傳教, 捧入, 可駭。後勿如是."云, 故申岋疏, 則還給云。

6월 27일(임인)。맑음。

아침에 김도원(金道源: 金涌) 댁에 갔다가 이어서 양자승(楊子昇: 楊時晋)과 최경일(崔敬一)을 방문하였다.

二十七日(壬寅)。晴。

朝, 往金道源家, 仍訪楊子昇·崔敬一[395]。

6월 28일(계묘)。맑다가 간혹 비 오더니 갈수록 굵어짐。

여첨(汝瞻: 李埁)이 찾아왔다.

二十八日(癸卯)。晴或雨點時落。

汝瞻來訪。

6월 29일(갑진)。비 오다가 맑음。

처가 사람이 장의동(藏義洞: 청운동 일대)의 송 진사(宋進士) 댁으로 돌아갔다.

여첨(汝瞻: 李埁)이 또 들러서 만났다. 듣건대 정준(鄭遵)과 류희량

---

395 崔敬一(최경일, 1585~1652): 본관은 忠州, 자는 士欽. 할아버지는 崔允昌이며, 아버지는 崔山導이다. 최산도의 첫째부인 金海金氏는 金韞壽의 딸이며, 둘째부인 杞溪兪氏는 兪汝天의 딸이다. 최경일은 기계유씨의 소생이다. 부인 안동김씨는 金景稷의 딸이다. 1610년 식년문과에 급제하였다. 권지교서관부정학, 성균관 전적, 사헌부감찰을 거쳐, 1623년 인조반정 후 1624년 공조좌랑, 무안현감, 영유현령, 형조와 공조 정랑 등을 역임하였다.

(柳希亮)이 남이공(南以恭)에 대해서 합사(合司)한 것을 빼고 합계(合啓)하자는 논의로 인하여 서로 대립하는 것이 자못 심하다고 하였다.

二十九日(甲辰)。雨或晴。

婦氏歸藏義宋進士家。汝瞻又歷見。聞鄭遵與柳希亮，因以恭合司降爲合啓之議，相角頗甚。

6월 30일(을묘)。아침에 흐리다가 낮부터 갬。

이중인(李仲仁: 李挺元), 조경관(趙景觀: 趙國賓), 박경승(朴敬承: 朴守緖)을 만나러 갔다가 돌아왔다.

여름 3개월 동안의 과제(課題)로 고(誥), 부(賦), 고시(古詩), 4운(韻)의 5언배율(五言排律), 4운(韻)의 7언배율(七言排律)을 포함하여 모두 7편을 짓고 김주우(金柱宇: 김중청의 3남)에게 쓰도록 해서 홍문관에 보냈다.

晦日(乙卯)。朝陰午晴。

往見李仲仁·趙景觀·朴敬承而回。製夏三朔課題，誥[396]賦[397]古詩[398]，五七言排律四韻，幷七篇，令柱宇書，送于弘文館。

7월 1일(병오)。비。

예리(禮吏: 지방 관아의 예방에 속한 아전)가 돌아가는데, 고향집에

---

396 誥(고): 임금이 신하에게 부탁하는 글.

397 賦(부): 文彩를 깔고 서술하여 바깥으로는 품물을 형용하고 안으로는 사상감정을 묘사하는 글. 산문성이 강하다.

398 古詩(고시): 중국 당 이전에 널리 쓰여졌던 시의 형태로, 형식에 제약이 없는 자유로운 시의 형태.

보내는 편지를 부쳤다.

집의(執義) 류희량(柳希亮)이 책임을 지고 피혐(避嫌)하며 사직을 청하였는데, 대체로는 문천상(文天祥) 같았지만 계책은 이도 저도 아니었다. 그 사직의 내용은, "정준(鄭遵)은 간사한 역적의 자손으로서 7대(代)토록 용서하기 어려운 죄악이 있을 뿐, 허물을 덮을 만한 선(善)이라고는 한 조각도 없는데, 국정을 담당한 신하가 친족으로 치우쳐 청반(淸班)에 끌어들여 밝은 성상(聖上)을 욕되게 하고, 원숭이에게 나무 타는 법을 가르쳐 제멋대로 날뛰도록 하였습니다. 남을 해치고 나라를 병들게 하는 것이 더할 나위가 없도록 매우 심하여 정세상 그러한 모습에 신(臣)은 겨룰 수가 없으니, 마치 세력 있는 집안의 완악한 아이 같습니다."라고 운운하였다.

七月初一日(丙午)。雨。

禮吏歸, 付鄕書。執義柳希亮避辭, 大如天祥[399], 策之二半[400]。其意, "以鄭遵爲奸賊之孫, 席七世難宥之惡, 無一片蓋愆之善, 而當國之臣, 僻[401]於所親, 引入淸班[402], 貽辱聖明, 敎猱升木, 任其跳踉。臧[403]人病國, 罔有紀極, 其情勢之態, 非臣可比, 有若勢家之頑僮." 云云。

---

399 天祥(천상): 宋나라 文天祥. 송나라(남송)가 원나라에 항복하자 저항하다 체포되었고 쿠빌라이칸이 그의 재능을 아껴 몽고에 전향을 권유받았지만 거절하고 죽음을 택했다.

400 二半(이반): 일이 어느 쪽으로도 결정되지 않는 상황. 엉거주춤함. 이도 저도 아님.

401 僻(벽): 辟의 오기.

402 淸班(청반): 조선시대 학식과 문벌이 높은 사람에게 시키던 규장각, 홍문관 따위의 벼슬. 지위와 봉록은 높지 않으나 뒷날에 높이 될 자리였다.

403 臧(장): 戕의 오기.

7월 2일(정미)。 비 오락가락함。

실국(實局: 실록청)에 가서 7판(板)을 썼다.

돌아오는 길에 박양이(朴養而: 朴鼎吉)를 만나 조용히 이야기를 나누었는데, 내가 고을 원으로 나가려는 뜻을 간청하자 서로 의논하자면서 이어 이르기를, "풍기(豐基)는 수령을 시키려면 형편이 좋지 않고, 영천(永川) 수령은 당장 들어오게 할 수 있으니 그 고을을 천천히 엿보는 것이 어떻겠습니까?"라고 하는지라, 나는 내심 기뻐하면서 돌아왔다.

박경행(朴景行: 朴守誼) 형제(兄弟: 박수의의 동생 朴守謹)와 김효백(金孝伯: 金奉祖)이 나의 임시 처소가 있는 곳으로 찾아왔다. 옥당(玉堂: 홍문관)의 조치로 사헌부가 모두 체차되었다.

二日(丁未)。 雨或止。

往實局, 書七板。 歸見朴養而穩敍, 懇我乞縣之意, 則許以相議, 仍謂: "豐基則不好, 永川[404]倅當入來, 徐俟其郡, 爲之如何?" 余心悅而歸。 朴景行兄弟·金孝伯, 來在吾寓。 玉堂處置, 憲府皆遞。

7월 3일(무신)。 맑음。

나는 이종영(李種英: 李宗英의 오기인 듯)의 집에 갔고, 사위를 맞으러 신자방(辛子方: 辛義立) 또한 갔으며 민여검(閔汝儉)이 뒤따라 왔다.

인사이동이 있었다. 이영(李覮)을 대사헌으로, 류인길(柳寅吉)을 대사간으로, 금개(琴愷)를 장령으로, 김 강릉(金江陵: 金夢虎) 또한

---

404 永川(영천): 경상북도 남도부에 있는 고을. 동쪽은 포항시·경주시, 서쪽은 경산시·대구광역시, 남쪽은 청도군, 북쪽은 군위군·청송군과 접한다.

장령으로, 양시진(楊時晋)을 지평으로, 이위경(李偉卿)을 정언으로, 한효순(韓孝純)을 이조판서로, 김추(金推: 金權의 오기인 듯)를 사은사(謝恩使)의 정사(正使)로, 강홍립(姜弘立)을 부사(副使)로, 심집(沈諿)을 서장관(書狀官)으로 삼았다.

정준(鄭遵)이 또 피혐(避嫌)하면서 아울러 그의 증조부(曾祖父) 정언각(鄭彦慤)의 죄악이 없음을 변명하고 감싸니, 이야말로 가소로운 일이다. 황중윤(黃中允) 또한 재차 피혐하였고, 양시진(楊時晋)도 류희량(柳希亮)으로부터 배척을 당하지 않았으면서도 피혐하였다.

三日(戊申)。晴。

往李種英[405]家, 繞延壻[406], 辛子方亦往, 閔汝儉[407]且至。有政。李

405 李種英(이종영): 李宗英(생몰년 미상)인 듯. 《國朝文科榜目》에 의하면 1621년 별시문과 급제자로서 전력이 敎官이었던 것으로 등재되어 있는데, 罷榜으로 급제가 취소되었음을 아울러 기록되어 있다. 그런데 《星州李氏大同譜》에 의하면, "할아버지 李誼는 善山에 거주하면서 善山金氏 金國均의 딸을 부인으로 맞이하였고, 아버지는 병절교위 李忠進이며, 어머니 陽川許氏는 진사 許國弼의 딸이다. 그는 교관을 지냈고, 그의 부인 永川李氏는 의금부도사 李敏의 딸이다."라고 되어 있는 반면, 국고문과방목에는 아버지의 이름이 李中進으로 되어 있다. 李宗英과 관련하여 《光海君日記》 1621년 8월 14일 3번째 기사가 참고된다.

406 壻(서): 權遘(1589~1631)를 가리킴. 본관은 安東, 자는 亨叔. 아버지는 權應銖이다. 권응수의 첫째부인 順興安氏는 훈도 安道의 딸이며, 둘째부인 昌寧成氏는 참의 成德龍의 딸이며, 셋째부인 文化柳氏는 참봉 柳苓의 딸이다. 권구는 창녕성씨의 소생이다. 부인 寧越辛氏는 辛義立의 딸이다. 사과를 거쳐 대호군을 지냈다.

407 閔汝儉(민여검, 1564~1627): 본관은 驪興, 자는 宗禮, 호는 雲村·雲谷. 할아버지는 찬성 閔齊仁이고, 아버지는 군수 閔思容이다. 민사용의 첫째부인 廣州李氏는 李緯의 딸이며, 둘째부인 光山金氏는 金昇의 딸이다. 민여검은 광산김씨의 소생이다. 부인 全義李氏는 李廷鸞의 딸이다. 1613년 알성문과에 급제하였다. 승문원정자, 박사, 전적 등을 지내고 권신과의 불화로 관직에서 물러났다. 1623년 인조반정으로 다시 곽산군수를 지내고 1624년 李适의 난을 평정하는데 공을 세웠으나 평정된 뒤에는 도리어 모함을 받아 파직되었다. 울산부사로 복직되었다.

覺[408]爲大憲, 柳寅吉爲大諫, 琴愷爲掌, 金江陵亦爲掌, 楊時晋爲持平, 李偉卿爲正言, 韓孝純爲吏判, 金推[409]爲謝恩上使, 姜弘立[410]爲副, 沈詻爲書狀。鄭遵, 又避嫌, 兼發明其祖[411]彦慤[412]之惡, 此則可

---

408 李覺(이각): 李覚의 오기.

409 金推(김추): 金權(1549~1622)의 오기인 듯. 본관은 淸風, 자는 而中, 호는 拙灘. 할아버지는 己卯名賢인 성균관 대사성 金湜이며, 아버지는 참봉 金德懋이다. 어머니 坡平尹氏는 尹麟의 딸이다. 부인 韓山李氏는 李漢墻의 딸이다. 1580년 별시문과에 급제하였다. 사헌부 헌납으로 재임하면서 李珥를 비난하는 鄭汝立을 논박하다가 파직되었다. 1590년 사헌부 지평으로 복직되었으나 鄭澈 등이 축출된 이듬해에 다시 파면되었다. 그후 세자시강원 문학, 교리, 사헌부 지평, 사간원 사간, 성균관 직강, 연안부사, 호조참판 등을 지냈다. 1615년 謝恩使로 명나라에 다녀왔다. 1617년 폐모론에 반대하여 강계로 유배되었다가 무안으로 이배된 뒤 그곳에서 세상을 떠났다.

410 姜弘立(강홍립, 1560~1627): 본관은 晉州, 자는 君信, 호는 耐村. 할아버지는 우의정 姜士尙이며, 아버지는 참판 姜紳으로 姜士安에게 입양되었다 어머니 東萊鄭氏는 鄭惟義의 딸이다. 부인 紆州黃氏는 黃履亨의 딸이다. 1589년 진사시에 합격하고, 1597년 알성문과에 급제하였다. 설서, 검열 등을 거쳐 1605년 도원수 韓浚謙의 종사관이 되었고, 같은 해 陳奏使의 서장관으로 명나라에 다녀왔다. 1609년 한성부우윤, 1614년 巡檢使를 역임한 뒤 1618년 晉寧君에 봉해졌다. 후금이 무순을 공격하자 명나라의 요청으로 강홍립이 오도원수가 되어 부원수 金景瑞와 함께 1만 3000여 군사를 이끌고 출병하였지만, 1619년 富車에서 대패하고 투항하였다. 1627년 정묘호란 때 후금군의 선도로서 입국해 江華에서의 화의를 주선한 뒤 국내에 머물렀다.

411 其祖(기조): 其曾祖의 오기.

412 彦慤(언각): 鄭彦慤(1498~1556). 본관은 海州, 자는 謹夫. 아버지는 진사 鄭希儉이며, 어머니 平山申氏는 申承濬의 딸이다. 부인 高靈申氏는 申公濟의 딸이다. 1516년 생원시에 합격하고, 1533년 별시문과에 급제하였다. 정언, 지평, 장령, 사간 등을 지내고 1546년 직제학을 거쳐 1547년 부제학으로 벽서사건을 일으켜 鳳城君(중종의 아들)·宋麟壽·李若氷 등을 죽이고, 權橃·李彦迪 등 20여명을 유배시킴으로써 尹元衡 일파가 정권을 장악하게 하였으며, 그 권세를 빌려 온갖 횡포를 자행하였다. 도승지·판결사를 거쳐 1551년 전라도관찰사로 있다가 파직되기도 하였다. 1555년 동지중추부사로 다시 등용, 성절사가 되어 명나라에 다녀왔고, 경상도관찰사·한성부판윤 등을 거쳐 1556년 경기도관찰사로 있을 때 사고로 죽었다.

笑。黃中允亦再避，楊時晋則以不見斥於希亮爲避。

7월 4일(기유)。맑음。

권수지(權守之: 權泰一, 權春蘭의 양자)를 만나러 가서 본 다음에 연릉(延陵: 李好閔)을 뵈러 갔더니, 자릉(子陵: 李景嚴, 이호민의 아들) 및 강염(姜恬)·안위빈(安謂賓) 또한 모여 있었다. 마침 개성유수(開城留守: 洪履祥인 듯)를 송별하느라 자주(煮酒: 전통주) 2동이를 서너 순배 돌리고서 나는 취하여 돌아왔다.

유학(幼學) 남탁(南倬)이 이성(李惺)·조존도(趙存道)를 물리치라고 청하였다. 박홍선(朴弘先)도 이성(李惺)·조존도(趙存道)·윤길(尹趌)을 물리치라고 하였는데, 최응허(崔應虛)·고용후(高用厚)도 모두 그 가운데에 포함되어 있다고 하였다.

주상이 조직(趙溭)에게 다시 묻도록 하자, 조직이 회계(回啓)하기를, "별궁(別宮)에 거처한 양궁(兩宮)이 비록 예전에도 있었다고는 하나 혼정신성(昏定晨省: 조석의 문안인사)을 오랫동안 빠뜨린 것 또한 예전 규례(規例)가 있습니까? 조종조(祖宗朝)에서 각기 거처했던 것 또한 지금의 조치와 같은 그런 것이었습니까? 떠받들고 호위하는 것이 전날과 다름이 없음은 성상의 효성에서 반드시 그러할 것이니 신(臣)이 어찌 감히 말하겠습니까? 신(臣)은 단지 우리 임금을 이끌어 정도(正道)에 부합되게 하려는 것일 뿐이지, 어찌 감히 남의 사주를 받고서 우레같은 위엄을 범할 리가 있겠습니까? 다만 형벌을 기다릴 따름입니다."라고 운운하였다.

四日(己酉)。晴。

往見權守之，仍拜延陵，子陵及姜恬[413]·安謂賓亦會。適開城留守[414]送，煮酒[415]二壺，酌三四巡，余醉歸。幼學南倬，則請黜李惺·趙存道。朴弘先[416]則黜李惺·趙存道·尹赩[417]，而崔應盧·高用厚，皆在其中云。自上再問趙濈，濈回啓曰："別處兩宮，雖曰古有，定省之久闕，亦有舊例乎？祖宗朝各處，亦有如今擧措而然乎？供奉扈衛，無異前日，誠孝之所必然，臣何敢言？臣只欲引君於當道，何敢聽人指毁[418]，以犯雷霆之威哉？只俟斧鉞而已."云云。

---

413 姜恬(강염, 1567~1627): 본관은 晉州, 자는 而靜. 아버지는 姜德胤이며, 어머니 泗川朴氏는 사복시정 朴汝稷의 딸이다. 부인 仁川李氏는 李大榮의 딸이다. 둘째아들로 태어난 강염은 1592년 임진왜란 때 금산전투에 참전하였다.

414 開城留守(개성유수): 洪履祥(1549~1615)인 듯. 본관은 豊山, 초명은 麟祥, 자는 君瑞·元禮, 호는 慕堂. 아버지는 부사직 洪修이며, 어머니 聞慶白氏는 습독 白承秀의 딸이다. 부인 安東金氏는 金顧言의 딸이다. 1573년 사마시에 합격하고, 1579년 식년문과에 급제하였다. 예조와 호조의 좌랑을 거쳐 정언, 지제교, 병조정랑을 지냈다. 태복시정을 지내고서 황해도안무사가 되었고, 1591년 직제학, 동부승지, 이조참의가 되었다. 1592년 임진왜란이 일어나자 예조참의로 선조를 호종하여 평양에 이르를 즈음 부제학이 되었고, 성천에 도착해서는 병조참의가 되었다. 1593년 정주에서 대사간이 되었고, 1594년 성절사로 명나라에 다녀온 뒤 좌승지에 이어 경상도관찰사가 되었다. 1596년 형조참판을 거쳐 대사성이 되었으나, 안동부사로 좌천되기도 하였다. 광해군 때 대사헌이 되었으나, 1612년 이이첨, 정인홍 일파에 몰려 개성유수로 좌천되었다.

415 煮酒(자주): 좋은 술에 황밀과 호두를 넣고 중탕한 술. 여름철에 빚어 마셨던 전통주이다.

416 朴弘先(박홍선, 1569~?): 본관은 咸陽, 자는 季述. 아버지는 朴應元이다. 1628년 별시문과에 급제하였다. 감찰, 동지중추부사 등을 역임하였다.

417 尹赩: 尹趌의 오기인 듯.

418 指毁(지훼): 指嗾.

7월 5일(경술)。 맑음。

오후에 경승(敬承: 朴守緖)에게 찾아가서 같이 월사(月沙: 李廷龜) 및 윤효전(尹孝全), 송영국(宋英局), 이수일(李守一)·이익(李瀷, 이수일의 조카)·이종(李淙: 李淀의 초명, 이수일의 장남), 류숙(柳潚)·류역(柳渙)·류활(柳活) 등을 방문했지만, 김개(金闓)는 만나지 못하고 돌아왔다.

이날 사헌부에서 조직(趙溭)의 죄를 청하며 아뢰기를, "조직이 대답한 말을 보건대, 말이 몹시 패악하고 오만하여 임금을 모욕하였으니 못할 짓이 없을 것입니다. 어찌 신하가 되어서 마음속에 모반을 꾀하는 마음이 없다면, 그의 말한 바가 이런 끔찍한 지경에 이르렀겠습니까? 삿된 의론이 마구 일어나 온 세상이 그쪽으로 쏠리어 송골매가 참새들을 쫓듯이 간사한 자를 내치는 것을 다시는 볼 수가 없으니, 간악한 자들이 제멋대로 날뛰는 것이야 무엇을 꺼려 그렇게 하지 않겠습니까? 청컨대 엄하게 국문하소서."라고 하였다. 죄주기를 말할 때, 장령 금개(琴愷)·지평 양시진(楊時晋)·대사헌 이각(李覺: 李覺의 오기)이 그것을 하였다.

정인(鄭寅)의 일은 아뢰는 것이 정지되었다.

五日(庚戌)。 晴。

午後, 往與敬承, 同訪月沙及尹孝全[419]·宋英局, 李守一·李瀷·李

---

419 尹孝全(윤효전, 1563~1619): 본관은 南原, 초명은 尹孝先, 자는 詠初, 호는 沂川. 아버지는 尹喜孫이며, 어머니 禮安李氏는 李琇의 딸이다. 첫째부인 坡平尹氏는 尹覃休의 딸이며, 둘째부인 慶州金氏는 金德民의 딸이다 尹鑴는 경주김씨 소생의 아들이다. 1605년 현감으로 증광문과에 급제하였다. 1611년 순창군수 1612년 담양부사 등을 거쳐 1613년 대사헌으로 있으면서 仁穆大妃의 폐비를 반대

淙[420], 柳潚·滐[421]·活等, 金闓則不遇而還。是日, 府啓請瀀之罪, 曰: "趙瀀所對之辭, 辭極悖慢[422], 侮辱君上, 無所不至。安有爲人臣子, 中無不軌[423]之心, 其所發言, 至於此極乎? 邪議橫流, 擧世靡然, 鷹鸇之逐鳥雀, 無復可見, 則鬼怪[424]之跳踉[425], 何憚而不然哉? 請嚴鞫." 言罪時, 掌令琴愷·持平楊時晋·大司憲李覺爲之。鄭寅事停啓。

7월 6일(신해)。맑다가 간혹 비 옴。

저녁에 오융보(吳隆甫: 吳汝檍)를 만나 보러 갔는데, 여첨(汝瞻: 李埁)과 같이 갔다. 이일장(李日章) 또한 오니, 융보가 말하기를, "박자정(朴子挺: 朴子貞의 오기, 朴梓)은 마음이 흉악하여 헤아릴 수가 없다."라고 하였다.

어제 사성(師聖: 李蕆)이 성균관에 들어갔다.

하다가 곤욕을 치렀고, 1614년 충청도관찰사, 1617년 경주부윤을 역임하였다.

420 李淙(이종): 李淀(1589~1668)의 초명. 본관은 慶州, 첫 개명은 李滈, 자는 老泉. 아버지는 李守一이며, 어머니 전주이씨는 도정 李貴年의 딸이다. 첫째부인은 金盡善의 딸이며, 둘째부인 光山金氏는 金盤의 딸이다. 1612년 진사시에 합격하고, 1619년 금오랑에 제수되었다. 1623년 인조반정 뒤 거창현감이 되었고, 1624년 이괄의 난을 평정하는데 도왔다. 의금부경력, 김제군수, 한성서윤, 배천군수, 대구부사, 상주목사 등을 역임하였다.

421 滐(역): 柳滐(1567~?). 본관은 興陽, 자는 浩叔. 아버지는 柳夢彪이며, 어머니 固城李氏는 도사 李澤의 딸이다. 부인 善山林氏는 林潑의 딸이다. 숙부는 柳夢寅이다. 1591년 생원시에 합격하고, 1597년 별시문과에 급제하였으며, 1616년 문과중시에 급제하였다. 성균관학유, 1604년 예조좌랑, 예조정랑, 1611년 장령, 세자시강원필선, 승지, 1621년 병조참의, 유부승지 등을 지냈다.

422 悖慢(패만): 사람됨이 온화하지 못하고 거만함.

423 不軌(불궤): 당연히 지켜야 할 법이나 도리에 어긋남. 모반을 꾀함.

424 鬼怪(귀괴): 간악한 자.

425 跳踉(도랑): 행동이나 생각하는 것이 제멋대로임.

六日(辛亥)。晴或雨。

夕, 往見吳隆甫, 汝瞻同之。李日章[426]亦來, 隆甫曰: "朴子挺[427]不測不測." 昨日, 師聖入泮。

7월 7일(임자)。비。

실국(實局: 실록청)에 가서 7판(板)을 썼다.

문창부원군(文昌府院君) 류희분(柳希奮)이 차자(箚子)를 올려 사정을 아뢰고 억울함을 호소하면서 청하기를, '류숙(柳潚)·정준(鄭遵)과 함께 사패(司敗: 형벌을 맡은 곳)에 내려 대질하여 밝히소서.'라고 운운하였다. 주상이 명하기를, "역적 조직(趙溭)은 임금의 죄를 들추어 열거하여 그 죄가 종묘사직에 관계되니, 삼성(三省: 의정부·사헌부·의금부)이 모여 사주한 사람을 끝까지 알아내라." 하였다.

어제 저녁에 사헌부에서 아뢰기를, "조존도(趙存道)는 본래 경망스러운 사람으로서 양쪽의 말로 뭇사람을 현혹시켰는바, 근래 조정이 맑지 못한 것은 모두 이 사람으로부터 연유한 것입니다. 파직하고 서용(敍用)하지 마소서."라고 운운하였다. 이각(李覺: 李覺의 오기)·금개(琴愷)·양시진(楊時晋) 등이 아뢴 것이라고 하였다.

七日(壬子)。雨。

往實局, 書七板。柳文昌希奮, 上箚陳情訟冤, 請'與柳潚·鄭遵,

---

426 李日章(이일장, 1572~1623): 본관은 星州, 자는 晦叔, 호는 海槎. 아버지는 李信吉이며, 어머니 草溪卞氏는 卞仲琬의 딸이다. 부인은 陝川李氏이다. 1591년 사마시에 합격하고, 1609년 증광문과에 급제하였다. 정유재란 때 이순신 휘하에서 무공을 세웠고, 1601년에 호조좌랑이 되었고, 광해군 때에 고성현령을 지냈다.

427 子挺(자정): 子貞의 오기. 朴梓의 字이다.

下司敗[428]對卞.'云云。自上命曰: "賊溲數罪君上, 罪關宗社, 三省交坐, 窮推指嗾之人." 昨夕, 府啓: "趙存道, 本以輕妄之人, 簧鼓[429]兩面之說, 近日朝著之不請[430], 皆由於此人。請罷不敍."云云。李覺·琴愷·楊時晋等, 爲之云。

7월 8일(계축)。 맑음。

권수지(權守之: 權泰一, 權春蘭의 양자) 영공(令公)이 찾아왔는데, 듣건대 여우길(呂祐吉) 영공이 강원도 순영(巡營)으로 부임한다고 하였다. 그리하여 수지 영공과 같이 동대문 밖까지 가서 전별(餞別)하였다.

황중윤(黃中允)·양시진(楊時晋)이 피혐하며 말하기를, "이원익(李元翼)에 관한 논의를 중지시켰지만, 이대로 무릅쓰고서 운위하지 않고 있을 수 없는 것은 재발하려는 조짐이 있을 듯하기 때문입니다. 이위경(李偉卿)이 피혐하는 글에서 도리어 남이공(南以恭)의 논의에 동참하기가 온당치 않다고 이르고는, 모두 출사(出仕)하도록 처치한 사헌부의 계(啓)를 운위하며 박이서(朴彝敍)를 사판(仕版: 관리의 명부)에서 삭제하고, 윤길(尹趌)·이춘원(李春元) 및 의금부(義禁府)의 당상관들을 파직하고 서용(敍用)하지 마소서."라고 하였다.

꿈에서 도적 임혁(任奕)을 보았으니, 놀라운 일이었다.

八日(癸丑)。 晴。

權守之令公來見, 聞呂祐吉令公, 赴江原巡營。與守之令公, 同餞

---

428 司敗(사패): 형벌을 맡은 곳. 또는 형벌을 맡은 관리.

429 簧鼓(황고): 망녕된 말로 여러 사람을 현혹시킴.

430 請(청): 교정자가 '疑淸'으로 바로잡음.

于東門外。黃中允·楊時晋, 避嫌曰: "李元翼停論, 不可仍冒云, 似有復作之兆。李偉卿避辭, 則乃謂以恭之論, 同參未安, 云處置皆出之府啓, 請朴彝敍[431]削去仕版, 尹晧[432]·李春元及禁府堂上, 罷職不敍." 夢見任賊奕[433], 可駭。

7월 9일(갑인)。 잠깐 비 옴。

인사이동이 있었다. 윤수민(尹壽民)을 대사간으로 삼았는데, 수지(守之: 權泰一, 權春蘭의 양자) 영공 또한 세 사람의 후보자 가운데 끝에 들었던 후보자였다.

九日(甲寅)。 暫雨。

有政。尹壽民[434]爲大諫, 守之令公, 亦入末擬。

---

431 朴彝敍(박이서, 1561~1621): 본관은 密陽, 초명은 文敍, 자는 錫吾, 호는 泌川·東皐. 아버지는 사헌부장령과 진주목사를 지낸 朴栗이며, 어머니 全州李氏는 永陽守 李春福의 딸이다. 부인 廣州李氏는 군수 李士栗의 딸이다. 1588년 알성문과에 급제하였다. 1592년 병조좌랑 당시 임진왜란이 일어나자 分朝를 배종하고 순찰사의 종사관을 지냈다. 사간원정언, 예조좌랑, 홍문관교리를 거쳐 1599년 李爾瞻와 洪汝諄 등을 탄핵했다가 도리어 탄핵을 받아 8년간 은둔 생활을 하였다. 광해군 때 우부승지, 첨지중추부사, 담양부사, 이조참판 등을 지냈고, 1613년 인목대비 폐모론의 주창자를 탄핵하였지만, 1615년 도리어 사헌부의 탄핵을 받았다. 1620년 陳慰使가 되어 명나라에 갔다가 이듬해 돌아오던 중 풍랑을 만나 바다에 빠져 죽었다.

432 尹晧: 尹趌의 오기.

433 任賊奕(임적혁): 任奕(?~1613). 본관은 豐川. 아버지는 종부시정 任榮老이며, 어머니는 청릉부원군 沈鋼의 딸이다. 동생은 任兗·任章이다. 예안현감, 은진현감, 예빈시주부, 형조좌랑, 형조정랑 등을 거쳐 1613년 영유현령으로 있으면서 병으로 궁을 나간 나인을 첩으로 삼았다가 참수당한 자이다.

434 尹壽民(윤수민, 1555~1619): 본관은 坡平, 자는 仁叟. 아버지는 尹吉이며, 어머니 漢陽趙氏는 趙榮祖의 딸이다. 부인 淸州韓氏는 韓克昌의 딸이다. 대사성 尹讓의 아버지이다. 1582년 사마시에 합격하고, 1583년 알성문과에 급제하였다.

7월 10일(을묘)。맑음。

사성(師聖: 李蒧)이 성균관에서 외출하였다.

十日(乙卯)。晴。

師聖, 自泮出來。

7월 11일(병진)。맑음。

박경승(朴敬承: 朴守緖)이 나를 만나러 찾아왔다.

十一日(丙辰)。晴。

朴敬承來訪。

7월 12일(정사)。맑음。

나는 실국(實局: 실록청)에 가서 7판(板)을 썼다.

사성(師聖: 李蒧)은 다시 성균관으로 들어갔다.

十二日(丁巳)。晴。

余往實局, 書七板。師聖還入泮。

7월 13일(무오)。맑음。

사성(師聖: 李蒧)은 한씨(韓氏: 한찬남의 父子) 집에서 도로 성균관 안으로 들어가지 않았다.

1596년 서흥부사, 정평부사를 거쳐 1600년 필선, 장령, 집의를 지내고, 1601년 양주목사가 되었다. 사간, 집의를 지내고 1604년 동부승지, 이듬해 병조참의를 지내다가 강원도관찰사, 1606년 춘천부사를 지냈다. 광해군 즉위 이후 연안부사, 예조참의, 대사간 등을 역임하고 1617년 예조참판에 올랐으며, 인목대비 폐모론에 동조하였다.

十三日(戊午)。晴。

師聖，自韓家[435]還不入泮中。

7월 14일(기미)。맑음。

비망기(備忘記)에 이르기를, "나랏일이 어렵고 위험해지는 것이 날로 더 심해지는데도 대소 관원들이 태만한 채 그럭저럭 시일이나 보내고, 조정은 하나의 싸움터가 되어 갈라져 분열되는 것이 날로 심하니 나라가 망하지 않는 것이 다행이다. 게다가 신병을 이유로 사직원을 올리는 것이 분분하지 않는 날이 없으니, 이것이 어찌 신하로서 힘을 다하여 애쓰는 의리이랴. 한 관사(官司)에서 두 번째 올린 사직원은 일체 받아서 올리지 말라." 하였다.

또 하교(下教)하기를, "근래에 국가의 기강이 무너져 놀랍고 경악스러운 일이 날로 심해지니, 신하로서 만일 벼슬하지 않고 고상하게 지내려는 뜻이 있다면 애초 벼슬길에 나오지 않는 것이 옳다. 만약 이미 무릎을 굽혀 신하가 되었다면, 어찌 감히 날마다 왕명으로 부르는데도 끝내 명에 따르지 않는단 말인가? 우부승지 이안눌(李安訥)은 여러 날 패초(牌招: 승지를 통해 부름)하였는데도 아무런 까닭도 없이 나오지 않았으니, 추고(推考)하여 다른 사람을 경계시키라." 하였다.

---

435 韓家(한가): 韓纘男과 그의 아들 韓嘻·韓晤·韓吸을 가리키는 말인 듯. 한찬남은 영창대군의 외할아버지 金悌男의 처벌을 적극 주장하였고, 그의 아들들은 영창대군과 인목대비도 아울러 토죄할 것을 상소한 바 있다. 이들은 李爾瞻의 당여로 지목되었다.

듣건대 황해도(黃海道)에 내린 우박이 큰 것은 말(斗)만 하고 작은 것은 주발만 하여 소나 말이 맞아 모두 쓰러져 죽고, 지붕의 기와가 죄다 깨졌다고 하였다. 또 듣건대 전라도에서 도적이 담장을 넘어 무장(茂長: 무주와 장수) 관청을 공격해 파괴시켰다고하였다.

인사이동이 있었다. 오여온(吳汝穩: 吳汝櫶의 오기)을 교리로, 이잠(李埁)을 지평으로, 신광업(辛光業)을 수찬으로, 한찬남(韓纘男)을 승지로 삼았다.

조경관(趙景觀: 趙國賓)·나인(羅訒)이 나를 만나러 찾아왔는데, 듣건대 이조참의(吏曹參議)가 사직서를 올리자 이조(吏曹)에 분부하여 도로 찾아오게 하였다고 한다.

十四日(己未)。晴。

備忘曰: "國事艱危[436], 日甚一日[437], 而大小悠泛[438], 玩揭度日, 朝廷爲一戰場, 潰裂日益, 國之不亡幸矣。加以身病呈辭, 無日不紛, 此豈人臣盡瘁[439]之義? 一司兩呈, 一切勿爲捧入[440]." 又曰: "近日, 國綱蕩然, 可駭可愕之事日甚, 人臣如有不仕高尙之志, 則初不出身[441]可矣。若已委質[442]爲臣, 何敢逐日[443]命招, 終不趨命乎? 右副承旨李安訥, 累日牌招[444], 無緣不進, 推考[445]以警其他." 聞黃海道雨

---

436 艱危(간위): 곤란하고 위태로움.

437 日甚一日(일심일일): 날로 심해짐.

438 悠泛(유범): 悠悠泛泛. 무슨 일을 다잡아 하지 않음.

439 盡瘁(진췌): 몸이 여위도록 마음과 힘을 다하여 애씀.

440 捧入(봉입): 各曹나 各司에서 수리하여 승정원에 回付 進達하여 올리는 것.

441 出身(출신): 처음으로 벼슬길에 나섬.

442 委質(위지): 몸을 맡김. 무릎을 굽힘.

443 逐日(축일): 날마다.

雹, 大者如斗, 小者如鉢, 馬牛盡斃, 屋瓦皆破。又聞全羅賊越, 攻破茂長官廳。有政。以吳汝穩爲校理, 李埈爲持平, 辛光業爲修撰, 韓纘男爲承旨。趙景觀·羅訒[446]來訪, 聞吏議以呈辭, 付吏還爲推來。

7월 15일(경신)。맑음。

내가 여첨(汝瞻: 李埈) 및 금언강(琴彦康: 琴愷)을 찾아가서 만났다. 사성(師聖: 李葳)이 한씨(韓氏: 한찬남의 父子) 집에서 돌아왔다.

十五日(庚申)。晴。

余往見汝瞻及琴彦康。師聖, 自韓家回。

7월 16일(신유)。맑음。

오융보(吳隆甫: 吳汝穩)를 지나는 길에 잠깐 들러 만났다.

사간원에서 박이서(朴彝敍) 부자(父子) 및 박노(朴簩)의 장인 권엽(權曄: 초명 權啓)을 잡아다가 국문하기를 청하였는데, 곧 재령(載寧) 수령이었을 때 제방(堤防)을 쌓은 일 때문이었다. 해주(海州)의 유생(儒生) 지달하(池達河)가 상소문을 올린 지 5일이 지났다.

인사이동이 있었다. 김개(金闓)·홍명원(洪命元)을 승지로, 정조(鄭造)를 장령으로 삼았다.

十六日(辛酉)。晴。

---

444 牌招(패초): 조선시대에 임금이 승지를 시켜 신하를 부르던 일.

445 推考(추고): 벼슬아치의 허물을 추문해서 고찰함.

446 羅訒(나인, 1571~?): 본관은 安定, 자는 子佣. 아버지는 羅允忠이며, 어머니 全州李氏는 李遲의 딸이다. 부인 豐壤趙氏는 趙璨의 딸이다. 1603년 식년문과에 급제하였다. 전라도사, 감찰, 형조좌랑, 형조정랑 등을 역임하였다.

吳隆甫歷見。諫院請拏鞫朴彝敍父子及簪[447]之婦翁權曄，乃載寧[448]地堤堰[449]事也。海州[450]儒生池達河，上疏呈入，過五日也。有政。金闓·洪命元[451]爲承旨，鄭造爲掌令。

7월 17일(임술)。맑음。

실국(實局: 실록청)에 가서 7판(板)을 썼다. 양극선(梁克選)·정홍원(鄭弘遠) 또한 일방(一房)에 차출되었기 때문에 와서 일했다.

十七日(壬戌)。晴。

往實局，書七板。梁克選[452]·鄭弘遠，亦以一房來役。

---

447 朴簪(박노, 1584~1643): 본관은 密陽, 자는 魯直, 호는 大瓠. 아버지는 이조참판 朴彝叙이며, 어머니 廣州李氏는 李士栗의 딸이다. 부인 安東權氏는 權曄의 딸이다. 1609년 증광문과에 급제하였다. 홍문관수찬, 사헌부지평, 성균관직강을 거쳐 1618년 성균관사예를 지내고 1619년 안동부사로 나갔다. 1624년 장연부사, 1627년 장악원정, 신천군수, 1630년 파주목사, 장단부사, 한성우윤 등을 지냈다. 1633년 回答使로 심양에 다녀와서 이조참판을 지냈고, 1635년 秋信使로 심양에 다녀왔다. 병자호란 후 昭顯世子가 볼모로 심양에 갈 때 세자빈객으로 따라갔다가 신병으로 3년 만에 귀국하였다. 좌승지, 도승지를 거쳐 1642년 병조참판을 지냈다.

448 載寧(재령): 황해도 중앙에 있는 고을. 동쪽은 봉산군·평산군, 서쪽은 안악군·신천군, 남쪽은 벽성군과 접한다.

449 堤堰(제언): 물을 가두어 놓기 위하여 강이나 계곡을 가로 질러 쌓아올려 막은 둑.

450 海州(해주): 황해도 남부에 있는 고을. 동쪽은 청단군, 서쪽은 벽성군, 북쪽은 신원군과 접하고, 남쪽은 해주만에 면하고 있다.

451 洪命元(홍명원, 1573~1623): 본관은 南陽, 자는 樂夫, 호는 海峯. 아버지는 진사 洪永弼이며, 어머니 豐壤趙氏는 趙琇의 딸이다. 첫째부인 楊州趙氏는 趙確의 딸이며, 둘째부인 坡平尹氏는 尹民俊의 딸이다. 1597년 증광문과에 급제하였다. 세자시강원설서를 거쳐 사간원헌납이 되어 권신을 탄핵하다 함경도도사로 좌천되었다가 3년 만에 돌아와 예조정랑이 되었다. 죽주부사로 나갔다가 홍문관수찬, 세자시강원필선, 사헌부장령 등을 지내고, 또 정주목사, 의주부윤으로 나갔다. 1615년 인목대비의 폐모론이 대두되자 사직하였다. 1623년 인조반정 이후에는 경기도관찰사를 지냈다.

7월 18일(계해)。 흐리다가 밤에 큰 비 옴。

도목정사(都目政事: 관리의 고과에 따른 정기 인사이동)가 있었다. 이상급(李尙伋)을 풍기(豊基) 군수로, 김구정(金九鼎)을 정선(旌善) 군수로, 김봉조(金奉祖)를 감찰로, 류효립(柳孝立)을 필선으로 삼았다,

나는 이 모든 수령의 후보 추천자가 되지 못하였다. 경승(敬承: 朴守緒)을 만나러 갔다.

十八日(癸亥)。陰。夜大雨。

都目[453]政。李尙伋[454]爲豊倅, 金九鼎爲旌善, 金奉祖爲監察, 柳孝立爲弼善。余不得擬諸守令。往見敬承。

7월 19일(갑자) 비。

도목정사(都目政事: 관리의 고과에 따른 정기 인사이동)가 있었다. 류역(柳涣)을 문학으로, 이대엽(李大燁: 이이첨의 아들)을 겸문학(兼文學)

---

452 梁克選(양극선, 1575~?): 본관은 南原, 자는 君擧, 호는 雲松. 아버지는 梁汝止이다. 실록의 기록에 의하면, "다른 사람의 종이었는데 면천되지 않은 채 속임수를 써서 과거에 급제하였다. 逆黨들에게 부회하여 여러 차례 흉악한 상소를 올려 청현직을 두루 역임하였다."라고 하였다. 1601년 진사시에 합격하고, 1606년 식년문과에 급제하였다. 1614년 장악원첨정, 1617년 좌통례, 1618년 공주목사, 여주목사 등을 거쳐, 1640년 고부군수, 청송부사, 1645년 흥해군수를 지냈다.

453 都目(도목): 국가 차원에서 벼슬아치의 성적이 좋고 나쁨을 적어 놓은 조목. 6월과 12월에 시행한다.

454 李尙伋(이상급, 1572~1637): 본관은 碧珍, 자는 思彦, 호는 習齋. 아버지는 동몽교관官 李喜善이며, 어머니 昌寧丁氏는 丁煥의 딸이다. 부인 密陽朴氏는 첨지중추부사 朴冑의 딸이다. 1605년 진사시에 합격하고, 1606년 증광문과에 급제하였다. 승문원정자, 승문원박사를 거쳐 형조좌랑 때 서장관으로 명나라에 다녀오던 중 평안도사가 되었다. 이이첨과 뜻이 맞지 않아 병을 빙자해서 벼슬을 그만둔 일도 있었으나, 형조정랑을 거쳐 풍기군수가 되었다. 1623년 인조반정 후에도 장령, 집의, 단천군수, 연안군수를 거쳐 세자시강원보덕, 병조참지를 지냈다.

으로, 이지화(李之華)를 겸설서(兼說書)로, 류여각(柳汝恪)을 사은사 서장관으로 삼았다. 울진현령 박병(朴琕)은 경상감사가 장계(狀啓)로 파직토록 하였기 때문에, 박동명(朴東命)이 부망(副望: 두 번째 후보자)으로 낙점(落點)을 받았다.

十九日(甲子)。雨。

都目政。柳淶爲文學, 李大燁爲兼文學, 李之華[455]爲兼說書, 柳汝恪爲謝恩書狀官。蔚珍縣令朴琕, 以慶尙方伯狀啓見罷, 朴東命[456]副望受點。

7월 20일(을축)。 비 오락가락함。

사성(師聖: 李葳)이 한씨(韓氏: 한찬남의 父子) 집으로 갔다.

二十日(乙丑)。雨或止。

師聖往韓家。

---

455 李之華(이지화, 1588~1666): 본관은 全義, 자는 而實, 호는 茶圃·浮江居士·東溪. 아버지는 현감 李宗文이며, 어머니 慶山全氏는 全慶昌의 딸이다. 부인 全州李氏는 李覺의 딸이다. 1610년 사마시에 합격하고, 1613년 알성문과에 급제하였다. 설서, 대교를 지내고 1621년 정언이었을 때 李爾瞻을 탄핵하다가 파직되었다. 1623년 인조반정 이후에는 예천군수, 정주목사, 김해목사, 창원목사, 파주목사를 지내고, 병조참의, 예조참의를 거쳐 1654년 함양군수를 지냈다.

456 朴東命(박동명, 1575~1636): 본관은 順天, 자는 時應, 호는 梅隱堂. 아버지는 임진왜란 때 의병장 朴春茂(1544~1611)이다. 1599년 무과에 급제하였다. 선전관을 거쳐, 태안군수와 제주목사 등을 역임하였다. 1624년 이괄의 난 때는 병으로 직접 출전하지 못하게 되자 아들 朴弘遠으로 하여금 대신 의병을 이끌고 참전케 하였다. 1636년 병자호란 때는 62세의 고령에도 불구하고 직접 의병을 거느리고 남한산성으로 달려가 왕을 호종하였으며, 청군의 공격을 받아 분전하다가 廣州의 茂溪에서 중과부적으로 패배하고 장렬히 전사하였다.

7월 21일(병인)。비。

백관(百官)들이 하례를 드렸으니, 중전(中殿)의 탄신일이었기 때문이다.

경승(敬承: 朴守緖)을 지나는 길에 들러 만났다. 듣건대 내상(來相: 來庵 左相 鄭仁弘)이 올라오려 한다고 하였다.

二十一日(丙寅)。雨。

百官陳賀, 以中殿誕日也。敬承歷見。聞來相[457]欲來云。

7월 22일(정묘)。큰 비 옴。

여첨(汝瞻: 李埁)이 계사(啓辭: 논죄한 글)에서 박이서(朴彝敍)의 일을 쓰지 않은 것은 장관(長官: 대사헌 李覮)과 논의하지 않고 제멋대로 초안(草案)을 잡은 것이었기 때문에 체차되었다.

二十二日(丁卯)。大雨。

汝瞻, 以啓辭落書及朴彝敍, 不議長官, 經寸[458]搆草, 見遞。

---

457 來相(내상): 來庵 左相 鄭仁弘(1536~1623)을 가리킴. 《光海君日記》 1615년 6월 30일 1번째 기사에 의하면, 이때 좌의정으로 삼았기 때문이다. 본관은 瑞山, 자는 德遠. 아버지는 鄭健이며, 어머니 晉州姜氏는 姜訥의 딸이다. 부인 南原梁氏는 梁喜의 딸이다. 남명 曺植의 수제자, 임진왜란의 의병장, 북인 정권의 영수, 광해군 정권 출범 후 왕의 남자로 불렸다. 그러나 그에게 따라 다녔던 모든 영예는 1623년 인조반정으로 한꺼번에 날아갔다. 그리고 그에게는 패륜 정권의 주범, 역적이라는 굴레가 씌워졌다. 선조에서 광해군에 이르는 시기 북인의 정치적, 학문적 수장으로서 정국에 가장 큰 영향력을 끼친 인물이다.

458 經寸(경촌): 교정자가 '疑徑自'로 바로잡음. 徑自는 '제멋대로, 제마음대로'이다.

7월 23일(무진)。 맑음。

녹봉(祿俸) 7석(石)을 받았다.

이날 저녁에 제용감(濟用監: 제용감정 柳希亮)에서 잤는데, 양박(兩朴: 朴輅 형제인 듯) 및 이점(李蒧)이 같이 갔다.

二十三日(戊辰)。晴。

受祿七石。是夕，往宿濟用監，兩朴及李蒧，共之。

7월 24일(기사)。 비。

영백(嶺伯: 경상감사 成晋善)을 찾아뵙고 은근히 부탁하였다.

二十四日(己巳)。雨。

往見嶺伯[459]稱念[460]。

7월 25일(경오)。 맑음。

실국(實局: 실록청)에 가서 7판(板)을 썼다.

---

459 嶺伯(영백): 경상감사 成晋善(1557~?)을 가리킴. 《光海君日記》 1615년 6월 5일 7번째 기사에 의하면, 이날 제수되었다. 본관은 昌寧, 자는 則行, 호는 烟江. 아버지는 成壽益이며, 어머니 水原崔氏는 崔世臣의 딸이다. 부인 坡平尹氏는 尹文老의 딸이다. 成夏衍의 아버지이다. 李好閔과 동서지간이며, 李景嚴의 이모부이다. 1585년 진사시에 합격하고, 1594년 식년문과에 동생 成啓善과 함께 급제하였다. 홍문관수찬, 사간원정언, 경연시독관 등을 지내고, 1613년 인목대비 폐모론이 일어났을 때 아들 成夏衍과 조카 李生寅이 李爾瞻의 사위 李尙恒 등과 함께 대비를 모해하는 소를 올려 성진선의 처지를 난처하게 하였다. 그러나 끝내 절의를 지켜 庭請에 참여하지 않았다. 1615년 경상도관찰사를 지낸 뒤 대사간, 홍문관부제학, 승정원우승지 등을 역임하였다.

460 稱念(칭념): 관원이 외방에 나아갈 적에 고관들이 사적으로 은근히 부탁하는 것. 수령들이 고을로 부임할 적에 그 지방 출신의 高官들이 술과 고기를 가지고 와서 전별하며 자기 고향의 노비들을 잘 보호해 줄 것을 청탁함을 이른다.

박양이(朴養而: 朴鼎吉)를 만나 조용히 이야기를 나눈 뒤, 한안국(韓安國)·김탁(金鐸)을 지나는 길에 들러 만났다. 마침 복자(卜者: 점술가) 이시춘(李時春)이 왔는지라, 그에게 나의 운명을 묻고 이어서 고을의 원이 될지 점치게 했더니, 8월의 자일(子日)이나 유일(酉日)에는 당득산천조수지향(當得山川鳥獸之鄕: 응당 산천에 새와 짐승이 어우러진 고을을 얻는다.)이라고 하였다. 이정혐(李廷馦)을 지나는 길에 방문하였다.

二十五日(庚午)。晴。

往實局, 書七板。見朴養而穩敍, 歷見韓安國·金鐸[461]。卜者李時春來, 問命, 仍卜作宰, 則八月子酉, 當得山川鳥獸之鄕云。李廷馦歷訪。

7월 26일(신미)。맑음。

오융보(吳隆甫: 吳汝櫶)를 지나는 길에 방문하였는데, 박경행(朴景行: 朴守誼) 형제(兄弟: 박수의의 동생 朴守謹)와 같이 갔다. 저녁에 강유(姜瑜) 또한 왔다. 꿈에서 고향 동산으로 돌아가고 있었다.

二十六日(辛未)。晴。

吳隆甫歷訪, 朴景行兄弟同之。夕, 姜瑜[462]亦至。夢歸鄕園。

---

461 金鐸(김탁, 생몰년 미상): 본관은 淸風, 자는 時振. 아버지는 金蘭彦이다. 1603년 식년문과에 급제하였다. 1605년 성환도찰방, 1610년 해미현감, 1614년 황해도 도사, 1616년 봉상시 첨정 등을 지냈다.

462 姜瑜(강유, 1597~1668): 본관은 晉州, 자는 公獻, 호는 商谷. 아버지는 姜天民이며, 어머니 淳昌林氏는 林楫의 딸이다. 부인 全州李氏는 李蕓의 딸이다. 1612년 진사시에 합격하였으나, 인목대비의 폐모론이 일어나자 과거의 뜻을 버리고 고향에 칩거하였다. 1624년 증광문과에 급제하였다. 1627년 예빈시직장으로 강

7월 27일(임신)。맑음。

안군소(安君邵: 安聃壽)가 임시거처를 서의경(徐義京)의 집으로 옮겼다.

듣건대 이여첨(李汝瞻: 李埁)이 박경행(朴景行: 朴守誼)에게 말하기를, “김형(金兄: 김중청)이 기꺼히 대북(大北)을 위하려 하지 않으니 유감스럽습니다.” 하였다고 한다.

이날 연릉(延陵: 李好閔)에게 가서 인사드리는데 여첨(汝瞻: 李埁) 또한 같이 갔고, 가는 길에 김택지(金擇之: 金友益)를 만나니 양자승(楊子昇: 楊時晋)을 만나러 가자고 청한 까닭에 나도 만나러 갔다. 자승이 택지를 온당치 않다고 여기는 것은 그가 망언(妄言)을 했기 때문이다.

二十七日(壬申)。晴。

安君卲[463]移寓徐義京家。聞李汝瞻言于景行, 曰: “金兄不肯爲大北, 可恨.”云。是日, 往拜延陵, 汝瞻亦往, 路寓[464]金擇之, 請往見楊子昇, 故余往見之。子昇, 以擇之爲未穩, 爲其妄故也。

화도로 임금을 호종하였다. 1639년 병조좌랑, 1642년 지평, 1651년 의주부윤, 1653년 함경남도병사, 1656년 승지를 거쳐 황해감사, 경기수군절도사, 1657년 충청감사, 1661년 수원부사, 1663년 우부승지, 좌부승지, 1664년 강릉부사, 호조참의 등을 역임하였다.

463 君卲(군소): 安聃壽(1552~1628)의 字. 본관은 順興, 호는 定峰. 아버지는 安景老이며, 어머니 平山申氏는 申誠의 딸이다. 첫째부인 安東金氏는 金慄의 딸이며, 둘째부인 安東權氏는 權達源의 딸이다. 1582년 사마시에 합격하고, 1603년 문과에 급제하였다. 전주제독, 예빈시직장을 거쳐 사헌부감찰, 성균관사예, 예안현감을 지냈다. 1608년 벼슬을 버리고 낙향하였다.

464 寓(우): 교정자가 ‘疑遇’로 바로잡음.

7월 28일(계유)。맑음。

윤성임(尹聖任)·정유번(鄭維藩)·이사맹(李師孟)을 차례로 만나러 갔는데, 박자흥(朴自興)·정세미(鄭世美) 또한 이사맹의 집에 와 있었다. 이어서 김 정선(金旌善: 金九鼎)·금 장령(琴掌令: 琴愷)을 찾아가서 만났다.

조보(朝報)를 보니, 영상(領相: 奇自獻)이 다섯 번째의 사직 단자(辭職單子)에 이르기를, "믿을 만한 고구(故舊: 사귄 지 오래된 친구)가 와서 말하기를, '21일에 중학(中學: 중부학당)에 한번 모이세.' 운운했습니다."라고 하였다.

그래서 평릉군(平陵君) 신경희(申景禧)가 상소를 올려 자수하며 말하기를, "유생(儒生) 소명국(蘇鳴國)이 신(臣)에게 와서 한 말을 신(臣)이 영상(領相)에게 말했습니다."라고 하였다. 이에 주상이 답하기를, "오늘날 조정이 맑지 못하고 나랏일이 갈라져 분열되는 것은 모두 저마다 문호(門戶)를 따로 세우고 당파를 나누어 서로 공격하는데서 말미암은 것인데, 경(卿)이 음관(蔭官)으로서 어찌 논의하는 데에 참여하여야 하겠는가? 내가 영상의 차자(箚子)를 보고서는 고구(故舊)가 누구인지 몰랐었는데, 경(卿)이 자수하니 그 말이 경(卿)에게서 나온 것임을 알았도다. 그렇게도 치밀하지 못하니 애석하고 애석하구나. 의당 나의 뜻을 잘 알고서 다음부터는 이렇게 하지 말라." 하였다.

소명국은 금고(禁錮)시키고 벼슬에 물리쳐 쓰지 말라 했기 때문에, 헌부(憲府)에서 풍문에 따라 소명국을 가두었다.

이날 아침에 송화현감 안시성(安時聖)과 풍기군수 이상급(李尙伋)

이 찾아왔다.

二十八日(癸酉)。晴。

往見尹聖任·鄭維藩·李師孟[465], 則朴自興·鄭世美[466], 亦來在李家。因訪金旌善·琴掌令。見朝報[467], 領相五度辭單[468], 有曰: "可信故舊, 來言: '二十一日, 中學[469]一會.'云云." 故平陵申景禧[470], 上疏自首, 曰: "儒生蘇鳴國[471], 來言于臣, 臣言于領相."云。自上答曰:

---

465 李師孟(이사맹, 1570~?): 본관은 全州, 개명은 李師聖, 자는 浩然. 아버지는 현감 李承器이며, 어머니 原州邊氏는 邊洪의 딸이다. 부인 文化柳氏는 柳舜卿의 딸이다. 1606년 진사시에 합격하고, 1611년 별시문과에 급제하였다. 1617년 병조좌랑, 1625년 형조좌랑, 1626년 형조정랑, 1627년 의성현령이 되었으며, 1630년 군자감정, 1633년 통례원우통례를 거쳐 1637년 부사직을 거쳐 1639년 부사과를 지냈다.

466 鄭世美(정세미, 1583~1624): 본관은 東萊, 자는 高元, 호는 東窩. 할아버지는 우의정 鄭彦信이고, 아버지는 참판 鄭協이며, 어머니 平壤趙氏는 직장 趙順命의 딸이다. 부인 驪州李氏는 李尙毅의 딸이다. 1606년 진사시에 합격하고, 1608년 별시문과에 급제하였다. 1609년 승문원권지정자, 검열 등을 지내고, 1611년 수찬을 거쳐 정언·도호부사 등을 두루 역임하였다.

467 朝報(조보): 승정원에서 처리한 일을 매일 아침 반포하던 관보.

468 辭單(사단): 사직을 청하는 單子.

469 中學(중학): 서울특별시 중구 中學洞에 있었던 中部學堂.

470 申景禧(신경희, 1561~1615): 본관은 平山, 아버지는 申礏이며, 어머니 南原梁氏는 梁思謹의 딸이다. 부인 全州李氏는 義城副正 李鋼의 딸이다. 도순변사 申砬의 조카이다. 1588년 蔭補로 벼슬길에 나서 1589년 鄭汝立의 옥사가 일어나자 그 일당인 宣弘福을 붙잡은 공로로 6품직에 발탁되어 1591년 제용감주부가 되었다. 1593년 고산현감, 면천군수, 중화부사 등을 지냈다. 1605년 재령군수로 재직 중 순변사 李鎰의 종사관 尹暹을 사칭하며 도당을 모아 횡행하던 尹世沈을 붙잡아 중앙에 보고할 때 공명심으로 狀啓를 날조한 사실이 발각되어 삭직되고 문외출송의 처벌을 받았다. 뒤에 용서되어 1611년 수안군수에 등용되었으나, 1615년 楊時遇·金廷益·蘇文震 등과 반역을 모의하여 綾昌君 李佺을 추대하려 하였다는 무고로 장살되었다.

471 蘇鳴國(소명국, 1574~?): 본관은 晉州, 자는 順甫. 아버지는 蘇錫福이며, 어머니 驪興閔氏는 閔思完의 딸이다. 부인 光山金氏는 金挺輝의 딸이다. 蘇永福의

“今日, 朝著之不淸, 國事之潰裂, 皆由於各立門戶, 分黨相攻, 則卿以蔭官, 何參於論議乎? 予見領相箚, 不知故舊爲誰, 卿自首, 知其出於卿也。惜乎惜乎! 卿何不密也。宜體予意, 後勿如是.” 蘇鳴國, 禁錮[472]屛黜[473], 故憲府以風聞囚鳴國。是朝, 松禾[474]縣監安時聖·豐基郡守李尙伋來見。

7월 29일(갑술)。 맑음。

한림 윤성임(尹聖任)이 사직했는데, 지나는 길에 만나보니 그의 말투에는 길이 벼슬에서 떠나갈 뜻이 있었지만 그렇게 할 수 있겠는가.

사성(師聖: 李葳)이 성균관에 들어갔는데, 대제(大祭: 國祀)의 집사(執事)였기 때문이다.

二十九日(甲戌)。晴。

尹翰林聖任辭朝[475], 歷見, 其辭氣, 有長往之意, 其能然乎? 師聖入泮, 爲大祭[476]執事也。

조카이다. 1615년 생원진사 양시에 합격하였다. 綾昌君 추대사건에 관련되어 금부에서 진술할 때 申景禧, 楊時遇, 金以剛, 金廷益, 蘇文震, 吳忠甲 등과 능창군을 추대하여 역모를 도모하려 하였다고 진술함으로써 일어난 사건이다.

472 禁錮(금고): 노역은 과하지 않고 가두기만 하는 것.

473 屛黜(병출): 물리쳐 쓰지 아니함.

474 松禾(송화): 황해도 중서부에 있는 고을. 동쪽은 신천군·벽성군, 서쪽은 황해, 서남쪽은 장연군, 북쪽은 은율군과 접한다.

475 辭朝(사조): 사직함.

476 大祭(대제): 조선시대에 宗廟·永寧殿·圜丘壇·社稷壇에서 지낸 제사. 國祀라고도 한다.

8월 1일(을해)。 맑았는데 서늘한 바람이 붊。

비망기(備忘記)에 이르기를, “윤8월 15일에서 20일 사이에 알성(謁聖)할 날을 택하여 아뢰라.” 하였다.【협주: 알성은 윤8월 19일, 증광감시(增廣監試)는 9월 24일, 동당시(東堂試)는 10월22일로 택하여 정했다.】

八月初一日(乙亥)。晴。涼風至。

備忘記曰: “以閏八月望念間, 謁聖日擇啓.”【謁聖閏八月十九日, 增廣監試九月二十四日, 東堂十月二十二日擇定.】

8월 2일(병자)。 맑음。

인사이동이 있었다. 내가 정언(正言)의 부망(副望: 두 번째 후보)에 추천되었다니 괴이하게 여길 만하였다.

금언강(琴彦康: 琴愷)이 성묘하러 도성을 나간다고 하여 나는 가서 그를 만나 보았다. 수지(守之: 權泰一, 權春蘭의 양자) 영공(令公) 또한 근친하러 귀향하려고 왕십리(王十里: 往十里)의 일세(一世)의 집에서 묵었다. 나와 박경정(朴景靜: 朴守謹)이 함께 따라가서 전별(餞別)하였는데, 지제교(知製敎)에 명한 관교(官敎: 임명장)가 이날 비로소 왔기 때문이다.

二日(丙子)。晴。

有政。余擬正言副望, 可怪。琴彦康, 掃墳出去, 余往見之。守之令公, 亦覲歸, 宿王十里[477]一世家。余與朴景靜, 偕追餞之, 知製敎[478]官敎[479], 是日始來。

---

477 王十里(왕십리): 往十里. 서울특별시 성동구 하왕십리동에 있던 마을.

478 知製敎(지제교): 외교문서와 왕의 敎書를 짓는 일을 맡아보던 관원. 승정원과 사

8월 3일(정축)。 맑음。

아침이 되어 왕십리(王十里: 往十里)에서 돌아오는 길에 들러 류원숙(柳源叔: 柳活) 삼형제를 찾아보았다. 그들의 부친(父親: 柳夢彪, 1543~1616)은 병세가 한창 위독하였는데, 등창의 크기가 사기접시만하다고 하였다. 또 이운근(李雲根)·김정익(金廷益)을 만났다.

이날 보은(寶恩: 報恩의 오기) 현감 이양휴(李楊休: 李揚休의 오기)가 찾아왔다.

三日(丁丑)。晴。

朝, 自王十里歸, 歷見柳源叔三兄弟。其親病方革, 背腫大如沙楪云。見李雲根[480]·金廷益。是日, 寶恩[481]縣監李楊休[482]來見。

8월 4일(무인)。 맑음。

실국(實局: 실록청)에 가서 7판(板)을 썼다.

서당에 들러 이중인(李仲仁: 李挺元)을 만났는데, 듣건대 여첨(汝

간원의 관원으로써 임명한 內知製敎가 있었다.

479 官敎(관교): 조선시대에 4품 이상 관원의 고신에 대하여 서경을 면제하고 발급한 임명장.

480 李雲根(이운근, 1562~1621): 본관은 全州, 자는 士昴. 아버지는 사복첨정 李重光이며, 어머니는 昌原黃氏이다. 부인은 延安宋氏이다. 음보로 敦寧參奉이 되어 사옹직장, 한성참군, 세자익위사위솔 등을 거쳐 서흥현감을 역임하였다.

481 寶恩(보은): 報恩의 오기. 충청북도 남서부에 있는 고을. 동쪽은 경상북도 상주시, 서쪽은 대전광역시·충청북도 청주시, 남쪽은 옥천군, 북쪽은 청주시·괴산군과 접한다.

482 李楊休(이양휴): 李揚休(1576~1626)의 오기. 본관은 全州, 자는 太虛. 할아버지는 李德良이며, 아버지는 장례원사평 李耆命이다. 부인 豐山洪氏는 洪重敍의 딸이다. 공조판서 尹暉는 사위이다. 1612년 생원시에 합격하였다. 1616년 보은현감, 1623년 창평현령 등을 지냈다.

瞻: 李埰)이 사직서를 올리고 어버이를 뵈러 갔다고 하였다. 그를 만나러 갔지만 이미 도성 밖으로 나가서 만나지 못하였다.

윤선(尹銑)을 방문했더니, 곽천지(郭天祇)·곽창도(郭昌道)·이명수(李明愁) 등이 또한 와 있었다. 조경관(趙景觀: 趙國賓)과 김사겸(金士謙: 金廷益)을 만나러 갔다. 저녁에 여첨(汝瞻)이 사성(師聖: 李葳)이 있는 곳에 묵으러 왔다. 나는 박경행(朴景行: 朴守誼)·경정(景靜: 朴守謹)과 함께 제용감(濟用監: 제용감정 柳希亮)에서 같이 묵었다.

四日(戊寅)。晴。

往實局, 書七板。歷見李仲仁于書堂, 聞汝瞻辭覲[483]。往見之, 則出外未遇。訪尹銑, 郭天祇·郭昌道·李明愁等, 亦來在。往見趙景觀·金士謙。昏, 汝瞻來宿師聖所。余與朴景行靜[484], 共宿濟用監。

8월 5일(기묘)。맑음。

공성왕후(恭聖王后: 恭嬪金氏) 추숭할 때의 봉책관(奉冊官)이 되어 남별궁(南別宮)에서 의식을 익혀야 했기 때문에, 한명욱(韓明勖)·류약(柳瀹)·고용후(高用厚)와 같이 갔다.

조국빈(趙國賓)과 한옥(韓玉)이 예차(預差: 예비 차비관)로서 승지 이정겸(李廷謙: 李廷馣의 오기)에게 사례의 뜻을 표하러 갔고, 또한 자릉(子陵: 李景嚴)을 만나본 뒤 돌아왔다. 최업(崔業)이 찾아왔다.

五日(己卯)。晴。

以追崇時奉冊官, 習儀于南別宮[485], 韓明勖·柳瀹·高用厚, 共

---

483 辭覲(사근): 呈辭覲親. 사직서를 올리고 어버이를 뵈러 감.

484 靜(정): 교정자가 '疑脫景'으로 바로잡음. 곧 '景靜'이다.

之。趙國賓·韓玉, 以預差[486], 往回謝[487]李承旨廷謙[488], 又見子陵而還。崔業來見。

8월 6일(경진)。 맑음。

남별궁(南別宮)에서 의식(儀式)을 익혔다.

어제 저녁에 금부도사(禁府都事) 안전(安佺)이 선전관(宣傳官)과 함께 비밀리에 전교(傳敎)를 받들고 떠나갔다. 바로 성주(星州)의 이창록(李昌祿)이라는 사람이 '형을 시해하고 동생을 살해하여 선량하지 못한 사람을 내가 군주라고 한다.' 등의 말을 붓으로 글을 써서 상소문을 지었기 때문이다.

이조참의(吏曹參議: 金緻) 및 박자수(朴子修: 朴弘道)를 찾아가서 만나고는 군수로 나갈 것을 간청하였다. 【협주: 경관(景觀: 趙國賓)은

---

485 南別宮(남별궁): 서울특별시 중구 소공동에 있었던 조선시대의 궁궐.

486 預差(예차): 특별한 일이 있기 전에 일정한 사람에게 미리 해야 할 임무를 정해 주어 맡기는 것. 實差는 나라에 중대한 일이 있을 때에 실무를 담당할 사람을 차출하는 것이다. 예차는 실차가 유고할 적에 예차가 대리하였다.

487 回謝(회사): 사례하는 뜻을 표함.

488 李承旨廷謙(이승지정겸): 承旨 李廷馦(1562~?)의 오기. 본관은 慶州, 자는 士薫, 호는 石泉. 아버지는 사직서영 李宕이며, 어머니 義城金氏는 첨지중추부사 金應辰의 딸이다. 부인 海州吳氏는 吳以順의 딸이다. 柳碩이 사위이다. 1588년 진사시에 합격하고, 1594년 식년문과에 급제하였다. 1595년 예문관검열, 예문관대교, 1596년 병조좌랑, 1599년 홍문관부수찬, 1600년 정언, 부교리, 1601년 홍문관수찬, 홍문관부교리, 1603년 이조좌랑, 홍문관교리, 1604년 이조정랑, 홍문관응교, 홍문관전한을 거쳐 1605년 안문어사를 지내고 1606년 성균관사성, 상의원정, 1607년 시강원보덕을 지냈다. 광해군 즉위 이후 1609년 홍문관응교, 봉조관, 전한, 집의, 보덕, 부응교, 1615년 분승지, 우부승지, 동부승지, 승지, 1617년 양호조도사를 지냈다. 1623년 인조반정 이후에는 경상감사, 1624년 승지, 호조참의를 거쳐 1625년 정평부사, 1627년 우부승지를 지냈다.

실직(實職)으로 올랐고, 오경홍이 왔다.】

六日(庚辰)。晴。

習儀于南別宮。昨夕，禁府都事安佺，與宣傳官，秘蜜聽傳敎出去。乃星州[489]李昌祿[490]稱名人，以'弑兄殺弟，人之無良，我以爲君'等語，筆諸書，擬爲上疏故也。往見吏議及朴子修，丐郡。【景觀陞實，吳景泓[491]至.】

8월 7일(신사)。맑음。

박경행(朴景行: 朴守誼)이 나를 찾아왔는데, 이사맹(李師孟) 또한 왔다.

七日(辛巳)。晴。

朴景行來訪，李師孟亦至。

---

489 星州(성주): 경상북도 남서쪽에 있는 고을. 동쪽은 낙동강을 경계로 대구광역시·칠곡군, 서쪽은 김천시·경상남도 합천군, 남쪽은 고령군, 북쪽은 김천시와 접한다.

490 李昌祿(이창록, ?~1615): 1614년 광해군의 폭정과 조정의 난정을 비판하는 疏草를 작성하여 이를 成辨奎에게 보이니, 성변규가 유생 36인과 함께 경상감사에게 訴狀을 올림으로써 한성에 붙잡혀가게 되었다. 이듬해 '兇書亂言悖逆不道書'라는 죄목으로 당고개에서 참형당하였다. 이에 연좌되어 그의 가택과 籍이 파괴, 몰수되고 성주현은 新安縣으로 고쳐지고 성주인 100여인이 죄를 받기에 이르렀다. 그는 소초에서 문란한 국정을 楚漢乾坤에, 광해군이 臨海君과 永昌大君을 살해한 것을 弑兄殺弟(형을 시해하고 아우를 살해함)에 각각 비견하면서, "간사한 무리로 가득찬 조정으로서는 국가를 보존하기 어려우니 군자는 어디로 갈 것인가." 라고 당시의 국정을 비난하였다.

491 景泓(경홍): 吳䎘(1554~?)의 字. 본관은 高敞. 아버지는 吳守盈이며, 어머니 全州柳氏는 柳應賢의 딸이다. 부인 전주이씨는 李惟仁의 딸이다.

8월 8일(임오)。맑음。

박정길(朴鼎吉)이 지나는 길에 들렀다. 얼마 되지 않아 김봉조(金奉祖)·박경정(朴景靜: 朴守謹) 또한 왔다.

경홍(景泓: 吳齋)이 박자정(朴子挺: 朴子貞의 오기, 朴梓)의 말을 듣고 와서 말하기를, "근래에 한강(寒岡: 鄭逑)을 공박하는 주장이 있는 것 같네."라고 하였다.

대비(大妃)의 병세가 깊었기 때문에 나아가 말하기를, "부묘례(祔廟禮)는 이달 27일에 행하소서."라고 하였다.

八日(壬午)。晴。

朴鼎吉歷見。俄而，金奉祖·朴景靜，亦至。景泓自朴子挺，來言曰："近有駁寒岡[492]之論."云。以大妃病重，進言："祔廟禮[493]于今二十七日."

492 寒岡(한강): 鄭逑(1543~1620)의 호. 본관은 淸州, 자는 道可. 아버지는 忠佐衛副司孟 鄭思中이며, 어머니 星州李氏는 李煥의 딸이다. 부인 光州李氏는 李樹의 딸이다. 여러 번 관직에 임명되어도 사양하다가 1580년 비로소 창녕현감, 1584년 동복현감, 1586년 함안군수을 지냈고, 통천군수로 있을 때 임진왜란이 일어나자 의병을 활약했다. 1593년 宣祖의 형 河陵君의 시체를 찾아 장사를 지낸 공으로 당상관으로 승진한 뒤 우부승지, 장례원판결사·강원도관찰사·형조참판 등을 지냈다. 1608년 臨海君의 역모사건이 있자 관련자를 모두 용서하라는 소를 올리고 대사헌직을 그만두고 귀향하였다. 1613년 계축옥사 때 영창대군을 구하려 했으며, 1617년 폐모론 때에도 인목대비를 庶人으로 쫓아내지 말 것을 주장하였다.

493 祔廟禮(부묘례): 3년상을 마친 후 새 神主가 사당에 계신 할아버지 신주 옆으로 가는 禮.

8월 9일(계미)。 맑음。

실국(實局: 실록청)에 가서 7판(板)을 썼다.

나는 찬집청(撰集廳)의 낭청(郎廳)을 겸하게 되었다.

九日(癸未)。 晴。

往實局, 書七板。以余又兼撰集廳郎廳。

8월 10일(갑신)。 흐리다가 간혹 비 옴。

주상이 창경궁(昌慶宮)을 처음 세울 때 술관(術官)이 논의한 바에 대해 모든 실록을 살펴서 아뢰라고 하였다. 그래서 영상(領相: 奇自獻), 송 호판(宋戶判: 호조판서 宋諄), 박 사재(朴四宰: 우참찬 朴楗), 정영국(鄭榮國), 조국빈(趙國賓), 나인(羅訒) 및 내가 춘추관(春秋館)에 들어갔는데, 한림(翰林) 류화(柳韡: 柳韠의 오기)와 같이 앉아서 전거(典據)를 뽑아 살펴보았지만 술관의 논의가 별로 없었다.

十日(甲申)。 陰或雨。

自上以昌慶宮創建時, 術官所議, 考諸實祿[494]以啓云。故領相·宋戶判·朴四宰·鄭榮國[495]·趙國賓·羅訒及余, 入春秋館, 與翰林柳韡[496], 同坐考出, 別無術官所議。

---

494 祿(록): 교정자가 '疑錄'으로 바로잡음.

495 鄭榮國(정영국, 1564~1623): 본관은 盈德, 자는 邦彦, 호는 灌園. 아버지는 鄭鴻이다. 1594년 별시문과에 급제하였다. 1599년 병조좌랑에 임명되자 蔡謙吉과 함께 洪汝諄의 사주에 의하여 柳成龍을 비방, 배척하였다. 그뒤 세자시강원사서·장령을 거쳐 해주판관·보령현감·대구판관·평안도도사·銀溪察訪 등을 역임하였다. 광해군 때에는 幸臣 李爾瞻의 일당으로 활동하였고, 해주목사가 되어서는 崔沂를 무고하여 옥사를 일으키는 등 비행을 자행하다가 인조반정 후 처형되었다.

8월 11일(을유)。 맑다가 간혹 비 옴。

신자방(辛子方: 辛義立)과 함께 찬집청(撰集廳)에서 일한 뒤, 남별궁(南別宮)에서 의식(儀式)을 익혔다. 이에 사사로이 익히려는데 아이들 장난하는 듯이 하여 가소로웠다.

十一日(乙酉)。晴或雨。

與辛子方, 坐撰集廳, 仍習儀于南別宮。乃是私習而如兒戲, 可笑。

8월 12일(병술)。 맑다가 한낮에는 천둥치고 소낙비 굵어짐。

남별궁(南別宮)에서 의식(儀式)을 익히는데, 중화(仲和: 中和의 오기, 중화부사) 최산립(崔山立)이 나를 만나러 왔다.

十二日(丙戌)。晴。午間天動。雨驟大。

習儀于別宮, 崔仲和[497]山立來訪。

---

496 柳韡(류화): 柳韡(1588~1624)의 오기. 본관은 晉州, 자는 美叔. 아버지는 柳慶宗이며, 어머니 南陽洪氏는 생원 洪澤의 딸이다. 부인 杞溪兪氏는 兪大儞의 딸이다. 1612년 진사시에 합격하고, 1613년 대증광문과에 급제하였다. 1615년 대교, 1616년 정언, 1618년 병조정랑, 1619년 헌납, 문학, 1620년 부교리를 지냈다. 1624년 광해군의 복위를 도모했다는 모함을 받아 처형되었다.

497 仲和(중화): 中和의 오기. 김중청의 《苟全先生文集別集》〈朝天錄의 갑인년(1614) 5월 1일자 기록에 의하면 崔山立(1558~1634)이 中和府使였음을 확인할 수 있다. 본관은 朔寧, 자는 重望, 호는 立菴. 아버지는 영돈녕부사 영평부원군 崔興源이며, 어머니 安東權氏는 權應昌의 딸이다. 부인 淸州韓氏는 濟用正 韓璡의 딸이다. 1588년 음보로 四山監役을 거쳐 典設司別坐를 역임하였다. 1590년 사마시에 합격하였으며, 1592년 임진왜란 때 瑞興都護府使를 지냈다. 1599년 수원부사로 부임하고, 이듬해 지나친 세금에 고통받고 있는 수원부의 백성들의 세금을 경감해 줄 것을 상소하였다. 그러나 곧이어 죄를 짓고 수원에 정배 중인 順和君의 비행을 방조한 죄로 파직되었다. 1601년 사면되어 廣州牧使 · 강릉부사 · 성주목사 · 영해부사 · 파주목사 등 12개 고을 원을 역임하며 선정을 펼쳤다. 뒤에 호조참판에 제수되었으며

8월 13일(정해)。 맑음。

경정(景靜: 朴守謹)이 찾아와서 종일토록 평온하게 이야기를 나누었다.

十三日(丁亥)。 晴。

景靜來, 終日穩敍。

8월 14일(무자)。 맑음。

실국(實局: 실록청)에 가서 7판(板)을 쓰고, 또 3판을 써서 다른 날에 이용하도록 하였다.

주상이 하문하기를, "어느 때에나 끝낼 수 있겠느냐?" 하였는데, 내년 여름이나 가을 무렵이면 끝낼 수 있을 것이라고 답하였다. 또 비망기(備忘記)에 이르기를, "일에 유능한 문관을 파견하여 부정이 있는지의 여부를 살피는데 무위(武威)를 아울러 갖추어 백성들의 고통을 돌보도록 하라." 하였다.

十四日(戊子)。 晴。

往實局, 書七板, 又書三板, 以爲他日之用。 自上問: "何時可畢?" 答以明年夏秋間可畢。 又備忘記, "遣解事文官, 摘奸[498]兩具武備, 因詢民瘼."

8월 15일(기축)。 맑음。

한정국(韓正國)이 술을 가지고 와서 이야기를 나누었다. 저녁에는

寧安君에 봉해졌다.

498 摘奸(적간): 부정이 있는지의 여부를 살펴 내는 것.

박경행(朴景行: 朴守誼) 형제(兄弟: 박수의의 동생 朴守謹)와 권경섭(權景涉)이 나를 만나러 왔다.

사헌부가 허균(許筠)은 처사가 사리에 어긋나고 망령되어 일개 역관(譯官)의 일을 우의정이 듣고 동요하도록 하였기 때문에 무거운 죄를 좇아 캐어물어서 밝히게 하였다니, 가소로운 일이었다.

十五日(己丑)。晴。

韓正國, 持酒來敍。夕, 朴景行兄弟·權景涉來訪。憲府, 以許筠處事顚妄[499], 以一譯官事, 動擾右相聽, 從重推考[500], 可笑。

8월 16일(경인)。 비 오락가락함。

류여각(柳汝恪)이 방물(方物: 중국에 가는 사신이 가져갈 예물)을 점검하고 봉한 후 지나는 길에 들렀다.

十六日(庚寅)。雨或止。

柳汝恪, 方物封裹[501], 後過見。

8월 17일(신묘)。 맑다가 간혹 비 옴。

찬집청(撰集廳)에 갔다가 돌아오는 길에 허균(許筠)·이지완(李志完)을 차례로 방문했는데, 허공(許公: 허균)이 허난설헌(許蘭雪軒)의 책 1권을 내게 주었고, 또 당화(唐畵) 1폭을 나중에 보내주었다.

---

499 顚妄(전망): 하는 짓이 사리에 어긋나고 망령됨.

500 從重推考(종중추고): 벼슬아치의 과실이 있을 때 죄과를 따져서 그중 중한 벌에 따라 징계하는 것.

501 方物封裹(방물봉과): 중국으로 사신을 파견할 때 보낼 예물을 점검하고 포장하는 것.

十七日(辛卯)。晴或雨。

往撰集廳, 歸路歷訪許筠·李志完[502], 許公以蘭雪[503]一冊贈我, 又追送唐畫一幅。

8월 18일(임진)。맑음。

사은사(謝恩使) 김추(金椎: 金權의 오기)·이형욱(李馨郁), 서장관 류여각(柳汝恪)이 떠나갔다.

十八日(壬辰)。晴。

謝恩使金椎[504]·李馨郁[505], 書狀柳汝恪, 出去。

---

502 李志完(이지완, 1575~1617): 본관은 驪州, 자는 養吾, 호는 斗峯. 아버지는 찬성 李尙毅이며, 어머니 海平尹氏는 尹晛의 딸이다. 부인 固城李氏는 李潔의 딸이다. 1597년 식년문과에 급제하였다. 정언·사서·형조정랑·이조정랑·홍문관부교리·사간·응교를 거쳐 세자시강원필선이 되었다. 1608년 문과중시에 급제하여 사가독서를 하였고, 광해군 초기에 승지·대사간을 지냈다. 1613년 동지의금부사로 계축옥사를 다스려 형조판서에 오르고, 이어 우참찬·지경연사를 지냈다.

503 蘭雪(난설): 許蘭雪軒(1563~1589). 본관은 陽川, 본명은 楚姬, 자는 景樊, 호는 蘭雪軒. 할아버지는 許澣이며, 아버지는 徐敬德의 문인으로서 학자·문장가로 이름이 높았던 同知中樞府事 許曄이다. 허엽의 첫째부인 清州韓氏는 西平君 韓叔昌의 딸이며, 둘째부인 江陵金氏는 예조판서 金光轍의 딸이다. 허난설헌은 강릉김씨의 소생이다. 허균의 누이로, 문장가문에서 성장하면서 오빠·동생의 어깨너머로 글을 배웠다. 원만치 않은 부부생활, 시어머니와의 갈등으로 고독한 삶을 보내며 책과 한시로 슬픔을 달래다 1589년 27세의 젊은 나이로 세상을 떴다. 임종 때의 유언에 따라 작품은 모두 소각되었는데, 동생 허균이 명나라 시인 朱之蕃에게 건넨 작품 일부가 그녀의 사후 중국에서 간행되어 지금까지 전해진다.

504 金椎(김추): 金權(1549~1622)의 오기. 본관은 清風, 자는 而中, 호는 拙灘. 아버지는 참봉 金德懋이며, 어머니 坡平尹氏는 충의위 尹麟의 딸이다. 부인 韓山李氏는 李漢墻의 딸이다. 1580년 별시문과에 급제하였다. 1581년 예문관 검열, 1582년 성균관 전적·사헌부감찰·병조좌랑·사간원정언·홍문관수찬, 1583년 예조·호조·병조 좌랑을 역임하였다. 1585년 사간원헌납으로 재임 중에 李珥를 비난하는 鄭汝立을 논박하다가 파직당하였다. 1591년 鄭澈 등이 축출당할 때 다시

8월 19일(계묘)。 맑음。

찬집청(撰集廳)의 일로 영상(領相: 기자헌)을 만나러 갔다가 군현(郡縣)의 수령을 간청하였다.

밥을 먹은 뒤에 광창(廣昌: 광창부원군 이이첨)의 집에 갔더니, 부자(父子)가 모두 병을 칭탁하여 만나지 못했다. 돌아오는 길에 황중윤(黃中允)·김봉조(金奉祖)를 차례로 만났다.

지평(持平) 임성지(任性之)가 사성(師聖: 李葳)을 만나러 가는 길에 들러서 나 또한 사성을 만나 보았다. 한욱재(韓勖哉: 韓明勖)가 나를 만나러 왔다.

十九日(癸巳)。 晴。

以撰集事, 往見領相, 仍乞郡縣。飯後, 往廣昌家, 父子皆托病, 不見。歸路歷見黃中允·金奉祖。任持平性之, 爲見師聖歷至, 余亦見之。韓勖哉來訪。

파면당하였다. 1592년 임진왜란 때 사간 등을 역임하고, 난이 끝난 뒤 연안부사·사복시첨정 등을 거쳐 호조참판이 되었다. 1612년 임진왜란 때 전주로 광해군을 호종한 공으로 淸風君에 봉해졌다. 1615년 謝恩使가 되어 명나라에 다녀온 뒤 정치가 문란하므로 사직하였다. 1618년 폐모론에 반대하다가 강계로 유배되었다가 무안으로 이배되어 5년 뒤 그곳에서 죽었다.

505 李馨郁(이형욱, 1551~1630): 본관은 全州, 자는 德懋, 호는 蘭皐. 아버지는 李洪이며, 어머니 安東權氏는 權習의 딸이다. 부인 漢陽韓氏는 韓士龍의 딸이다. 1585년 진사시에 합격하고, 1594년 별시문과에 급제하였다. 1595년 정언을 거쳐 지평이 되었고, 이어서 이조정랑·홍문관부수찬·문학 등을 역임하고 1597년 홍문관교리가 되었다. 1600년 사간에 이어 보덕을 거쳐 동래부사가 되었다. 1603년 승정원동부승지가 되었고, 1605년 대사간, 이듬해 좌부승지에 이어 우부승지가 되었다. 1608년 강원도관찰사, 1612년 전주부윤이 되었으며, 1615년 사은부사로 명나라에 다녀와 1618년 行敦寧都正을 역임하였다.

8월 20일(갑오)。 맑음。

실국(實局: 실록청)에 가서 7판(板)을 썼다.

이창록(李昌祿)이 죄를 스스로 인정하였다.

이날 주상이 박홍구(朴弘耉)와 이지완(李志完)을 불러들여 만나 보았다.

저녁에 권경섭(權景涉)이 나를 만나러 왔다.

二十日(甲午)。 晴。

往實局, 書七板。李昌祿承服[506]。是日, 引見[507]朴弘耉·李志完。夕, 權景涉見訪。

8월 21일(을미)。 맑음。

듣건대 경승(敬承: 朴守緖)이 돌아왔다고 해서 조경관(趙景觀: 趙國賓)을 만나러 찾아갔더니, 김기원(金期遠)·김치원(金致遠) 등이 모두 모여 있었다.

저녁에 민윤보(閔閏甫: 閔馨男) 영공(令公)이 나를 만나러 찾아왔다.

이날 찬집청(撰集廳)에 갔다.

二十一日(乙未)。 晴。

聞敬承歸, 往見趙景觀, 金期遠[508]·金致遠[509]皆會。昏, 閔閏甫令

---

506 承服(승복): 죄인이 죄를 스스로 인정하는 것.

507 引見(인견): 임금이 신하를 불러들여 만나 봄.

508 金期遠(김기원, 1561~?): 본관은 光山, 자는 大而. 아버지는 金景福이며, 어머니는 林川趙氏이다. 부인 水原白氏는 白惟恒의 딸이다. 白仁傑의 손녀사위이다. 1606년 식년문과에 급제하였다.

509 金致遠(김치원, 1572~?): 본관은 扶安, 자는 士毅, 호는 桂谷·直節. 아버지는

公見訪。是日，往撰集廳。

8월 22일(병신)。맑음。

김사겸(金士謙: 金廷益)·오융보(吳隆甫: 吳汝檼)를 찾아가서 만났다. 승지 한찬남(韓纘男)이 경상도의 효자와 열녀 54명을 골라 뽑는 일을 나에게 부탁하였다.

二十二日(丙申)。晴。

往見金士謙·吳隆甫。韓承旨纘男， 以慶尙道孝烈五十四人事，付我撰出。

8월 23일(정유)。맑음。

금언강(琴彦康: 琴愷)·신광업(辛光業)이 들어왔다. 그러나 윤성임(尹聖任)은 병으로 들어오지 않았는데, 체차(遞差)하도록 명이 내려졌다.

二十三日(丁酉)。晴。

琴彦康·辛光業入來。尹聖任，則病不來，命遞差。

金鏘이며, 어머니 咸陽吳氏는 吳世英의 딸이다. 부인 淸風金氏는 金廷幹의 딸이다. 1603년 식년문과에 급제하였다. 검열, 정자를 거쳐 1606년 사헌부감찰, 예조정랑, 1607년 병조좌랑, 1608년 사간원정언이 되었으나, 이듬해 대북파의 모함으로 삭직되기도 하였다. 1623년 인조반정 이후 다시 관계에 진출하여 사간원사간, 사헌부집의, 세자시강원보덕, 승지, 대사헌, 병조참판, 예조참판 등을 지냈으며, 외직으로는 고산찰방, 개성경력, 경주부윤, 평양서윤, 서흥부사, 종성부사 등을 지냈다.

8월 24일(무술)。맑음。

오융보(吳隆甫: 吳汝檼)가 나를 만나러 찾아왔다. 밥을 먹은 뒤에 남별궁(南別宮)으로 가서 의식(儀式)을 익혔다.

이익엽(李益燁: 이이첨의 4남)이 아내의 상(喪)을 당한지 이미 3일이 지나서 저녁 때를 이용하여 조문을 갔는데, 박자흥(朴自興)·정준(鄭遵)·박정길(朴鼎吉)·최래길(崔來吉)·이경여(李敬輿)·한영(韓詠)·최발(崔潑) 등을 보았다. 돌아오는 길에 들러 금언강(琴彦康: 琴愷)·박경정(朴景靜: 朴守謹)을 만났다.

二十四日(戊戌)。晴。

吳隆甫見訪。飯後，往南別宮，習儀。李益燁[510]喪妻，已三日，乘夕往弔，見朴自興·鄭遵·朴鼎吉·崔來吉[511]·李敬輿·韓詠[512]·崔

---

510 李益燁(이익엽, 1594~1623): 본관은 廣州, 자는 大遠. 아버지는 李爾瞻이며, 어머니 全州李氏는 李應祿의 딸이다. 李大燁·李元燁·李弘燁의 동생다. 1612년 사마시에 합격하고, 증광별시문과에 급제하였다. 홍문관의 저작·부수찬·부교리·직제학을 거친 뒤 승지·대사성을 역임하였다. 1623년 인조반정으로 광해군이 폐위되자 아버지 이이첨과 함께 참형을 당하였다.

511 崔來吉(최내길, 1583~1649): 본관은 全州, 자는 子大. 아버지는 영흥부사 崔起南이며, 어머니 全州柳氏는 柳永立의 딸이다. 영의정 崔鳴吉의 형이다. 부인 全州李氏는 益城君 李亨齡의 딸이다. 1606년 사마시에 합격하고, 1611년 별시문과에 급제하였다. 승문원에 들어간 뒤 성균관전적·직강·사예를 역임하였다. 1623년 인조반정 때 공을 세워 장악원정을 거쳐 예조참의에 올랐다. 이듬해 李适의 난이 일어나자 왕을 공주로 호종하고 完川君에 봉하여졌으며, 한성부의 좌우윤, 형조와 공조의 참판을 지내고, 1630년 장흥부사에 이어 청주·능주의 목사를 역임하였으며, 1645년 오위도총부도총관, 1647년 경기감사, 1649년 공조판서가 되었다.

512 韓詠(한영, 1580~1623): 본관은 清州, 자는 永言. 아버지는 韓希祿이며, 어머니 陽城李氏는 봉사 李暹의 딸이다. 첫째부인 咸陽朴氏는 주부 朴俊의 딸이며, 둘째부인 慶州李氏는 군수 李亨男의 딸이다. 1603년 생원시에 합격하고, 1606년 식년문과에 급제하였다. 광해군 즉위 후 홍문관부수찬으로 벼슬길에 들어서 사헌부지평, 사간원정언을 거쳐 사헌부지평, 세자시강원문학, 부수찬이 되었으며,

潑。歷見琴彦康·朴景靜。

8월 25일(기해)。맑음。

사사로이 의식을 익히고 돌아오는 길에 오봉(五峯: 李好閔)·자릉(子陵: 李景嚴, 이호민의 아들)을 만났는데, 인의(引儀: 辛汝直을 가리키는 듯)와 그의 처소로 가서 술 두어 잔을 마시고 헤어졌다.

二十五日(己亥)。晴。

私習儀歸，路見五峯·子陵，引儀[513]俱往其處，飮酒二杯而罷。

8월 26일(경자)。맑음。

날이 밝기 전 남별궁(南別宮)에 가서 책여(冊輿)를 받들어 궁궐에 이르러 인정전(仁政殿)의 책궤(冊軌)에 안치하였다. 얼마 되지 않아서 차비문(差備門)으로 책여를 받들어 나아가니, 환자(宦者: 내시)가 받아 들어가고 나서는 춘추관(春秋館)에서 명을 기다렸다. 미시(未時: 오후 2시 전후)에 책여를 받들어 도로 인정전에 안치하였다가 신시(申時: 오후 4시 전후)에 책여를 받들어 앞서 가고, 대가(大駕)가 뒤

1617년 이이첨의 측근이 되어 인목대비 폐비론 당시 사헌부의 관원으로 여론에 참여하였다. 그 뒤로 1620년 세자시강원보덕, 1621년 홍문관부응교, 1622년 원주목사가 되었으나, 1623년 인조 반정 후 거듭된 탄핵을 받고 위리안치됐다가 사사되었다.

513 引儀(인의): 조선시대에 通禮院에 속하여 의식에서 식순에 따라 구령을 외치는 일을 맡아보던 종6품직. 辛汝直(1575~?)을 가리키는 듯. 본관은 居昌, 자는 士淸. 아버지는 愼興慶이며, 어머니 載寧李氏는 李殷礪의 딸이다. 첫째부인 竹山安氏는 安驌의 딸이며, 둘째부인 淸州鄭氏는 鄭文亨의 딸이다. 繕工監役, 1613년 通禮院引儀를 지냈다.

따르면서 봉자전(奉慈殿)으로 나아갔는데, 사당 밖의 계단 위에 있는 막차(幕次: 임시로 친 장막)에 책여를 받들어 안치하였다.

담장에 의지하여 장막을 치고 잠을 자는 둥 마는 둥 하다가 2경(二更: 밤 10시 전후)에 잠자리에서 일어나 제사를 거행하였다.

二十六日(庚子)。晴。

未明, 往南別宮, 奉冊輿詣闕, 置冊軌于仁政殿[514]。俄而, 奉進于差備門[515], 宦者受入, 仍待命于春秋館。未時, 還奉置于仁政殿, 申時奉輿先行, 大駕隨後, 進于奉慈殿[516], 奉置于廟外階上幕次。倚墻結帳, 假寐, 二更起寢, 行事。

8월 27일(신축)。맑음。

제사 올리는 일이 끝난 뒤에 날이 새려 하였다. 묘시(卯時: 오전 6시 전후)에 주상이 환궁하는데, 따르는 시신(侍臣)의 반열이 연(輦:임금의 수레)의 머리보다 앞서서 갔다.

二十七日(辛丑)。晴。

祀事旣畢, 天欲明矣。卯時還宮, 從侍臣班, 先行輦頭。

8월 28일(임인)。맑음。

하례(賀禮)에 참여한 뒤, 나는 실국(實局: 실록청)에 가서 7판(板)을

514 仁政殿(인정전): 창덕궁의 正殿. 태종이 1404년 별궁으로 창건하였으나, 임진왜란 때 전부 불타 없어진 것을 광해군이 1611년 재건하였다.

515 差備門(차비문): 임금이 평상시에 거처하는 便殿의 앞문.

516 奉慈殿(봉자전): 永禧殿의 옛 이름.

섰다.

사면령(赦免令)이 반포되고 백관들에게 가자(加資)하였다.

二十八日(壬寅)。晴。

陳賀，余往實局，書七板。頒赦，百官加資。

8월 29일(계묘)。맑음。

융보(隆甫: 吳汝櫶)를 만나러 갔는데, 내일 그가 부친(父親: 吳澐)을 뵈러 고향에 돌아가려 했기 때문이다. 배자장(裵子張: 裵大維), 강극소(姜克紹), 이상항(李尙恒: 이이첨의 사위), 류여항(柳汝恒) 등이 모두 모였다. 듣건대 황해감사 유대정(兪大禎)이 한 유생(儒生)의 정문(呈文)으로 말미암아 장계를 올려 급히 아뢰기를, “이번의 과거는 공정하지 못했습니다. 식년시(式年試)에서는 단지 7대문(大文)만 암송하여야 하는데, 부정으로 말미암아 경서에 능한 자를 급제자로 뽑았습니다.”라고 하자, 대관(臺官)들이 바야흐로 크게 논박하려 한다고 운운하였다.

二十九日(癸卯)。晴。

往見隆甫，以其明日將覲歸故也。裵子張·姜克紹·李尙恒[517]·柳汝恒皆會。聞黃海方伯兪大禎[518]，以儒生呈文，馳啓曰：“今之科擧

517 李尙恒(이상항, 1588~1623): 본관은 全州, 자는 德夫. 아버지는 李昌後이며, 어머니 高靈申氏는 申津의 딸이다. 부인 廣州李氏는 李爾瞻의 딸이다. 1612년 생원시에 합격하고, 1615년 식년문과에 급제하였다. 권지성균학유, 설서·정언·사서, 忠原縣監, 문학·교리·응교·겸사서, 이조 좌랑·정랑, 겸문학·수찬 등을 역임하였다. 1613년 儒生으로 李偉卿의 폐모론에 동조하였는데, 이 일로 인하여 1623년 인조반정 직후 참형을 당하였다.

518 兪大禎(유대정, 1552~1616): 본관은 杞溪, 자는 景休. 아버지는 단성현감 兪灦

不公。式年只誦七大文, 由曲經能, 取及第."云, 臺官方欲大駁云云。

8월 30일(갑진)。 맑음。

융보(隆甫: 吳汝檼)를 남관묘(南關廟)에서 전송했는데, 양자승(楊子昇: 楊時晋)·안군소(安君邵: 安聃壽)·이여첨(李汝瞻: 李埁)및 사성(師聖: 李蕆)과 같이 나갔다.

돌아오는 길에 한욱재(韓勖哉: 韓明勖)를 만나 조용히 이야기를 나누었다. 이어서 이자릉(李子陵: 李景嚴, 이호민의 아들) 및 그의 부인을 만났고, 이경현(李景賢: 이경엄의 조카)·이경의(李景義: 이경엄의 조카) 또한 찾아왔다.【협주: 상노(尙奴)를 보냈다.】

晦日(甲辰)。晴。

送隆甫于南關廟[519], 楊子昇·安君邵·李汝瞻及師聖, 同之。歸路, 見韓勖哉穩敍。因見李子陵及婦, 李景賢[520]·景義[521]亦來。【送

이며, 어머니 淸州韓氏는 韓守溫의 딸이다. 부인 光州鄭氏는 鄭誼臣의 딸이다. 1582년 사마생원 양시에 합격하고, 1588년 식년문과에 급제하였다. 예문관검열과 대교를 지냈다. 1589년 기축옥사에 관련되어, 北評事에 좌천되어 가던 도중 파직당하였다. 1591년 伊川縣監으로 다시 등용되었다. 그 뒤 여러 고을을 다스리고 1609년 충청도관찰사로 승진하였으며, 1612년 동지중추부사로 오위도총부부총관을 겸임하였다. 1614년 황해도관찰사가 되었으나, 이이첨 등 대북파의 전횡이 심하자 벼슬을 버리고 낙향하였다.

519 南關廟(남관묘): 서울특별시 남대문 밖의 桃洞에 있었던 關羽의 사당.

520 李景賢(이경현, 1579~1632): 본관은 延安, 자는 明之. 할아버지는 李國柱이다. 아버지는 창성부사 李尙閔이며, 어머니 全州李氏는 북청판관 李鶴壽의 딸이다. 부인 안동김씨는 병사 金壽男의 딸이다. 1610년 洗馬가 되어서 1612년 전옥주부가 되었다.1617년 알성문과에 급제하여 검교가 되고, 이어서 전적을 거쳐 형조정랑이 되었다가, 직강으로 옮겼다. 1623년 흥해군수로 나갔고, 1624 공조좌랑, 형조정랑을 거쳐서 고양군수가 되고, 1627년에 공조의 낭청과 첨정을 거쳐 통례원통례가 되었다. 1628년 정랑이 되었다가 軍器寺正으로 승진하고 이어서 軍資監

尙奴.】

윤8월 1일(을사)。 맑음。

신자방(辛子方: 辛義立)·윤정평(尹正平: 尹調元)이 나를 만나러 찾아왔는데, 정평이 말하기를, "이형보(李馨甫: 李莊) 또한 제천(堤川)에서 올라와 지금 보은사(報恩寺)에 있고, 장차 모레쯤 도성(都城)으로 들어올 예정입니다."라고 하였다.

찬집청(撰集廳)에 가서 80여 장(丈)을 교정하였다.

閏八月初一日(乙巳)。晴。

辛子方·尹正平來訪, 正平言: "李馨甫, 亦自堤川[522]來, 方在報恩寺[523], 將以明明入城."云。往撰集廳, 校八十餘丈。

正이 되었다. 1632년 고원군수로 나갔다가, 풍토병에 걸려 임지에서 죽었다.

521 景義(경의): 李景義(1590~1640): 본관은 延安, 자는 明之. 할아버지는 李國柱이다. 아버지는 창성부사 李尙閔이며, 어머니 全州李氏는 북청판관 李鶴壽의 딸이다. 첫째부인은 平康蔡氏이며, 둘째부인 安東權氏는 충의위 權諴의 딸이다. 1616년 진사시에 합격하고, 1619년 식년문과에 급제하였다. 성균관전적이 되었다. 1623년 인조반정 후 공조·형조·예조·병조의 좌랑을 거쳐 지평·정언헌납을 지내고 병조정랑이 되었다. 1627년 정묘호란 이후에는 홍문관수찬, 홍문관교리, 통례원상례, 시강원보덕 등을 지낸 뒤 필선, 장령, 사간 등을 역임하였다. 1638년 호조참의, 승지, 이조참의를 거쳐 이조참판이 되었다.

522 堤川(제천): 충청북도 북동부 중앙에 있는 고을. 동쪽은 단양군·강원도 영월군, 남쪽은 제천시, 서쪽은 제천시 봉양읍, 북쪽은 제천시 송학면과 접한다.

523 報恩寺(보은사): 경기도 여주군 북내면 봉미산에 있는 사찰. 지금의 神勒寺의 전신으로 속칭 벽절이라 한다. 조선 睿宗 때 世宗의 英陵을 이 절 서쪽 10리 지점에 옮기면서 보은사라는 額을 내렸다.

윤8월 2일(병오)。 맑음。

실국(實局: 실록청)에 가서 7판(板)을 썼다.

사성(師聖: 李葳)과 안군소(安君卲: 安聃壽) 모두가 한강 밖에서 참군(參軍: 辛汝直을 가리키는 듯)을 전송하였다.

듣건대 문경천(文敬天)이란 자가 말 도둑으로 옥에 갇혀 있다가 스스로 역적(逆賊)이라고 말하였기 때문에 주상이 대신(大臣)과 금부(禁府) 당상(堂上)들을 명초(命招)했다고 한다.

二日(丙午)。 晴。

往實局, 書七板。 師聖與安君卲, 皆送參軍[524]于江外。 聞文敬天, 以馬賊入殿獄[525], 自謂逆賊, 故命招大臣及禁府堂上云。

윤8월 3일(정미)。 흐리다가 갬。

송상빈(宋尙賓)과 한정국(韓定國)이 지나는 길에 들렀다. 저녁에는 형보(馨甫: 李莊)가 지나는 길에 들렀다.

금 장령(琴掌令: 琴愷)이 임시거처에 편안히 도착해서 사람을 보내어 왔음을 알렸다. 그리하여 나는 박경행(朴景行: 朴守誼)과 함께 가서 만나보고 밤이 깊어서야 돌아왔다.

三日(丁未)。 陰晴。

宋尙賓[526]·韓定國過見。 昏, 馨甫過見。 琴掌令, 到安寓, 送人告

---

524 參軍(참군): 조선시대 한성부훈련원에 두었던 정7품직 관직. 정원은 3인으로, 1인은 通禮院引儀(종6품)가 겸임하였다.

525 殿獄(전옥): 典獄의 오기. 죄인을 가두는 감옥.

526 宋尙賓(송상빈, 1576~1642): 본관은 延安, 초명은 尼壽, 자는 景觀. 아버지는 宋汝沃이며, 어머니 公州李氏는 李承福의 딸이다. 부인 沃川全氏는 全泓의 딸이

至。余與朴景行，偕往見，夜深乃歸。

윤8월 4일(무신)。비。

김시주(金是柱: 金涌의 장남)가 지나는 길에 나를 만나러 왔고, 이잠(李埁) 또한 다녀갔는데, 나는 형보(馨甫: 李莊)를 만나러 갔었다.

듣건대 오 영천(吳永川: 영천군수 吳汝檥)이 흉적의 공초(供招)에 들어 있고, 이사음(李嗣音) 형제 또한 역시 들어 있다고 하였다.

저녁에 형보가 장차 새로 이사 갈 집을 지나길에 들러 보았다.

四日(戊申)。雨。

金是柱[527]歷訪，李埁亦過，余往見馨甫。聞吳永川[528]入賊招，李嗣音[529]兄弟亦入云。昏，馨甫將往新寓，歷見。

윤8월 5일(기유)。맑음。

안□(安□)，박경승(朴敬承: 朴守緖)·조경관(趙景觀: 趙國賓)이 찾아

다. 임진왜란 때 곽재우와 함께 화왕산성에서 왜적과 싸웠다.

527 金是柱(김시주, 1575~1617): 본관은 義城, 자는 以立, 호는 開湖. 아버지는 金涌이며, 어머니 晉寶李氏는 첨정 李寯의 딸로 李滉의 손녀이다. 부인 安東權氏는 權暐의 딸이다. 1609년 사마시에 장원하고, 1613년 대증광문과에 급제하였다. 승정원주서를 거쳐 병부랑에 이르렀다.

528 吳永川(오영천): 영천군수 吳汝檥(1579~1635)을 가리킴. 본관은 高敞, 자는 景虛, 호는 敬菴. 아버지는 판결사 吳澐이며, 어머니 金海許氏는 許士廉의 딸이다. 백부 吳澘에게 입양되었다. 부인 義城金氏는 金潗의 딸로 金誠一의 손녀이다. 吳汝櫟의 동생이다. 1601년 진사시에 합격하고, 1603년 문과에 급제하였다. 홍문관의 수찬, 교리 등을 지내고, 외직으로 울산판관, 1612년 영천군수, 대구도호부사, 창원부사, 연일군수 등을 역임하였다.

529 李嗣音(이사음, 생몰년 미상): 醴泉의 忠贊衛였던 인물.

왔다.

五日(己酉)。晴。

安□·朴敬承·趙景觀來見。

윤8월 6일(경술)。맑음。

실국(實局: 실록청)에 가서 7판(板)을 썼다.

임금이 친국(親鞫)을 하였다.

돌아오는 길에 형보(馨甫: 李茳)와 조용히 이야기를 나누었다.

六日(庚戌)。晴。

往實局，書七板。親鞫。歸路，穩敍馨甫。

윤8월 7일(신해)。맑음。

주상이 대궐 안에서 친국(親鞫)하였다.

류진(柳袗)이 찾아왔고, 조공(조공: 趙挺인 듯)·성공(成公: 成晉善인 듯) 두 분도 나를 만나러 찾아왔다.

이날 아침에 민윤보(閔閏甫: 閔馨男) 영공(令公)을 만나러 갔더니, 정광경(鄭廣敬) 또한 와 있었다.

저녁에는 허단보(許端甫: 許筠)를 만나러 갔다.

七日(辛亥)。晴。

庭鞫。柳袗[530]來見。趙·成兩公，來訪。是朝，往見閔閏甫令公，

---

530 柳袗(류진, 1582~1635): 본관은 豊山, 자는 季華, 호는 修巖. 아버지는 영의정 柳成龍이며, 어머니 全州李氏는 용궁현감 李坰의 딸이다. 첫째부인 安東權氏는 權采의 딸이며, 둘째부인 晉陽河氏는 河沃의 딸이다. 1610년 사마시에 합격하였

鄭廣敬[531]亦來。夕，往見許端甫。

윤8월 8일(임자)。맑음。

찬국(撰局: 찬집청)에 갔다.

돌아오는 길에 이조판서(吏曹判書: 韓孝純)에게 인사하러 들렀고 아울러 조국이(趙國耳: 趙鈊)를 만났다. 저녁에 또 김사정(金士精: 金緻) 영공(令公)을 만나러 갔는데, 조유도(趙有道)·김질간(金質幹)·임성지(任性之)·박문준(朴文俊) 등 또한 그 집에 와 있었다. 나는 또 박홍도(朴弘道)를 만나러 들르니 양사행(梁士行) 또한 거기 있었고, 박정길(朴鼎吉)을 만나러 갔지만 만나지 못해 명함만 남겨두고 왔으며, 형보(馨甫: 李莅)를 만나러 찾아가니 김탁(金鐸) 또한 와 있었다.

八日(壬子)。晴。

往撰局。歸路，歷拜吏判，兼見趙國耳[532]。夕，又往見金士精令

다. 1612년 해서지방에서 金直哉의 誣獄이 일어났을 때에 金百諴의 무고를 당하여 5개월간 옥고를 치렀다. 1616년 遺逸로 천거되어 세자익위사세마에 제수되었으나 사양하였다. 1613년 인조반정 뒤 학행으로 천거되어 봉화현감이 되었다. 이듬해 형조정랑, 1627년 청도군수, 1634년 지평을 지냈다.

531 鄭廣敬(정광경, 1586~1644): 본관은 東萊, 자는 公直, 호는 秋川. 할아버지는 鄭惟吉이다. 아버지는 좌의정 鄭昌衍이며, 어머니 清州韓氏는 韓世建의 딸이다. 판서 鄭廣成의 아우이다. 부인 驪興閔氏는 돈녕부도정 閔有慶의 딸이다. 1612년 사마시에 합격하고, 그해 증광문과에 급제하였다. 수찬·정언을 지내고 이듬해 인목대비 폐모론이 일자 異論을 내세워 반대하고 清議를 따랐다. 이후 1616년 사간이 된 뒤, 상의원정·사인·응교·전한·사성 등을 역임하였다. 1618년 大妃削號를 포함한 폐모론이 재론되었을 때는 참가하였다. 1623년 인조반정 때 사간에 임명되자, 과거의 정청참여를 자책하여 간관으로서 자격이 없음을 스스로 지적, 사퇴하고자 하였으나 왕이 허락하지 않았다.

532 國耳(국이): 趙鈊(1558~1635)의 字. 본관은 淳昌, 자는 季中. 아버지는 趙邦穎이며, 어머니 驪興閔氏는 閔應祜의 딸이다. 부인 宜寧南氏는 南熙壽의 딸이다.

公，趙有道·金質幹·任性之·朴文俊等，亦來在其家。余又歷見朴弘道，梁士行亦在，訪朴鼎吉，未遇留刺，見馨甫，金鐸亦至。

윤8월 9일(계축)。맑음。

박문준(朴文俊)이 나를 만나러 왔다.

꿈에서 이를 빼려고 했으나 도로 굳는 것을 보았다.

九日(癸丑)。晴。

朴文俊來訪。夢見齒欲落還牢。

윤8월 10일(갑인)。맑음。

동지사(冬至使) 겸 진주사(陳奏使) 민형남(閔馨男)·허균(許筠), 서장관 최응허(崔應虛)가 떠나갔다. 나는 박경승(朴敬承: 朴守緖)과 함께 성문 밖까지 전송하러 갔는데, 백대형(白大珩)·박홍도(朴弘道)·이함일(李涵一)·조국빈(趙國賓)·조과(趙鈛: 趙鈛의 오기인 듯)·안경심(安景深)·류일(柳溢)·박찬(朴瓚)·박수의(朴守誼)가 같은 장막에 함께 있었다. 돌아오는 길에 들러 이잠(李埁) 및 손척(孫倜)을 만났다.

윤 익산(尹益山: 익산군수 尹調元)은 입직(入直)하러 들어왔고, 지례현감(知禮縣監) 윤찬원(尹贊元)은 도성 밖으로 나왔다.

하우식(河遇式)이 풍기(豊基)의 재익(在益)의 집에서 왔고, 오경홍(吳景泓: 吳瀜)이 밤에 와서 묵었다.

十日(甲寅)。晴。

1610년 식년문과에 급제하였다. 1623년 인조반정 이후 음보로 의금부도사로 나아가, 직장, 공조좌랑을 지내고 제천현감이 되었다.

冬至兼陳奏使閔馨男·許筠, 書狀崔應虛出去。余與朴敬承, 往門外送之, 白大珩[533]·朴弘道·李涵一·趙國賓·趙鉞[534]·安景深[535]·柳溢[536]·朴璨[537]·朴守誼, 共一幕。歸路, 歷見李埈及孫倜。尹益山

---

533 白大珩(백대형, 1575~1623): 본관은 水原, 자는 而獻. 아버지는 白守宗이며, 어머니 全州李氏는 지중추부사 李希得의 딸이다. 부인 宜寧南氏는 南復興의 딸이다. 1591년 진사시에 합격하고, 1599년 식년문과에 급제하였다. 1600년 북도평사, 1601년 공조좌랑, 다음해 7월 형조좌랑 등을 역임하였다. 1604년 황해도도사를 거쳐 1610년 호조정랑, 1611년 희천군수가 되었다. 일찍이 鄭仁弘의 문객이 되어 이로 인하여 탁용되었다. 1612년 李爾瞻의 천거로 형조정랑에 임명되었고, 북청판관을 지냈다. 1616년 황해도관찰사로 재직할 당시 이이첨과 적대적 관계에 있었던 해주목사 崔沂를 남형죄로 투옥하여 옥사하게 하였다. 1618년 형조참의에 이어 강원도관찰사가 되었으나 사헌부의 탄핵으로 파직당하였다. 이이첨의 심복으로 韓纘男 등과 폐모론의 주동이 되었고, 또 1622년 섣달 그믐날 귀신쫓는 굿을 핑계로 인목대비를 살해하려 계획하고 李偉卿과 함께 서궁인 경운궁으로 들어가 일을 도모하려다가 실패하였다. 1623년 인조반정으로 한찬남 등과 함께 붙잡혀 참수당하였다.

534 趙鉞(조과): 趙鈢(1584~1635)의 오기인 듯. 본관은 咸安, 자는 季中. 아버지는 趙遠慶이며, 어머니는 光州金氏이다. 첫째부인 延日鄭氏는 鄭宗溟의 딸이며, 둘째부인 平壤趙氏는 과천현감 趙浩의 딸이다. 1616년 진사시에 합격하였다. 직장, 주부, 공조좌랑, 제천현감 등을 지냈다. 《國朝人物考》 53 〈牛栗從游親炙人〉에 실린 송시열의 〈趙鈢墓碣銘〉에서 확인할 수 있다.

535 安景深(안경심, 1571~1627): 본관은 竹山, 자는 子淵. 아버지는 安彦鏻이며, 어머니 昌寧成氏는 成彦博의 딸이다. 부인 驪州李氏는 李浚의 딸이다. 1589년 진사시에 합격하고, 1616년 증광문과에 급제하였다. 1618년 비변사에 의해 儒將으로 천거되었으며, 1619년 필선이 된 후, 철산부사, 성천부사와 홍문관교리, 호조정랑 등을 역임하였다.

536 柳溢(류일, ?~1616): 본관은 高興, 자는 灑源. 아버지는 1570년 무과에 급제한 柳忠信이며, 어머니 金海金氏는 金弼亨의 딸이다. 부인 礪山宋氏는 宋達의 딸이다. 龍驤衛部將을 지냈다.

537 朴璨(박찬, 1566~1618): 본관은 潘南, 자는 敬執, 호는 東郭子·牛村. 아버지는 유학 朴澍이며, 어머니 全州李氏는 충의위 李連의 딸이다. 부인 奉化鄭氏는 예빈시참봉 鄭玄年의 딸이다. 1590년 사마시에 합격하였다. 1613년 돈녕부참봉, 1615년 제용감봉사를 거쳐 1616년 직장에 올랐다.

入番, 尹知禮贊元[538]出外。河遇式來自豐基在益家, 吳景泓夜來宿。

윤8월 11일(을묘)。맑음。

오경홍(吳景泓: 吳瀹)이 오경허(吳景虛: 吳汝櫟)를 마중하러 나갔다.

형보(馨甫: 李茳)를 만나러 갔지만 만나지 못하였고, 사성(師聖: 李葳)은 아침에 다녀갔다.

듣건대 한희(韓嘻)가 직부(直赴: 殿試에 응시할 수 있는 자격)할 수 있도록 명이 내려졌다고 하였다.

十一日(乙卯)。晴。

吳景泓, 爲迎吳景虛, 出去。往訪馨甫, 不遇, 師聖朝過。聞韓嘻, 直赴[539]命下。

윤8월 12일(병진)。맑음。

찬국(撰局: 찬집청)에 갔다가, 공무로 말미암아 영의정(領議政: 기자헌)의 집에 갔었지만 제사를 지내고 있어서 만나지 못하였다.

형보(馨甫: 李茳)는 광창(廣昌: 광창부원군 이이첨)을 뒤따라 남명(南冥: 曺植) 선생의 서원 터를 물어보려고 갔다.

오경허(吳景虛: 吳汝櫟)는 금부(禁府)에 잡혀 들어갔다.

---

538 尹贊元(윤찬원, 생몰년 미상): 본관은 漆原, 호는 栗園. 아버지는 尹昌鳴이며, 어머니 奉化琴氏는 琴克仁의 딸이다. 부인 慶州鄭氏는 鄭宗周의 딸이다. 尹調元의 동생이다. 매부 慶州李氏는 李大遂이다. 1615년 지례현감 등을 지냈다.

539 直赴(직부): 과거시험에서 初試를 면제받고, 직접 복시(覆試: 會試)나 殿試에 응시할 자격을 주는 일. 《光海君日記》 1615년 윤8월 11일 1번째 기사에서 사관이 '한찬남의 아들이다. 찬남이 대신 지어주었다 한다.'라고 기록해 두었다.

十二日(丙辰)。晴。

往撰局，因公事往領台家，以祭事不見。馨甫，追廣昌，往卜南冥先生書院址。景虛入禁府。

윤8월 13일(정사)。맑음。

실국(實局: 실록청)에 가서 7판(板)을 썼다.

박양이(朴養而: 朴鼎吉)와 조용히 이야기를 나누는데, 류약(柳瀹) 또한 교정 낭관(校正郎官)으로서 왔고 오융보(吳隆甫: 吳汝櫶)가 왔는지라 만나러 갔다.【듣건대 사성(師聖: 李葳)이 융보를 만나러 갔었으나 들러 만나지 못했다고 한다.】

十三日(丁巳)。晴。

往實局，書七板。見朴養而穩敍，柳瀹亦以校正郎官至，吳隆甫至，往見。【聞師聖，訪隆甫而去，不歷見.】

윤8월 14일(무오)。맑음。

저녁에 박경승(朴敬承: 朴守緖)·박경행(朴景行: 朴守誼)·금언강(琴彦康: 琴愷)과 함께 조탁(趙鐸)의 집에서 이야기를 나누러 갔는데, 박양이(朴養而: 朴鼎吉)·이여첨(李汝瞻: 李埁)·이형보(李馨甫: 李茳) 또한 와서 밤이 깊어서야 파했다. 듣건대 의금부(義禁府)에서 죄인의 상변(上變: 반역 행위의 고발)을 알렸다고 하였다.

十四日(戊午)。晴。

夕，與朴敬承·朴景行·琴彦康，做敍于趙鐸[540]家，朴養而·李汝瞻·李馨甫亦至，夜深乃罷。聞義禁府罪人上變[541]。

윤8월 15일(기미)。맑음。

소명국(蘇鳴國)이 상소문을 올려 고변하였는데, 신경희(申景禧), 김정익(金廷益) 및 그의 아들 김이강(金以剛), 양시우(楊時遇: 楊時晋의 4촌형), 소문진(蘇文震) 등을 잡아들여 가두었다. 이에 주상이 전교(傳敎)하기를, "신경희는 다른 옥사에다 엄히 가두어 외부 사람과 서간을 주고받지 못하게 하라." 하였다.

이날 실국(實局: 실록청)의 서기 낭청(書記郎廳) 12명이 장원서(掌苑署)에 모여 이야기를 나누었는데, 정영국(鄭榮國)·양극선(梁克選)·변응원(邊應垣)·조국빈(趙國賓)·나인(羅訒)·정유번(鄭維藩)·박수서(朴守緖)·한명욱(韓明勗)·류응원(柳應元)·황중윤(黃中允) 등이 다 모였다.

완아(婉兒)가 기절했다가 간신히 깨어났다.

十五日(己未)。晴。

蘇鳴國上疏告變, 申景禧·金廷益及子以强[542]·楊時遇[543]·蘇文

540 趙鐸(조탁, 1570~?): 본관은 白川, 자는 大鳴. 아버지는 황주목사 趙宗男이며, 어머니 平壤趙氏는 趙遵情의 딸이다. 부인 東萊鄭氏는 鄭麟壽의 딸이다. 1591년 진사시에 합격하였다. 1617년 제용봉사 등을 지냈다.

541 上變(상변): 반역 행위를 고발함.

542 以强(이강): 金以剛은 《慶州金氏世譜》에는 등재되어 있지 않음. 두 아들만 등재되어 있는데, 첫째아들 以正은 자가 聖心, 통덕랑을 지냈으며, 부인 利川徐氏는 徐昌道의 딸로, 둘째아들 以柔(1594~1678)는 자가 和中, 부인 善山金氏는 金尙喆의 딸로 기록되어 있어 원문의 내용과는 어긋난다.

543 楊時遇(양시우, 1563~1638): 본관은 南原, 자는 亨彦, 호는 聖泉. 할아버지는 楊洪이다. 그의 둘째아들인 아버지는 楊士獻이다. 양사헌의 첫째부인 晉州蘇氏는 생원 蘇奉善의 딸이며, 둘째부인 全州崔氏는 崔聲의 딸이다. 양시우는 전주최씨의 소생이다. 楊時晋의 4촌형이다. 첫째부인 文化柳氏는 충순위 柳厚의 딸이며, 둘째부인 康津金氏는 金應贇의 딸이다. 1601년 진사시에 합격하고, 1614년 별시

震等, 拏囚。自上教曰: "申景禧, 別間嚴囚, 使不得通外人書簡."云。是日, 實局書役郎廳十二員, 會敍于掌苑暑[544], 鄭榮國·梁克選·邊應垣[545]·趙國賓·羅訒·鄭維藩·朴守緖·韓明勗·柳應元[546]·黃中允皆會。婉兒氣絶僅蘇。

윤8월 16일(경신)。맑음。

주상이 소명국(蘇鳴國)·신경희(申景禧)를 친국(親鞫)하였다.

저녁에 오융보(吳隆甫: 吳汝檼)를 만나러 갔더니, 신경희는 자못 겁 많고 나약하여 말도 제대로 하지 못한다고 하였다.

十六日(庚申)。晴。

親鞫蘇鳴國·申景禧。夕, 往見吳隆甫, 景禧頗怯懦, 不能言云。

문과에 급제하였다. 전적에 제수되었고, 1615년 8월 綾昌君을 왕으로 추대하려는 역모를 꾸몄다는 죄목으로 체포되어 甲山에서 9년 동안 유배 생활을 하다가 1623년 인조반정으로 무고함이 밝혀져 풀려났다. 이후 예안현감·형조정랑을 거쳐 통례원봉례를 끝으로 관직에서 물러났다.

544 掌苑暑(장원서): 掌苑署의 오기. 조선시대 때 궁중 정원의 꽃과 과일나무 등에 관한 일을 맡아 보던 관청.

545 邊應垣(변응원, 생몰년 미상): 본관은 原州. 李承輔의《石山遺稿》권5〈故學生邊公謹守墓碣銘〉에 따르면, 邊安烈→3남 邊預→2남 變世淸→2남 邊昭貴→1남 邊承善→2남 邊應垣이다.

546 柳應元(류응원, 1560~1637): 본관은 全州, 자는 克己, 호는 友松. 아버지는 성균관진사 柳會이며, 어머니 熙川金氏는 金戩의 딸이다. 金遵階의 생질이다. 첫째부인은 晉州蘇氏이며, 둘째부인은 全州崔氏이다. 1605년 진사시에 합격하고, 1613년 대증광문과에 급제하였다. 춘추관기사관, 석성현감, 1614년 인목대비의 폐모론이 일어나자 찬동하는 통문을 지었다.

윤8월 17일(신유)。 맑음。

내가 양시진(楊時晋)을 만나러 갔다가 이어서 안숙(安璛)도 만났다. 의식을 익히기 위해서 태평관(太平館)에 머물렀다. 돌아오는 길에 안군소(安君邵: 安聃壽)를 만났고, 또 연릉(延陵: 李好閔)에게 인사하였다.

오경홍(吳景泓: 吳瀹)이 찾아와서 묵었고, 사성(師聖: 李葳)이 지나다가 들러 만났다.

저녁에는 양시진(楊時晋)이 잡혀 지나갔다.

十七日(辛酉)。晴。

余往見楊時晋, 仍見安璛[547]。以習儀, 坐太平館[548]。歸路, 見安君卲, 又拜延陵。景泓來宿, 師聖過見。夕, 楊時晋被拏過去。

윤8월 18일(임술)。 맑음。

박양이(朴養而: 朴鼎吉)가 사람을 보내어서 오늘 주상의 친국이 있어 이전의 약속을 지키지 못하겠다고 하는지라, 형보(馨甫: 李茳)를 임시로 채워 넣었다.

저녁에 박경행(朴景行: 朴守誼)이 술병을 들고 와서 금언강(琴彦康: 琴愷)·조자백(趙子百: 趙錫朋, 조목의 2남)·오경홍(吳景泓: 吳瀹)과 같

---

547 安璛(안숙, 1572~1624): 본관은 廣州, 자는 待而, 호는 樂園. 아버지는 安光紹이며, 어머니 密陽朴氏는 참봉 朴洋의 딸이다. 安餘慶에게 입양되었다. 1605년 사마시에 합격하였고, 1609년 증광문과에 병과로 급제하였으며, 이어서 저작·박사·사헌부감찰을 거쳐 경상도사로 외임하였다. 다시 형조정랑으로 들어갔으며, 그 뒤 초계군수를 거쳐 영천군수에까지 이르렀다.

548 太平館(태평관): 조선시대 명나라 사신을 접대하던 영빈관.

이 마시고 헤어졌다.

十八日(壬戌)。晴。

朴養而送人, 今日親鞫, 前約未可成云, 馨甫以假做入。夕, 朴景行持酒壺來, 琴彦康·趙子百·吳景泓, 共罷之。

윤8월 19일(계해)。맑음。

실국(實局: 실록청)에 가서 7판(板)을 썼다.

임금이 친국(親鞫)을 하였다.

돌아오는 길에 한안국(韓安國)·김탁(金鐸) 및 사성(師聖: 李蕆) 등을 만났다.

十九日(癸亥)。晴。

往實局, 書七板。親鞫。歸見韓安國·金鐸及師聖等。

윤8월 20일(갑자)。맑음。

아침에 오융보(吳隆甫: 吳汝檼)를 만나러 갔다. 듣건대 주상이 전교(傳敎)하기를, "문김(文金: 文敬天·金慶男) 두 역적이 끌어댄 사람들을 속히 의논하여 처리토록 하라." 한 까닭에 오경허(吳景虛: 吳汝檼)는 의당 석방될 것이라고 하였다.

금언강(琴彦康: 琴愷)은 장령(掌令)이었을 때 소명국(蘇鳴國)을 잡아 가두록 하는데 동참했던 까닭에 초사(招辭: 죄인의 범죄 자백서)에 자주 언급되어 나오자, 상소하여 스스로 변명하려 하였다. 내 생각으로는 옳지 못하다고 여겨 정장(呈狀: 고발장)을 올리도록 권했으나 승정원에서 도로 내주었다.

완아(婉兒)가 기절했다가 다시 깨어났다.

【협주: 류응원(柳應元)이 잡혀 갇혔는데, 주상이 윤길(尹趌)을 잡아 왔던 도사(都事)를 잡아다 국문하라고 전교하였다.】

二十日(甲子)。晴。

朝, 往見吳隆甫。聞自上教曰: "文金兩賊, 所引之人, 速爲議處." 云, 故吳景虛, 當爲見放云。琴彦康, 掌令時, 同參捉囚鳴國之故, 屢出於招辭, 欲上疏自明。余意以爲不可, 令勸呈, 政院還出給。婉兒絶而復蘇。【柳應元拏囚, 教尹趌拏來都事拏鞫.】

윤8월 21일(을축)。맑음。

저녁에 박경행(朴景行: 朴守誼)이 나와 오경홍(吳景泓: 吳瀜)을 불러서 술을 마셨는데, 나는 밤이 깊어서야 돌아왔다.

二十一日(乙丑)。晴。

夕, 朴景行招余及吳景泓, 飮以酒, 余夜深乃還。

윤8월 22일(병인)。맑음。

오시(午時: 낮 12시 전후)에 완아(婉兒)가 죽자, 김덕상(金德祥)이 시신을 씻긴 뒤 수의를 갈아입히고 염포로 묶었다. 정랑(正郎) 이자릉(李子陵: 李景嚴) 및 박경행(朴景行: 朴守誼)이 찾아왔다.

윤길(尹趌)이 잡혀 들어왔고, 오 영천(吳永川: 영천군수 吳汝檼)은 방면되었다.

二十二日(丙寅)。晴。

午時, 婉兒死, 金德祥斂襲[549]。李正郎子陵及朴景行來見。尹趌入來，吳永川見放。

윤8월 23일(정묘)。맑음。

파루(罷漏: 통금해제 알리는 종)의 종이 울린 뒤에 완아(婉兒)의 상여를 떠나보냈거늘, 시신을 묻고 나자 날이 밝아 오니 견디기 어려운 심정이 측은하였다.

윤길(尹趌)의 초사(招辭: 죄인의 범죄 자백서)를 바치자, 이에 형장(刑杖)으로 죄인의 정강이를 때려 캐묻도록 하고서 윤길을 놔둔 채 금개(琴愷)를 불러들이라고 하였다.

오경홍(吳景泓: 吳瀜)이 와서 묵었는데, 풍릉수(豐陵守: 李混)·김감(金鑑)이 찾아왔다. 사성(師聖: 李蕆)·김택지(金擇之: 金友益)·권경섭(權景涉)을 만났다.

二十三日(丁卯)。晴。

罷漏[550]後，出送婉喪，埋諸迎曙，可惻難爲情也。尹趌納招，仍命刑訊，趌移引琴愷云。景泓來宿，豐陵守·金鑑[551]來見。師聖·金擇

---

549 斂襲(염습): 시신을 씻긴 뒤 수의를 갈아입히고 염포로 묶는 일.

550 罷漏(파루): 통행금지 해제를 알리기 위해 종을 치던 일. 종루에 물시계와 함께 大鐘을 걸어놓고 밤 10시경에 종을 28번 쳐서 人定을 알리면 도성의 문이 닫히고 통행금지가 시작되며, 새벽 4시경인 五更三點에 종을 33번 쳐서 파루를 알리면 도성의 8문이 열리고 통행금지가 해제되었다.

551 金鑑(김감, 1566~?): 본관은 錦山, 자는 仲虛, 호는 石谷·笠澤. 아버지는 金聲遠이며, 어머니는 海州吳氏이다. 1588년 생원시에 합격하고, 1613년 알성문과에 급제하였다. 1617년 이조정랑으로 성절사 李尙吉의 서장관으로 명나라에 다녀왔으며, 1618년 평안도어사를 거쳐 경상도도사를 지냈다. 1620년 兩南提督을 지낸 것을 마지막으로 관직을 그만두고 귀향하였고, 1636년 병자호란이 일어나자 두 아들과 함께 전라도 곡성에서 의병을 일으켜 활약하였다. 1638년 교리에 제수되

之·權景涉見。

윤8월 24일(무진)。 맑음。

한안국(韓安國)이 왔는데, 듣건대 신경희(申景禧)가 작은 종이쪽지를 올렸다고 하였다.

二十四日(戊辰)。 晴。

韓安國來, 聞辛[552]景禧, 又以小紙呈上。

윤8월 25일(기사)。 맑음。

실국(實局: 실록청)에 가서 7판(板)을 썼다.

양사(兩司)는 모두 민철(閔澈)의 상소 때문에 피혐(避嫌)했다고 하였다.

박자수(朴子修: 朴弘道)와 류약(柳瀹: 류몽인의 아들)을 만났고, 돌아오는 길에 조경관(趙景觀: 趙國賓)을 만났다.

김주우(金柱宇: 김중청의 3남)의 기색이 편치 않았다.

二十五日(己巳)。 晴。

往實局, 書七板。兩司, 皆以閔澈[553]疏, 避嫌云。見朴子修·柳瀹,

었으나 나가지 않았고, 1644년 김해부사를 지냈다.

552 辛(신): 교정자가 '疑申'으로 바로잡음.

553 閔澈(민철, 1572~1634): 본관은 驪興, 자는 太源. 아버지는 閔秀震이며, 어머니는 廣州李氏이다. 부인은 延日鄭氏이다. 1612년 진사시에 합격하였다. 《續雜錄》 1 〈을묘년〉 윤8월 13일자에 민철의 상소 내용이 있는바, 곧 "국가가 불행히도 逆變이 계속 일어나서, 徐羊甲이 겨우 정당한 형벌을 받고 죽자마자 申景禧의 일이 또 오늘날에 발생하니, 종묘와 사직의 근심과 신하와 백성의 통탄이 언제나 다할 것입니까? 신경희와 蘇鳴國의 관계는 친한 무리들을 묶어 모아서 심복을 만들어

歸路見趙景觀。柱宇氣不平。

윤8월 26일(경오)。 맑음。

이원량(李元樑)을 만났는데, 주상이 친국(親鞫)하여 형장(刑杖)으로 윤길(尹趌)의 정강이를 때려 다시 캐물었으며, 신경희(申景禧)는 처음으로 정강이를 때려 캐물었다고 하였다.

二十六日(庚午)。晴。

見李元樑[554], 親鞫, 尹趌加刑, 申景禧初刑。

윤8월 27일(신미)。 흐렸다가 갬。

조경관(趙景觀: 趙國賓)이 찾아왔다.

찬국(撰局: 찬집청)에 가서 교정을 보았다.

김주우(金柱宇: 김중청의 3남)의 처가 병 구완하기 위하여 이곳에 왔다.

아침에는 형제가 되었다가 저녁에는 원수가 되어 때려 죽일 계획이 오히려 미치지 못할까 두려워하니 그 입을 없애려는 정상이 여지없이 폭로되었습니다. 또 尹趌은 신경희와 일가 친족으로서 요망한 말을 퍼뜨리고 흉악한 모략을 꾸며내니, 그들 사이의 문답한 말에는 차마 듣지 못할 것이 있습니다. 목욕재계하고 토벌하기를 청하는 것을 조금도 늦추어서는 안 될 일인데, 三司에서는 혀를 잡아매고 감히 헐후한 말을 하여 임금을 업수이 여기고 희롱함이 한결같이 이에 이르렀사오니, 역적을 토벌하는 의리가 과연 이와 같은 것입니까? 엎드려 바라옵건대, 성상께서는 통쾌히 우레같은 결단을 가하시어 역적을 토벌하는 법을 엄중히 하시옵소서." 이다.

554 李元樑(이원량, 1582~1632): 본관은 固城, 異名은 李國樑, 자는 公幹. 아버지는 李崇古이며, 어머니 牛峯朴氏는 朴匡衡의 딸이다. 부인 潘南朴氏는 朴東俊의 딸이다. 1612년 진사시에 합격하고, 1618년 대증광문과에 급제하였다. 형조정랑을 지냈다.

二十七日(辛未)。陰晴。

趙景觀來見。往撰局校正。柱宇婦，以救病來此。

윤8월 28일(임신)。비。

경홍(景泓: 吳㵢)이 머물러 있는데, 자릉(子陵: 李景嚴, 김주우의 장인)이 김주우(金柱宇: 김중청의 3남)의 병세를 살피러 찾아왔다.

二十八日(壬申)。雨。

景泓留，子陵來見柱宇之病。

윤8월 29일(계유)。

인사이동이 있었다. 나는 영남 좌도(嶺南左道: 경상좌도)의 고시관(考試官)이 되었는데, 정유번(鄭維藩)이 부의(副擬: 3명의 후보자 중 2순위자)였다.

실국(實局: 실록청)에 가서 7판(板)을 썼다.

二十九日(癸酉)。

有政。爲嶺左考官[555]，鄭維藩爲副擬。往實局，書七板。

---

555 考官(고관): 考試官. 조선시대 과거에서 문과를 시행할 때 출제와 채점을 담당한 시관. 소정의 절차에 따라서 시험문제를 출제하여 시험을 실시하고 과장의 질서를 유지하며, 답안지를 채점하여 합격자를 발표하는 일로, 시관의 역할 중에서 가장 핵심적이라고 할 수 있다.

찾아보기

ㄴ

나인(羅訒) 151, 152, 169, 191
낙이(樂而) 56
남관묘(南關廟) 181
남관왕묘(南關王廟) 93, 94
남근(南瑾) 124
남근(南謹) 123, 124
남명(南冥) 189
남명(南溟) 132
남명우(南溟羽) 38, 39
남별궁(南別宮) 166, 170, 177, 178
남성신(南省身) 23, 24, 25, 43
남이공(南以恭) 30, 32, 47, 49, 83, 100, 137, 147
남이준(南以俊) 62, 63, 70, 72
남진(南鎮) 21
남탁(南倬) 142
내상(來相) 156

ㄷ

단양(丹陽) 17, 20
단천(端川) 130, 131
도원(道源) 87

ㄹ

류간(柳澗) 70
류계유(柳季裕) 77
류근(柳根) 49, 50
류몽인(柳夢寅) 75, 76
류숙(柳潚) 90, 91, 144, 146
류약(柳瀹) 94, 96, 190, 197
류여각(柳汝恪) 56, 59, 62, 70, 155, 172, 173
류여율(柳汝慄) 78, 105
류여표(柳汝慓) 78
류여항(柳汝恒) 27, 28, 36, 70, 78, 101, 102, 180
류역(柳浹) 144, 145, 154
류원숙(柳源叔) 74, 113, 164
류위(柳韡) 170
류응원(柳應元) 191, 192, 195
류인길(柳寅吉) 30, 33, 80, 83
류일(柳溢) 187, 188
류조생(柳肇生) 130, 131
류종개(柳宗介) 77
류종길(柳宗吉) 79, 80
류진(柳袗) 185
류화(柳韡) 169, 170
류활(柳活) 43, 45, 63, 70, 74, 75, 81, 94, 144
류효립(柳孝立) 66, 67, 154
류희량(柳希亮) 66, 67, 94, 101, 104, 118, 136, 138, 140
류희발(柳希發) 62, 65, 75, 94, 118
류희분(柳希奮) 62, 64, 146

ㅁ

만퇴리(晩退里) 18
명천(明川) 74

ㅂ

ㅅ

ㅇ

ㅈ

정세미(鄭世美) 160, 161
정수온(鄭粹溫) 125
정양윤(鄭良胤) 43, 82, 127
정언각(鄭彦慤) 140, 141
정여립(鄭汝立) 43
정연(鄭演) 44, 129
정영국(鄭榮國) 169, 191
정유번(鄭維藩) 133, 134, 160, 191, 199
정익지(鄭翼之) 107
정인(鄭寅) 90, 91, 101, 120, 144
정인홍(鄭仁弘) 156
정조(鄭造) 36, 37, 60, 152
정준(鄭遵) 75, 76, 79, 93, 94, 136, 138, 140, 146, 177
정택뢰(鄭澤雷) 36, 37, 47
정평(正平) 118
정행지(鄭行之) 119
정홍원(鄭弘遠) 113, 114, 153
정홍익(鄭弘翼) 109
정회원(鄭恢遠) 17, 20
제천(堤川) 182
조경관(趙景觀) 96, 101, 106, 137, 151, 165, 175, 184, 197, 198
조경기(趙慶起) 133
조과(趙鈛) 187, 188
조국빈(趙國賓) 93, 104, 165, 169, 187, 191
조국이(趙國耳) 186
조산(造山) 38, 39
조석붕(趙錫朋) 54, 56, 78, 86, 100
조수인(趙守寅) 132
조식(趙拭) 43, 44
조유도(趙有道) 96, 97, 186
조익(趙釴) 186, 188
조자백(趙子白) 73
조자백(趙子百) 82, 88, 89, 94, 97, 115, 135, 193
조정(趙挺) 61
조정립(曺挺立) 30, 34, 50, 112
조존도(趙存道) 70, 77, 79, 88, 96, 105, 142, 146
조직(趙溭) 132, 134, 135, 142, 144, 146
조진(趙振) 43, 44
조찬한(趙纘韓) 17, 19
조탁(趙鐸) 190, 191
조희일(趙希逸) 107, 109
죽주(竹州) 20, 21
중화(中和) 170
중화(仲和) 170
지달하(池達河) 152

ㅊ

차운로(車雲輅) 17, 19
차희남(車希男) 113
창경궁(昌慶宮) 169
창락역(昌樂驛) 72
천수(千守) 39
최경일(崔敬一) 136

영인자료

◎

강원일록 상
講院日錄 上

1615년 3월 16일~윤8월 30일

《구전선생강원일록》, 한국국학진흥원 소장

여기서부터는 影印本을 인쇄한 부분으로 288쪽부터 보십시오.

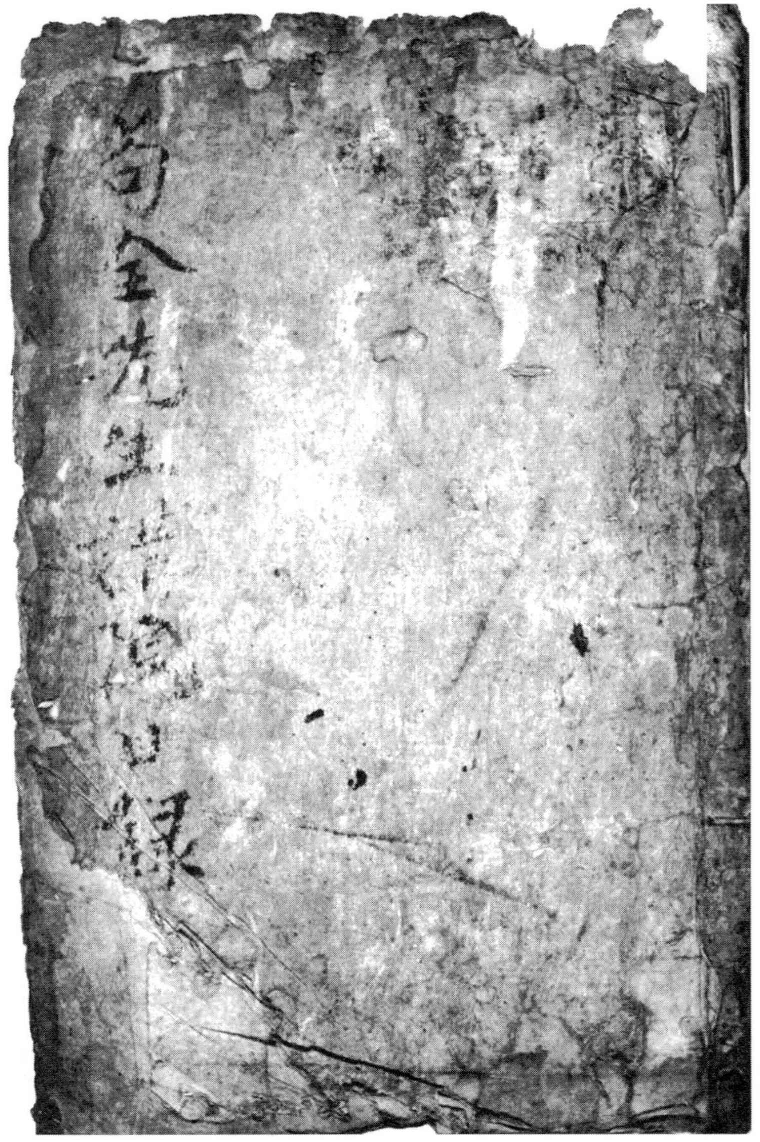

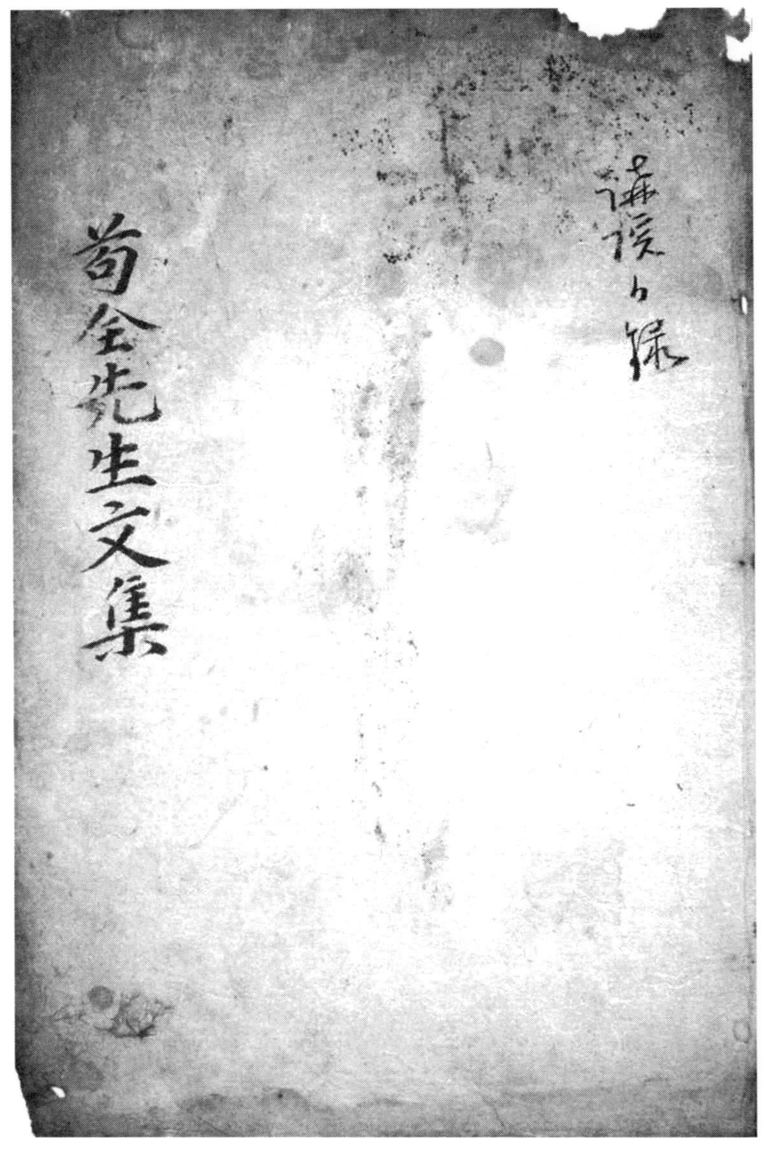

3

苟全先生講院日錄

三月

十六日祗受 有旨乃於十日政除 世子侍講院文

學十三日書吏朴忠立賫奉 召命以來也方伯馬

文二十三日始至以二十五日自梧川起程宿溫溪

翌夕向奉化親庭二十七日既午乃發宿榮川主倅

托病不出八朝相見仍留遍接鄉丈門老及諸友九

曉往拜龜翁因飯屢見朴叔洪汎于龜尾村宿豐基

晦早主倅出接乃車雲輅其舉措與榮倅趙纘韓殊

非一揆也宿丹陽鳳樓亭倅鄭愼遠出待四月初一

樓奚樓

日冒雨行憩于水山暮投忠原別監朴大益支待二
日憩勇安宿竹州府伯尹絅稱上京不出三日憩陽
智又秣龍仁夕投板橋以宿陽倅南鎭轄見龍倅韓
瀁祈雨出去余未見而來四日午入城五日差晩謝
恩六日在寓
七日癸未晴飯後入直與兼文學孫倜面代時倜以吏
正兼下番則李司書瀷也案上有書傳第五卷大學
衍義第一卷問之則 邸下方講此二書而近因淋
疾停筵已久云
八日甲申晴司書自實錄廳出去南說書者身昏來久

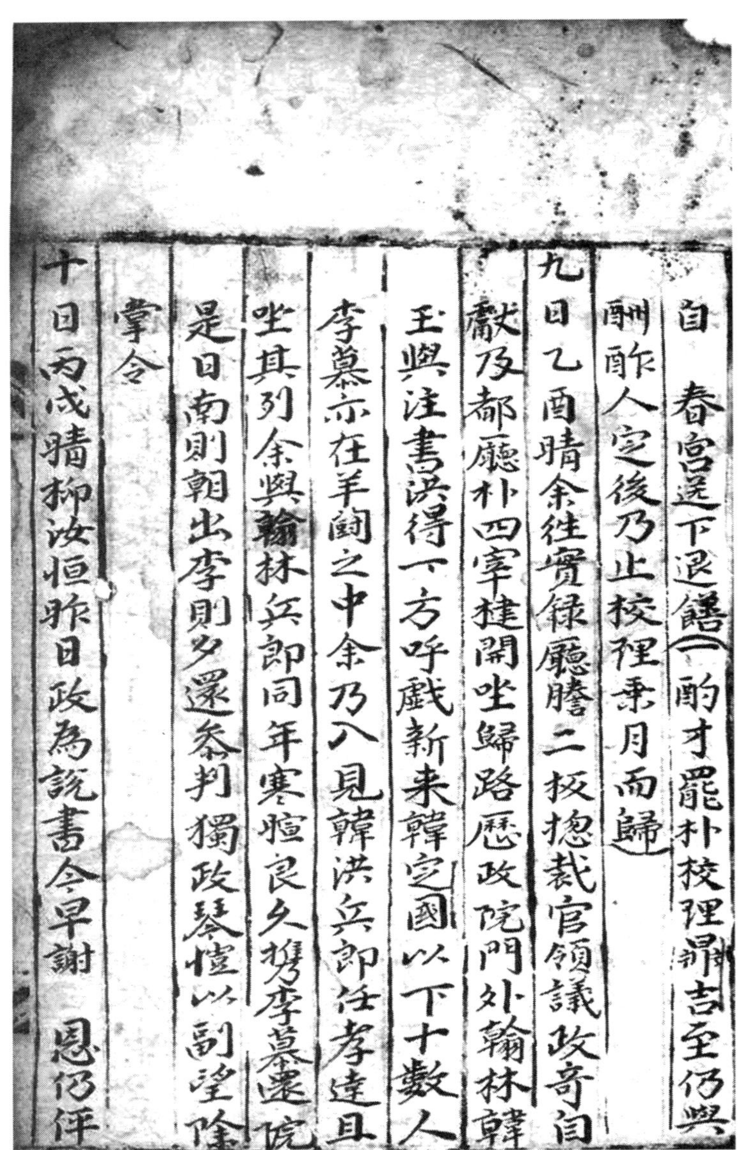

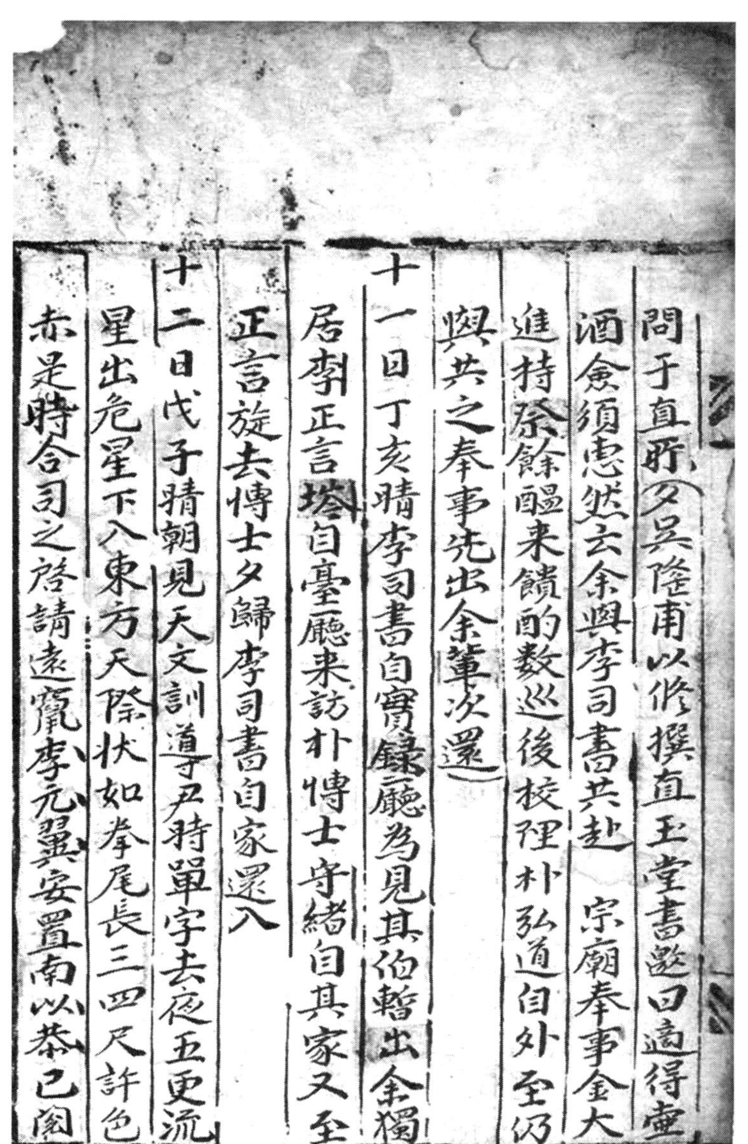
問于直所夕吳隆甫以修撰直玉堂書邀曰適得壺
酒僉須惠然云余與李司書共赴 宗廟奉事金大
進持茶餘醞來饋酌數巡後校理朴弘道自外至仍
與共之奉事先出余輩次還
十一日丁亥晴李司書自實錄廳爲見其伯暫出余獨
居李正言塔自臺廳來訪朴傳士守緒自其家又至
正言旋去傳士夕歸李司書自家還入
十二日戊子晴朝見天文訓導尹時單字去夜五更流
星出危星下入東方天際狀如拳尾長三四尺許色
赤是時合司之啓請遠竄李元翼安置南以恭已閱

椿相

數月李則付處南則削奪而猶不停止宋諄為大司憲朴楺為執義崔應虛為掌令奇允獻新進楊時晉辛光業為持平大司諫則柳寅吉司諫則李挺元獻納則曹挺立正言則李埈韓明勗也琴愷呈病聞李挺元以下欲請罷救元翼與儒生洪茂績等宋諄曰儒生則不可罷司諫為儒生時曾上疏章其時欲罷之人謂如何埈曰儒名一也而疏則非一揆也宋議竟行云昨日府啓請以講經入格人從畫數多少除職 上命議大臣往實録廳謄三极李司果敬興亦以二房郎廳来後既夕乃還歷見韓玉金敬直敬直為假注

末

書是夕觀象監 啓曰自辰時至酉時日暈兩珥
金知復書自高山來請陳文科初試也卽招禮吏付
其所志而見柱字余着草綠錦衣柱字亦然
十三日己丑陰晴午雨捕盜大將李一來過乃李司書
叔父也崔公遑以監察上疏請斬金孝誠鄭澤雷洪
茂績等卞明造謗各處之言韓玉罷出柳汝恒晉直
權省吾以副望差假注書柱字來宿
十四日庚寅雨午晴權省吾不進被推改以南溟羽差
入柱字出歸李司書往賓廳聽南兵使北兵使一時
馳啓虜情事乃造山慶興葛坡諸地胡人所古乙大

等告也繕修提調入 啓曰米布必須收諸民結然後
可以始役而今年大歉齊民飢饉奈何 答曰以
天使時所捧米布補以兵曹米布用之勿收民間云
云鄕書付禮縣人千守
十五日辛卯晴李司書爲亡室欲遷厝而不得代松
自輶出朴執義榟與崔掌令應虛相角至於再避待
直朴選來見是朝簡請裴弼善大維晉入蒙諾夕面
適以出謝 恩使尹昉先來以誥命安寶馳 啓退
李馨遠三兄弟及洪成海來訪夢拜庭闈似吊客滿
家而父親免喪之日云未知何兆也

十六日壬辰陰晴暫雨被琴掌令招赴飲夕還 倫忘
記曰鄭碩偽爲叅慶妻娚鄭賊及他逆賊之親亦皆
通科擧仕路耶事甚可駭諺書察啓云見鄉書聞鄭
克廉逝奉化京主人奴持家書至
十七日癸巳晴往領漢山君趙振其四寸趙拭及壻鄭
姓人及鄭之子良胤俱在又見李大烽柳挍理話亦
至余先出來禮縣吏傳鄉書以原從第二亦加資通
訓夕入直裴大維適出是日表裏着品享光業南省
身來叅不賜有別監金德男以養盖封裏紙已於朔
日豐儲倉進排而以爲不納偽作文字假着內官署

押私送刑曹督徵收贖奸濫莫甚故請治入 啓蘭
韓纘男大門以匿名詩二首付之他處亦然其一曰
明經賢士盛於斯二百年來始見之七大文通從自顧
字標相應鬼神知云云
十八日甲午晴余謝 恩加適吏叅李惺及同知李冲
隅幄為次數邀見余乃就接仍往實錄廳謄七板夕入
謄欽敍閣郎廳尹民逸及一監後在其府是日自巳
時至申時日暈夜一更丞方有氣如火光流星出紫
微垣下入織女星狀如拳尾長四五尺許奉事洪敬
直單字内云云 津儒洪翼緯亦上疏請用極律以正金孝誠不臣之罪又竄洪鄭南以恭

以影忘君讀送之罪荅曰
朝廷自當酌處退去讀書
十九日乙未晴文科式年殿試讀卷官奇自獻柳根
李爾瞻對讀官尹睹李廷龜吳翊承旨李春英點
北兵使馳啓胡書出来巳時雨下策題以君臣相遇
為問云 荅合司曰元翼以勲戚大臣既已亮劄則
為今日言官者雖不可不論而當初只請削黜至於
付處則如斯而止可矣何必因辛光業之慰啓力争
遠竄三司論事之体果如此乎以恭既已放歸田里
則過矣毋庸堅執 荅合啓曰兩宮繕修之事初非
大段而至於合啓何人主張耶論欲擊君上之手足

崑鎮

予極為可駭所當重究今姑不問亟停勿擾李挺元
楊時晉辛光業李埈曹挺立等皆避嫌而退以 峻
旨下也是夕細雨旋止
二十日丙申晴琴愷避嫌曰繕修請停實出憂國之忌
而 嚴教曰以邪論邪之一字負於身上則安敢一
刻忝在言地予云是朝上下番皆闕 安于東宮
答曰知道辰時雨洒日色猶曬兩司長官避嫌自 上
答曰年少新進之輩爲知國家事倚予卿等參酌鎖
靜云夕朴校理弘道入直歷見以玉堂劉正言韓明
勗見適前日韓玉推考則不罷只贖

疑闕

二十一日丁酉晴昨日殿試李尚馞為魁李莛為二趙
錫朋為三李瀷私出余往實録廳謄七板柱守入来
見欽敬闢兩司再避自 上命設局加上 恭聖王
后徽號李司書私出還入
二十二日戊戌晴請司僕正金公習入暫出歷見金士
謙及諸李終日卧寓兩司四避仵王堂請出之辞曰
簡慢苟且云受着襲衣輿權樂而李馨甫皆然未知
何兆也柳離受之不可信者耶
二十三日己亥晴韓安國安佺随李馨遠師聖至有政
柳汝恪為正言金僕正為掌令金九鼎為宗廟令韓

克謙昌樂李叔亨安奇除授李莊叅軍趙錫朋司導
寺直長兩司四避玉堂請出政院 啓以 嚴旨下
兩司不合義理之意 荅曰今此繕修之事果如營
建浛宮之後則人雖不言自 上亦不至於蔽叅不
下何必此時強作不當為之役乎人君所處不可委
於一處脫有切迫可移之事則其將寄寓於閭閻家
乎昌慶宮外殿數處各衙門造成之後實非大段 而
蓋出於不得已也慶運宮則自當觀勢從容料理而
非今年並舉之役外人不知混稱兩宮繕修熾張其
議至於合啓豈不恠哉大槩我國人心浮薄不諒事

体凡朝家一擧措一擧動必有主張過激之論者歟
其說而恐動之兩司例從而和之弊習已痼非今斯
今自前如此是豈獨兩司之論乎予不得不言予素
患心恙因病轉劇自去冬殆無寧日發言悖謬昏妄
顚倒予亦爲悶煩政院憐而勿㕣啓意留念爲久還
入直日官所報辰時左珥未時申時日暈
二十四日庚子雨　答玉堂劄曰予意已諭于政院李
元翼事已諭之何必強爭往實錄廳謄七板朴譯吉
来見于房中李冲以繕修提調亦来是日摠裁官奇
自獻大提學李爾瞻坐閑兩司五避修撰鄭造三度

呈辭遞差李司書亦往後于實錄仍出寓舍而還聞

趙判書挺在喪

二十五日辛丑雨　答玉堂曰已為叅酌定罪勿為煩

論朴檡再度呈辭司鑰請謁以御製述二幅来示乃表

二詩一也內官所作云與李司書灑考之表一則二

下一則三中詩則上之下仍以玩物喪志為賦題寫

其紙尾以送觀其所述雖失詞家體㨾而亦非人间

手段故題以四字已時晴玉堂處置遞李挺元餘皆

出之朴檡三辭遞差正言柳汝恪輔德南以俊忽呈

病有政吏判望朴弘耉朴承宗柳希奮韓孝純李甫

贍吳億齡朴犍七人擬入是日以明朝進賀 大殿
誕辰柳希發製進 東宮箋文承文院正書以來正
字李培元陪到查準翊衛司李士脩奉印安寶後印
封着署余乃爲之柱字來覲而還曰官所報未時日
暈中時日上有冠色內赤外青柳浩應見裴大維爲
輔德金質幹爲執義南以俊爲司諫
二十六日壬寅晴柳希亮柳孝立孫倜朴自興裴大維
辛光業朴自凝李瀷及余九人陪從奉箋孫倜李瀷
奉禮物柳孝立辛光業秉輿特引出及降輿等贊呼
獮善例爲而今無獮善故余代爲之朴自凝已爲奉

箋執事而托稱傷足移付孫正郎其辭氣之間殊無可觀 世子還宮後僚屬問安仍達 書筵久停未安之意 大殿及邸下賜送酒食遨朴守諸李慕共破夕司鑰來言自 上小便甚數不能耐久坐筵玆未開講云是日午時未時日暈未時又暈暈上有冠色内赤外青兩司又啓 備忘記曰天變如此應之必以實寃獄審理從速決解兩司皆 玉堂處置然也

二十七日癸卯朝雨晩晴往實録廳謄四板請裴輔德入直余借黄佐郎益中馬出來是朝見金知事尚容

于都摠府請寫唐詩李杜五言題目呂祐吉亦在其
處就其房見之
二十八日甲辰晴有政柳澗為大諫李覺為都憲柳
活朴弘道為持平趙存道為獻納余與李顯為正言
洪湧為掌令楊時晋為文學黃中允為司書柳汝恪
為修撰朴守緒柳汝恒為典籍閔大諫有呈辭司
諫南以俊亦已先呈黃公直自嶺來
二十九日乙巳朝雨旋晴余乃呈辭以一司不得兩呈
還出給裵子張李汝瞻黃公直李師聖來見吳隆甫
以書強余令出因呂樂人見柱國書李正言還來

見崔吳陰甫及三李來見迫使速出

五月

初一日丙午精家書付昌樂人司諫南以俊三辭見遞

大諫呈辭初上余辭又還出金亨今忽遞琴彥康朴

景靜趙子白李纂來見鰲甫亦歷見許筠書以勉出[illegible]

西村女息生男于去月十日戌時

初二日丁未晴而風李相繼來見柳持平源叔俾問北

兵使馳報屬情事四月二十六日朔川下雪云是日

大司憲李覺持平柳活出謝昏金參判尚寯金直長

譔相繼來見三李自吳修撰陰甫家回至大言余不

可再呈之意

初三日戊申晴大諫三呈己上見避有政柳夢寅為大諫李挺為司諫崔應虛為掌令鄭遵為持平柳活朴鼎吉為吏佐李大烽為吏正柳希發為應教許淮朴鼎吉黃廷幹四李相繼來見是朝尹聖任來見以柱字同年拜甚恭夢見琴孤山

初四日己酉晴持平朴弘道獻納趙存道謝恩權文啓金廷益金文益相繼來訪韓定國亦來見朴景靜夕來夢見柳裕季是夕金尚容兄來訪

初五日庚戌陰晴柳汝慄來言汝恒父子之言以姑出

兵疑病

為勉趙錫朋終日來話權晉亦來見

初六日辛亥晴謝恩後避嫌啓辭在別録

答曰勿辭仍會坐于本院司諫李挺元獻納趙存道來

莞席織成公忠正直四字署紙訖以完平啓辭停止

之意論之再三坐中皆以為是及其合司之時鄭遵

崔應虛亦乃以不可停爭之營繕則渠又倡停可笑

初七日壬子晴有政琴愷為獻納柳宗吉為大諫尹結

為掌令引兵在家李汝瞻金擇之及諸李相繼來

見夕往見權守之北兵使馳報虜事
初八日癸丑晴夜雨在家閔知事馨男來見夕金鏶又
至簡通以十日獻陵忌辰姑停啓辭云書謹悉以送
往拜五峯歷見許瑞甫柳活權守之相繼來見李汝
瞻亦昏至程宇來見諸李
初九日甲寅晴在家朴景承景靜趙子百來見鄭良瑜
來請十二日設慶席云昏往見金叅判尚寯是日李
瀷委訪
初十日乙卯晴在家
十一日丙辰晴聖節使朴東望書狀俞進曾赴京拜表

後叅啓辭大司憲大司諫宋淳柳寅吉掌令崔應虛
獻納琴愷右正言李瀷同之崔公甚峻其論又自作南
以叅請罪之辭極其慘酷而倫理舛錯兩長以筆抹
之使改作完平啓辭則發令吾三人[及李起]製出右正言執
筆[illegible]搆之四李元翼之罪自上洞燭而持難至此臣
等之感滋甚逈及毋后之事果無形影則元翼之說
無根也鞫廳諸賊之招國人共聞則其敢置家不知
既稱流聞道路又謂未詳首末驚動 聖明至孝之
心惹起朝野疑惑之端身為大臣而見賣於人至於
此極豈以老病諉之中道付處而止哉 都憲改以使
聖上横被惡

名便誣毁意起疑端見棄於八四字又改以陷君議
塗抹罪云云果李以絶字改之冉曰此文極好而似
不合鎖罪之辭故
發以此改之云
再啓曰陷君議逆是何等罪惡
而既以是目之則其不可輕也明矣臣等將李元翼之
事經月論例而天聽愈邈每以老病爲教老病之人
而果有極惡大罪則其將盡赦而屈法乎元翼之罪
固聖明之所先洞燭而臣等之不得不論也若諉
之於老病中道付處而止則臣等竊恐罪重而律輕
邦典則所失而朝議無所定也憲長曰啓辭頗疎旣
此後諸員在家構草以來余與李環䕫可停之論兩
長曰玉堂若許則停之間也云云

十二日丁巳晴叅唱榜只後拜于三李及趙鍚朋其他
則或有相切之人皆不為之為設小酌權守之金道
源金景鎮朴景靜黃道亮金揮之權省之李汝瞻金
士謙諸友皆會午後諸李皆往廣昌家
十三日戊午晴呈辭 以臣偶痛之餘强出隨行自昨日
前症復發頭痛交發寒熱往來若氣瘧又似唐疫萬
里往還之際積傷所致恐難容易治療旬月之間差
復無期言責重地不可久曠臣矣職本差給由允下
許徜裒大維趙存道來訪昏權守之令公趙子百來
叙頗穩

十四日己未晴趙子百来見五峯書以繼之琴獻納彦
康過見香梅至即即送還柱旻生男於初七日
十五日庚申晴再呈病加給由文臣逢試通政以下皆
入題以仁政殿排律二十韻許篈二上李安訥朴濯
吉二中柳潚三上沈詡三中金闓鄭寅三下韓安國
夕訪昏李子陵應見馨甫吊李咸昌於龍山還言誘
舌紛紜之意聞諸表主云李師聖自山寺還
十六日辛酉晴三度呈辭見遞如釋重負寢食覺安往
見權守之李汝膺
十七日壬戌晴往見延陵病不出見歸路見許端甫夕

爰遂

往李馨遠寓舍趙國賓尹聖任韓正國諸君亦至余
先歸是夜馨甫言崔應虛鄭道可將駁吾兄李挺元救
之姑免聞諸尹聖任云
十八日癸亥晴送諸李于南関王廟朴鼎吉兄弟豊
陵守朴景行李汝膽韓宗之國正國趙子百金擇之及
柱宇皆會是日讀書堂揀擇朴鼎吉孫澗柳活柳希
發柳希亮高用厚朴弘道鄭道可任性之李偉卿金著
國柳瀹正言李瀷辟嫌之辞多有觸諱二吏二點下
教曰其指何人何事予問啓回啓則又 教曰此非爾獨
為之啓所聞處及指嗾人詳啓回啓則乃 教曰知

道非但陷君之辭滿紙狼籍至於大阿倒持既發還
諱殊無諫官風采勿辭云云
十九日甲子晴朝往李瀷家不遇仍見辛子方黃公直
趙景觀朴弘道朴敬承裴子張趙有道趙存道則入
直留刺玉堂以李瀷直言不諱請出其餘兩司皆出
趙子百終日來話李巖自豐陵守家歸旋往韓瞎家
夕還又往韓安國家
二十日乙丑晴自 上下教政院曰李瀷詐罔甚矣遞
差云兩司出仕之後又以不可直寢為避嫌則自
上牌招李瀷仍 教政院曰詬辱君上不遺餘力而太

犯

阿倒持私獻絡繹等語必有所指政院詳細回啓云
儒生庭試題曰人旱韓轄二中居魁金起宗二上李
袗三中其餘六人三下李瀷啓曰戚畹中倚毗者非
止一二則不敢指摘為誰某而今日閭巷間恒言如
此臣何敢受人教唆自底雷霆之怒乎只自席藁待
罪而已云耳 問又如是（宿停同監與景衍同之）
二十一日丙寅晴朝見月沙于其家自 上答玉堂曰
元翼之老病以恭之疑似固請遠竄圍籬獨於李瀷許
以愛君至於請出蔑君護黨甚矣兩司皆避嫌乃以
直宿事也尹聖任為訪李葳來見金瑛趙錫朋皆會

二十二日丁卯晴行忌祭有政朴榟為執義柳希亮為
司諫奇允獻金江陵為掌令辛光業鄭寅為持平柳
汝恒李遂為正言吳汝穩為獻納李埈為副修撰權
守之令公終日來叙夕往見黃公直已下歸暫見李
瀷趙景觀亦至爲余付司果兼實禄春秋記事官
二十三日戊辰晴自 上命拿鞫李瀷使三省交坐領
相及政院啓以勿須鞫問之意 上不慰余往見閔
閏甫令公飲秋露六杯拜別之後顚仆毀額朴敬承辭
正國來見自 上特命許給為卞誣副使李廷龜則
因望落點為上使書狀則又令政擬柱字出接于治

西

匠家李師聖同之馹送文奴于益山

二十四日己巳晴李遂柳汝恒以推考避嫌見遞聞祈

時市童相謂曰大妣見囚小雨寧来云云而問之諺

音與妣同聲故云此可謂閔世教矣申以李来見乃

李瀷姪也朴景門来見

二十五日庚午晴自午後雨自 上教曰旱災如此予

中夜無寐社稷親祭擇日舉行有政趙國賓黃益中

俱以末望為左右正言司諫柳希亮呈辭掌令奇允

獻見遞

二十六日辛未晴差視史于社稷 親祭時官權守之

來見聞白 上嚴教禁府勿令外人通問李瀷云云
答領相啓劉曰賊瀷云云
二十七日壬申晴謝 魚春秋仍見趙存道李埈又拜金
知事尚容于都摠府又以習儀往議政府適以他人
已代退來李挺元權省吾申龍及韓安國柳汝樑崔
東振相継來見監試定于七月二十五日東堂八月
十五日覆試閏月二十日文覆九月十二日云云詔
使拜表八月十六日云 上曰科舉太頻今此增廣明春退行云云
二十八日癸酉晴書役于實錄廳二房書七板以明日
祈雨祭 大駕申時出幸社稷余往見金士謙朴敬

承李子陵及趙景觀夢煩
二十九日甲戌晴 上行祭後卯時還宮聞奠幣官宋
諄霞幣於 御前兩國盜方奉進之時則例無須
霞之罪云又往實錄廳書七板往見守之
晦日乙亥晴借汝瞻馬見尹受謙問命乃謂水澄桂萼
格此後運連大通二子極貴壽至七十五云食後見
琴彥康仍往藏義洞金僉知叔主金長濡迎安趙希
逸金判尹成汝橃權智朴景行皆出又見金道源深
源鄭翼之朴鼎吉則不遇夕訪李挺元亦不遇見李
達赫權得己李汝涵金九鼎徐虤等歸

陵

六月

初一日丙子晴延陵餞青川府伯李士慶仍邀我共之朴知述李綏禄亦參延日聖送作賦甚善可謂大手只恐富貴来逼之云云朴鼎吉亦来即去倉守之令公來見

初二日丁丑晴往實録廳書七板聞兩司啓李瀷放姑不爲三省徐銑等來見有政宋諄爲大司憲晋挺立爲獻納李廷龜爲刑曹判書是夕有火棚之設傾城往觀此乃太平無事時所爲當此危迫之時不計糜費未知何意也

初三日戊寅晴柳源叔過見琴彦康亦訪聞奉常正因
氏非自嶺南至宋諄以文武科放榜時不參應推避
嫌見遞下者東萊男過去招入問卜仍問秉權者之
命乃曰今年秋冬間有大厄位不過判書壽限已盡
許筠明年大不吉云云是日任姓之來訪
初四日己卯晴夜大雪小雨注實錄廳書七椒李令正
涵一亦後爲禮佐安璥晉鄭弘遠姜一房安東校奴
李福來謁仍獻小硯以 文廟碑半幣收來事也
初五日庚辰晴與朴景行趙子百終日穩叙有頃以朴
楗爲大司憲金質幹爲司諫許筠陞嘉善李德泂權

縉李春馨加資余則只陞叙可笑李廷元亦來過

初六日辛巳晴余痛頭甚苦兩司以李廷龜爲滔事憐男目之以賊黨駁之甚緊請罷其職至曰廷龜素無出人奇才而其小技末藝非適用之學云云守之令公來過

初七日壬午晴痛不止被實錄廳所迫往書二板而歸兩司論表憲右譯乃延陵赴京特陪行者也其論極重必將波及於其時使臣可歎辛義立來見夕金瑛朴景行來見

初八日癸未晴痛不止全仁元來謁語及時事仁元曰

大殿別監與內官每朝問安于　大妃殿細問之則非
問安也點撿鎖鑰而已云云有政柳希亮爲執義黃
中允爲正言黃則以末擬也吳翊爲同副承旨柳希
發爲典翰朴瑋爲副應教夕文奴自盈山田所
送白米一石正木八疋扇四把石首魚二十束紙十
束梳貼一笠帽一也可資旬日之粮多幸多幸是日
巳時太白見於辰地
初九日甲申雨終日在家
十日乙酉雨聞權僉知大父主以去月十日捐世忝
兵曹褒貶仍往實錄廳書九板朴敬承亦同之還寓

(聞鄭正言行之見訪李汝瞻亦至相見)
十一日丙戌雨或晴夕往見守之令公及李子陵月昏
乃返持平李光業以其外四寸崔弘潤枉被全羅兵
使李應獬之打殺摘發應獬私送船卜仍論啓
上曰法官非盡其正直之人則行胥臟報恩讎之弊自
此創之云云諸官皆避嫌而鄭持平寅則避辭又攻
擊李惺不遺餘力可笑可愕夢有九級木階余乃攀
躋至第八層覺悟無乃二品之兆耶
十二日丁亥晴午後雨謝恩使尹昉李廷臣書狀尹弘
國奏聞使尹銑等回自京師 上率世子以下百

餞迎

官親送于西郊爲恭肅誥命及勅書來也夢見庭闈
似有不安之色
十三日戊子晴往見尹銑令公閔閏甫及李冲亦來泮
儒許從善邢孝甲來見從善以柱守同年恭拜可笑
作月課作霖雨誥見家書京主人持來
十四日己丑晴夜雨往實錄廳書七板午後往水口門外
以趙判書大夫人返櫬迎護也望見兩司依幕歇馬
于城底適李廷臣令公亦在其傍相與對坐穩叙良
久吏議金徵與禮議金晊同至及禮叅南瑾至余避出
遇尹暁語俄逢櫬輿過護行滿朝渾出有若軍行歸

路歷見金士謙夕守之令公見訪
十五日庚寅晴往實錄廳書三板乃前日病未書者朴
敬承以日次同往敬承馳書于權省吾乞家豬百斤
燒酒三鐥李葳及柱宇鄭粹溫亦參金瑛追至夕往
見欽敬閣以歸後往見吳隆甫爲求豊基則隆甫
答曰尊兄不欲爲基官之意我知之若侍講院則可
矣外補則人雖聽之[欲居泰而書業考詳可書易]我當防之云可笑金令乃柱宇書
鮮稟有衙鳥喃無路八字揭壁夢登樓上李聖祥執
弓矢在樓下送矢如雨余艱避
十六日辛卯晴沈彦明來過留衙而去琴彦康金擇之

叔朴

見訪拜敬承到師聖寓邀見故余往見之夢濯之
十七日壬辰晴暫雨旋止徐犧與敬承來為白金書院
請免院屬餘丁木呈疏〻草搆之敬承覓煮酒來餉
夕往見鄭良胤問安漢山又見金奉祖兄弟李灝歸
路見守之令公
十八日癸巳晴權 來見夕往領相家不得見見金掌
令江陵人也聞朴楟上疏大槩面被銓郎詆斥
請鎸改書掌戒以安愚公云
十九日甲午晴往齎局書七板自 上親祭事 詣奉
慈殿牙山縣監鄭演及李維則來見 答朴遊 回

叔蘊

省疏具悉勿辭盡職

二十日乙未晴巨萬歸付家書于奉化 上還宮

二十一日丙申晴以洪介信柳肇生卒停朝市禮曹請只謝 皇恩百官陳賀則退行自 上答曰輟朝之日舉動未安並有退行云故百官已會而還散午間被金擇之招與朴敬承崔嵩李仲顯李楯權檜等同參初度之酌端川酒湯乃擇之居山時愛物齎來留之是日出而見之余歸路見刑參判李好義完平事停啓

二十二日丁酉晴昨日幼學趙漫上 疏請奉 慈殿

亂疑紀

於一宮以盡誠孝事浸乃故守寅之子也夢歸鄉里
見邊子是及金益清又着緫是巾是伴儒閔潔請祀
南宜上疏
二十三日戊戌晴往實局書七板歸時歷見汝膺于王
堂聞申尚淵又呈疏請斬南以恭趙慶起等鄭維藩
來訪完平洪川付處
二十四日己亥晴百官陳賀頒赦松峴婦氏來
二十五日庚子晴申幼學炭上疏去奸進賢事公洪都
事全澄上疏請金孝誠趙漫朔示典刑以正倫紀余
往金九祿家裴子張廷琴彦康朴敬承權肴之徐晉甫

皆叅乃主人生辰也欲朴景行兄弟及金仲和来話

傾化奴自鄉還見鄉書是朝送趙子百歸鄉

二十六日辛丑晴夕往見守之令公 自上教政院曰

趙漫亮疏不有傳教捧入可駭後勿如是云故中岋

疏則還給云

二十七日壬寅晴朝往金道源家仍詣楊子昇崔敬一

二十八日癸卯晴或雨點時落汝瞻来訪

二十九日甲辰雨或晴婦氏歸咸義舊宋進士家汝瞻

又歷見聞鄭遵與柳希亮因以恭合司降為合啓之

議相角頗甚

晦日乙卯朝陰午晴往見李仲仁趙景觀朴毅承而回

製褒三朔課題誥賦古詩五七言排律四韻并七篇

令柱宇書送于弘文館

七月

初一日丙午雨禮吏歸付鄕書執義柳希亮避辭大如

天祥策之二半其意以鄭遵爲奸賊之孫席七世難

宥之惡無一[illegible]蓋愆之善而當國之臣僻於所親引

入淸班貽辱聖明教猱升木任其跳踉猖獗人病國因

有紀極其情勢之態非臣可比有若勢家之頑僮云云

二日丁未雨或止往賓局書七板歸見朴養而穩叙悤我

乞縣之意則許以相議仍謂豊基則不好永川倅當
入来徐侯其郡為之如何余心悅而歸朴景行兄弟
金孝伯来在吾寓 玉堂處置憲府皆遞
三日戊申晴往李種英家繞迎婿辛子方亦往閔汝洽
且至有政李覺為大憲柳寅吉為大諫琴愷為掌令金
江陵亦為掌令楊時晋為持平李偉卿為正言韓孝純
為吏判金睟為謝 恩上使姜弘立為副沈諿為書
狀鄭遵又避嫌無發明其祖彥慜之惡此則可笑黄
中允亦再避楊時晋則以不見亦於希亮為避
四日己酉晴往見稚守之仍拜迎陵子陵及姜恬安謂寮

處 道

會適開城留守送黃酒二壺酌三四巡余醉歸幼學
南倬則請黜李惺趙存道朴弘先則黜李惺趙存道
尹喆而崔應高用厚皆在其中云自 上再問趙澋
澋回啓曰別處兩宮雖曰古有定省之久闕亦有舊
例乎 祖宗朝各處亦有如今舉措而然乎供奉扈衛無
異前日誠孝之所必然臣何敢言臣只欲引君於當
何敢聽人指嗾以犯雷霆之威哉只俟斧鉞而已云
五日庚戌晴午後往與張承同訪月沙及尹孝全宋英
耉李守一李瀷李淙柳潚洪活等金闓則不遇而還
是日府啓請澋之罪曰趙澋所對之辭辭極悖慢侮

尊君上無所不至安有為人臣子中無不軌之心其
所發言至於此極乎邪議橫流擧世靡然鷹鸇之逐
烏雀無復可見則兇徒之跳踉何憚而不然哉請嚴
鞫言罪時掌令琴愷持平楊時晋大司憲李覺為之
鄭寅事停啓
六日辛亥晴或雨夕往見吳隆甫汝膽同之李日章亦
來隆甫曰朴子挺不測々々 昨日鄭聖入泮
七日壬子雨往贊局書七板柳文呂希奮上疏陳情訟
冤請與柳浦鄭暹下司敗對卞之旨 一命曰賊[illegible]
數罪君上罪関宗社三省交坐窮推指嗾之人昨夕

疑請

府啓趙存道本以輕妄之人簧皷兩面之說近日朝
著之不請皆由於此人請罷不叙云云李覺琴愷揚
時晋等爲之云
八日癸丑晴權守之令公来見聞呂祐吉令公赴江原
巡營與守之令公同餞于東門外黃中允揚時晋避
嫌曰李元翼停論不可仍肩云似有復作之兆李偉
卿避辭則乃謂以恭之論同參未安云處置皆出之
府啓請朴彝叙削去仕版尹晧李春元及禁府堂上
罷職不叙曼見任賊爽可駭
九日甲寅暫雨有政尹壽民爲大諫守之令公亦入末

擬

十日乙卯晴(師聖自泮出來)

十一日丙辰晴朴敬承来訪

十二日丁巳晴余往實局書七板(師聖還入泮)

十三日戊午晴師聖自韓家還(不入泮中)

十四日己未晴　倫恴曰國事艱危日甚一日而大小悠泛玩愒度日朝廷為一戰場潰裂日益國之不亡幸矣加以身病呈辭無日不紛此豈人臣盡瘁之義一司兩呈一切勿為捧入　又曰近日國綱蕩然可駭可愕之事日甚人臣如有不仕高尚之志則初不出

身可矣若已委質爲臣何敢逐日命招終不趍命乎
右副承旨李安訥累日牌招無緣不進推考以警其
他聞黃海道雨雹大者如斗小者如鉢馬牛盡斃屋
尾皆破又聞全羅賊越攻破茂長官廳有政以吳汝
穩爲校理李嶸爲持平辛光業爲修撰韓纘男爲承
旨趙景觀羅訒來訪聞吏議以呈辭付吏還爲推來
十五日庚申晴余往見汝膽及琴彥康師聖自韓家回
十六日辛酉晴吳隆甫歷見諫院請拿鞫朴彝叙父子
及管之婦翁權瞬乃載寧地堤堰事也海州儒生池
達河上疏呈入過五日也有政金閭洪命元爲承旨

鄭造爲掌令

十七日壬戌晴往實局書七板梁克遴鄭弘遠亦以一房來役

十八日癸亥陰夜大雨都目政李尚伋爲豐倅金九鼎初爲旌善金奉祖爲監察柳孝立爲彌善奈不得擬諸守令往見敬承

十九日甲子雨都目政柳渙爲文學李大燁爲兼文學李之華爲兼說書柳汝恪爲謝恩書狀官蔚珍縣令朴砰以慶尚方伯狀啓見罷朴東命副望受點

二十日乙丑雨或止師聖往韓家

疑經自

二十一日丙寅雨百官陳賀以 中殿誕日也敬承歷
見聞來相欲来云
二十二日丁卯大雨汝瞻以啓辭落書及朴彝叔不議
長官經寸搆草見遞
二十三日戊辰晴受祿七石是夕往宿濟用監與朴及
李葳共之
二十四日己巳雨往見嶺伯稱念
二十五日庚午晴往實局書七枚見朴養而穩叙歷見
韓安國金鐸卜者李時春来問命仍卜作宰則八月
子酉當得山川鳥獸之鄉云李手述穌歷訪

二十六日辛未晴與隆甫歷訪朴景行兄弟同之〻姜
瑜亦至憂歸鄉園
二十七日壬申晴安君邵移寓徐義京家聞李汝瞻言
于景行曰金兄不肯爲大北可恨云是日往拜迎陵
汝瞻亦往路寓金擇之請往見楊子昇故余往見之
子昇以擇之爲未穩爲其妄故也
二十八日癸酉晴往見尹聖任鄭維潘李師孟則朴自
興鄭世美亦来在李家因訪金旋善琴掌令見朝服
領相五度辭單有曰可信故舊耒言二十一日中學
一會云〻故平陵申景禧〻上疏自首曰儒生蘇鳴國

来言于臣臣言于領相云自 上答曰今日朝著之
不請國事之潰裂皆由於各立门户分黨相攻則卿
以蔭官何叅於論議乎予見領相劄不知故舊為誰
卿自首知其出於鄉也惜乎惜乎卿何不密也宜軆
予意後勿如是蘇鳴國禁錮屛黜故憲府以風聞囚
鳴國是朝松禾縣監安時聖豊基郡守李尚伋來見
二十九日甲戌晴尹翰林聖任韡朝歷見其韡氣有長
徃之意其能然乎師聖入泮為 大祭執事也
八月
初一日乙亥晴凉風至 偹忘記曰以閏八月望念間

謁 聖日揮啓謁聖閏八月十九日增廣監試九月二十四日東堂十月二十二日揮定

二日丙子晴有政余擬正言副望可恠琴彥康掃墳出
去余往見之守之令公亦觀歸宿王十里一世家余與
朴景靜偕追餞之知製 教官教是日始來

三日丁丑晴朝自王十里歸歷見柳源叔三兄弟其親
病方革背腫大如沙楪云見李雲根金廷益是日實
恩縣監李楊休來見

四日戊寅晴往實局書七板歷見李仲仁于書堂聞汝
瞻辭覲往見之則出外未遇訪尹銑郭天祇郭呂道
李明慈等亦來在往見趙景觀金士謙啓汝瞻來宿

提航景

師聖府余與朴景行靜共宿濟用監
五日己卯晴以追崇時奉冊官習儀于南別宮韓明勗
柳淪高用厚共之趙國賓韓玉以預差往回謝李承
旨廷謙又見子陵而還崔業來見
六日庚辰晴習儀于南別宮昨夕禁府都事安佺與宣
傳官秘密聽傳教出去乃星州李昌祿稱名人以栽
兄殺弟人之無良我以為君等語筆諸書擬為上疏
故也往見吏議及朴子修丙郡 景觀陞實 吳景泓至焉
七日辛巳晴朴景行來訪李師孟亦至
八日壬午晴朴鼎吉歷見俄而金奉祖朴景靜亦至景

弘自朴子挺來言曰近有駁寒岡之論云以一大妃

病重進言祔廟禮于今二十七日

九日癸未晴往實局書七板以余又兼撰集廳郎廳

十日甲申陰或雨自　上以昌慶宮創建時術官所議考諸

實錄以啓云故領相宋戶判朴四宰鄭榮國趙國賓

羅詡及余皆入春秋館與翰林柳穡同坐考出別無

術官所議

十一日乙酉晴或雨與辛子方坐撰集廳仍習儀于南

別宮乃是私習而如兒戲(可笑)

十二日丙戌晴午間天動雨驟大習儀于別宮崔仲和

山立來訪
十三日丁亥晴景靜來終日穩叙
十四日戊子晴往實局書七板又書三板以為他日之用
自 上問何時可畢答以明年夏秋間可畢又 倫
忌記遣解事文官摘奸兩具武倫因詢民瘼
十五日己丑晴韓正國持酒來叙々朴景行兄弟權景
淡來訪憲府以許蹈處事顛妄以一譯官事動擾右
相聽從重推考可笑
十六日庚寅雨或止柳汝恪方物封裏後過見
十七日辛卯晴或雨往撰集廳歸路歷訪許蹈李志完

許公以蘭雪一冊贈我又追送唐畫一幅
十八日壬辰晴謝恩使金推李馨郁書狀柳汝恪出去
十九日癸巳晴以撰集事往見領相仍乞郡縣餞後往
廣昌家父子皆托病不見歸路歷見黃中允金奉祖
徑持平性之爲見師聖歷至余亦見之韓勗哉來訪
二十日甲午晴往實局書七枚李昌祿承服是日 引
見朴弘壽李志完夕權景洛見訪
二十一日乙未晴聞敬承歸往見趙景觀金期遠金致
遠皆會啓閔閣甫令公見訪是日往撰集廳
二十二日丙申晴往見金士謙吳隆甫韓承吉漬男以

慶尚道孝烈五十四人事付我擺出

二十三日丁酉晴琴彥康辛光業入来尹聖任則病不

来 命進差

二十四日戊戌晴吳隆甫見訪飯後往南別宮習儀李

益燁長妻已三日稟夕往弔見朴自興鄭遵朴羅吉

崔来吉李發興韓汝崔瀣歷見琴彥康朴景靜

二十五日己亥晴私習儀歸路見五峯子陵引儀俱往

其處飮酒二杯而罷

二十六日庚子晴未明往南別宮奉冊興詣 闕置冊軌

于仁政殿儀而奉進于差備門宦者受入仍待 命

65

于春秋館未時還奉置于仁政殿申時奉輿先行
大駕隨後進于奉慈殿奉置于廟外堦上幕次倚墻結
帳假寐二更起寢行事
二十七日辛丑晴祀事既畢天欲明矣卯時 還宮從
侍臣班先行 輦頭
二十八日壬寅晴陳賀余往實局書七板 頒赦百官加
資
二十九日癸卯晴往見隆甫以其明日將覲歸故也裴
子張姜克紹李尚恒柳汝恒皆會聞黃海方伯俞大
禎以儒生呈文馳啓曰今之科擧不公式年只誦七

大文由曲經能取及第云臺官方欲大駁云之

晦日甲辰晴送隆甫于南關廟楊子昇安君邵李汝瞻

及師聖同之歸路見韓勗哉穩叙因見李子陵及婦

李景賢景義亦來

閏八月

初一日乙巳晴辛子方尹正平來訪正平言李馨甫亦

自堤川來方在報恩寺將以明朋入城云往撰集廳

校八十餘丈

二日丙午晴往實局書七板師聖與安君邵習送叅軍

于江外聞文敎天以馬賊入厳獄自謂逆賊故 命

招大臣及禁府堂上云
三日丁未陰晴宋尚賓韓定國過見昏馨甫過見琴
掌令到安寓送人告至余與朴景行偕往見夜深乃
歸
四日戊申雨金是柱歷訪李埈亦過余往見馨甫聞吳
永川入賊招李嗣音兄弟亦入云昏馨甫將往新寓
歷見
五日己酉晴安朴敬承趙景觀來見
六日庚戌晴往實局書七板 親鞫歸路穩叙馨甫
七日辛亥晴 庭鞫柳衿來見趙成兩公來訪是朝往

見閔閭甫令公鄭廣敬亦来夕往見許端甫

八日壬子晴往撰局歸路歴拜吏判兼見趙國耳夕又往見金士精令公趙有道金質斡任性之朴文俊等亦来在其家余又歴見朴弘道梁士衍亦在訪朴鼎吉未遇留判見馨甫金鐸亦至

九日癸丑晴朴文俊来訪夢見齒欲落還寤

十日甲寅晴叅至兼陳奏使閔馨男許筠書狀崔瀍出去余與朴敬承往門外送之白大珩朴弘道李涵一趙國賓趙鈛安景深柳溢朴璨朴守誼共一幕歸路應見李埈及孫倜尹益山入畓尹知禮贇元出外

河遇式來自豊基在盃家吳景泓夜來宿

十一日乙卯晴吳景泓爲迎吳景虛出去往訪馨甫不遇師聖朝過聞韓瞎 直赴命下

十二日丙辰晴往換局因公事往領台家以祭事不見馨甫追廣昌往卜 南冥先生書院址景虛入禁府

十三日丁巳晴往實局書七板見朴養而穩叙柳瀹亦以校正郎官至吳隆甫至往見(聞鄭聖訪隆甫而去不歷見)

十四日戊午晴夕與朴敬承朴景行琴彥康做叙于趙譯家朴養而李汝膽李馨甫亦至夜深乃罷聞義禁府罪人上変

十五日己未晴蘇鳴國上疏告變申景禧金廷益及子以强楊時遇蘊文震等拿因自 上教曰申景禧別間嚴囚使不得通外人書簡云是日實局書後郎廳

十二負會叙子掌苑署鄭榮國梁克遴邊應垣趙國賓羅詡鄭維藩朴守緒韓明勗柳應元黃中允皆會

婉見氣絶僅蘇

十六日庚申晴 親鞫蘊鳴國申景禧々往見吳陞甫

景禧頗怯懦不能言云

十七日辛酉晴余往見楊時晋仍見安備以習儀坐太平館歸路見安君邵又拜延陵景承來宿㣧 聖過見

夕楊特晉被拿過去
十八日壬戌晴朴養而送人令日 親鞠前約未可成
云馨甫以儼做入夕朴景行持酒壺來琴彥康趙子
百吳景淵共罷之
十九日癸亥晴往實局書七板 親鞠歸見韓安國金
鐸及師聖等
二十日甲子晴朝往見吳隆甫聞自 上敎曰文金兩
賊所引之人速爲議處云故吳景虛當爲見放云琴
彥康掌令時同參提因鳴國之故屢出於招辭欲止
跡自明余意以爲不可令勸呈政院還出給婉見絕而

復蘇 柳應元令因 敎尹趌 令來都事令勸

二十一日乙丑晴夕朴景行招余及吳景泓飮以酒余

夜深乃還

二十二日丙寅晴午時婉兒死金德祥斂襲李正郎子

陵及朴景行來見尹趌入來吳永川見放

二十三日丁卯晴罷漏後出送婉喪埋諸迎曙可惻難

爲情也尹趌納招仍 命刑訊趌移引琴愷云景泓

來宿豐陵守金鑑來見鄭聖金擇之權景洪見

二十四日戊辰晴韓安國來聞辛景禧又以小紙呈上

二十五日己巳晴往實局書七拔兩司皆以閔瀓疏避

𤏲云見朴子修柳瀹歸路見趙景觀柱宇氣不平
二十六日庚午晴見李元標 親鞫尹趌加刑中景禧
初刑
二十七日辛未陰晴趙景觀來見往換局校正柱宇婦
以救病來此 景
二十八日壬申雨景泓留子陵來見柱宇之病
二十九日癸酉有政為嶺左考官鄭維藩為副擬往實
局書七板
九月
初一日甲戌晴朴仲植及李正郎來見仲植曾患柱宇

영인자료

◎

강원일록 상
講院日錄 上

1615년 3월 16일~윤8월 30일

《구전선생강원일록》, 한국국학진흥원 소장

여기서부터 영인본을 인쇄한 부분입니다. 이 부분부터 보시기 바랍니다.

17세기 동아시아 전란실기 저역서

※ 발행일 순 수록

제목	원저	ISBN
남한일기 南漢日記	남급	978-89-8433-302-4
심양사행일기 入使瀋陽日記	선약해	978-89-8433-841-8
우산선생병자창의록 牛山先生丙子倡義錄	안창익	979-11-5516-212-5
심양왕환일기 瀋陽往還日記	위정철	979-11-5516-271-2
호산만사록 湖山萬死錄	정경득	979-11-5516-354-2
반곡난중일기 상 盤谷亂中日記	정경달	979-11-5516-535-5
반곡난중일기 하 盤谷亂中日記	정경달	979-11-5516-601-7
건주기정도기 建州紀程圖記	신충일	979-11-5516-748-9
요해단충록 1 遼海丹忠錄 卷一	육인룡	979-11-5516-862-2
요해단충록 2 遼海丹忠錄 卷二	육인룡	979-11-5516-882-0
요해단충록 3 遼海丹忠錄 卷三	육인룡	979-11-5516-902-5
요해단충록 4 遼海丹忠錄 卷四	육인룡	979-11-5516-911-7
요해단충록 5 遼海丹忠錄 卷五	육인룡	979-11-5516-917-9
요해단충록 6 遼海丹忠錄 卷六	육인룡	979-11-5516-925-4
요해단충록 7 遼海丹忠錄 卷七	육인룡	979-11-5516-982-7
요해단충록 8 遼海丹忠錄 卷八	육인룡	979-11-5516-154-8
심행일기 瀋行日記	이준	979-11-5516-979-7
북행일기 北行日記	나덕헌	979-11-6587-060-7

후금 요양성 정탐서 後金遼陽城偵探書	정충신	979-11-6587-066-9
토역일기 討逆日記	민인백	979-11-6587-072-0
괘일록 掛一錄	이조민	979-11-6587-086-7
북천일록 北遷日錄	정충신	979-11-6587-101-7
선양정 진사일기 善養亭辰巳日記	정희맹	979-11-6587-112-3
양대박 창의 종군일기 梁大樸倡義從軍日記	양경우·양형우	979-11-6587-162-8
지헌 임진일록 芝軒壬辰日錄	정사성	979-11-6587-167-3
성재 용사실기 省齋龍蛇實紀	고상증	979-11-6587-168-0
가휴 진사일기 可畦辰巳日記	조익	979-11-6587-194-9
검간 임진일기 黔澗壬辰日記	조정	979-11-6587-220-5
검간 임진일기 자료집성 黔澗壬辰日記資料集成	조정	979-11-6587-221-2
월파 류팽로 임진창의일기 月波柳彭老壬辰倡義日記	미상	979-11-6587-248-9
만휴 황귀성 난중기사 晩休黃貴成亂中記事	황귀성	979-11-6587-263-2
청강 조수성 병자거의일기 淸江曺守誠丙子擧義日記	조욱	979-11-6587-282-3
추포 황신 일본왕환일기 秋浦黃愼日本往還日記	미상	979-11-6587-298-4
청허재 손엽 용사일기 淸虛齋孫曄龍蛇日記	손엽	979-11-6587-301-1
농아당 박홍장 병신동사록 聾啞堂朴弘長丙申東槎錄	미상	979-11-6587-309-7
양건당 황대중 임진창의격왜일기 兩蹇堂黃大中壬辰倡義擊倭日記	황정미	979-11-6587-336-3
취사 이여빈 용사록 炊沙李汝馪龍蛇錄	이여빈	979-11-6587-242-7
중호 윤탁연 북관일기 상 重湖尹卓然北關日記	윤탁연	979-11-6587-388-2

중호 윤탁연 북관일기 하 重湖尹卓然北關日記	윤탁연	979-11-6587-389-9
약포 정탁 피난행록 상 藥圃鄭琢避難行錄	정탁	979-11-6587-412-4
약포 정탁 피난행록 하 藥圃鄭琢避難行錄	정탁	979-11-6587-413-1
농포 정문부 진사장계 農圃鄭文孚辰巳狀啓	정문부	979-11-6587-440-7
사류재 이정암 서정일록 四留齋李廷馣西征日錄	이정암	979-11-6587-448-3
설하거사 남기재 병자사략 雪下居士南紀濟丙子事略	남기제	979-11-6587-460-5
암곡 도세순 용사일기 巖谷都世純龍蛇日記	도세순	979-11-6587-480-3
용주 조경 호란일기 龍洲趙絅胡亂日記	조경	979-11-6587-537-4
이탁영 정만록의 임진변생후일록 李擢英征蠻錄壬辰變生後日錄	이탁영	979-11-6587-560-2
팔곡 구사맹 난후조망록 八谷具思孟亂後弔亡錄	구사맹	979-11-6587-573-2
구포 나만갑 병자록 鷗浦羅萬甲丙子錄	나만갑	979-11-6587-653-1
남천 권두문 호구일록 南川權斗文虎口日錄	권두문	979-11-6587-658-6
기재 박동량 임진일록 寄齋朴東亮壬辰日錄	박동량	979-11-6587-679-1
청천당심수경견한잡록 聽天堂沈守慶遣閑雜錄	심수경	979-11-6587-699-9
오재이유열서행일기 梧齋李惟說西行日記	이유설	979-11-6587-735-4
약포 이해수 난후도망록 藥圃李海壽亂後悼亡錄	이해수	979-11-6587-738-5
구전 김중청 강원일록 상 苟全 金中淸 講院日錄	김중청	979-11-6587-767-5
구전 김중청 강원일록 하 苟全 金中淸 講院日錄	김중청	979-11-6587-768-2

역주자 **신해진(申海鎭)**

경북 의성 출생
고려대학교 국어국문학과 및 동대학원 석·박사과정 졸업(문학박사)
전남대학교 제23회 용봉학술상(2019) ; 제25회·제26회 용봉학술특별상(2021·2022) ;
제28회 용봉학술대상(2024)
제6회 대한민국 선비대상(영주시, 2024)
현재 전남대학교 인문대학 국어국문학과 교수

저역서 『서류 송사형 우화소설』(보고사, 2008), 『권칙과 한문소설』(보고사, 2008), 『소대성전』(지식을만드는지식, 2009), 『증보 해동이적』(공역, 경인문화사, 2011), 『떠난 사람에 대한 그리움의 미학, 애제문』(보고사, 2012), 『요해단충록(1)~(8)』(보고사, 2019~2020), 『검간일기』(보고사, 2021), 『검간일기 자료집성』(보고사, 2021)

구전 김중청 강원일록 상
荀全 金中淸 講院日錄 上

2024년 8월 30일 초판 1쇄 펴냄

원저자 김중청
역주자 신해진
펴낸이 김흥국
펴낸곳 도서출판 보고사

책임편집 이경민
표지디자인 김규범

등록 1990년 12월 13일 제6-0429호
주소 경기도 파주시 회동길 337-15 보고사
전화 031-955-9797(대표)
팩스 02-922-6990
메일 bogosabooks@naver.com
http://www.bogosabooks.co.kr

ISBN 979-11-6587-767-5 94910
979-11-6587-766-8 (세트)

정가 18,000원